無理しない
ことで運気が
アップする年。

柔軟体操　筋トレ　健康的な生活リズム

おいしいものを食べてゆっくりしよう

思いっ切り泣く

まだ結果を
出していない人の
努力を後押しする

陽気な人と
遊ぶ

休日の予定を
先に埋める

SILVER PYXIS

銀の
羅針盤座

好きな
音楽を
聴く

学ぶ気持ちを
忘れない

結果が
出なくても
焦らない

2024年のキーワード

上司や先輩のアドバイス

コメディー映画

少しでも体調に
異変を感じたら病院へ

休暇をとる

お笑いライブ

お金と時間はストレス発散に使う

前向きな発言

温泉スパ

睡眠は
8時間以上

人のいいところを見つけて
ほめる

「現状はつねに
100点」と思う

「いまが最高」と思えば
運がよくなる

ほめてくれる人と
一緒に過ごす

食事バランスを整える

あなたの評価が密かにドンドン上がっていく

年末に人生が
大きく変わる

今年の無理は
禁物

マイナスの妄想は控える

明るい未来を想像する

予想外の忙し

しっかり休む

プライベートを充実させる

家族から体調を指摘されたら素直に聞く

セカンド
オピニオン

仕事はほどほどに

愚痴や不満はNG

品のいい人と仲よくする

CONTENTS

ときどき見返そう

第2部

銀の羅針盤座が さらに運気を上げるために

この本を手にしたあなたへ

『ゲッターズ飯田の五星三心占い2024』をご購入いただき、ありがとうございます。占いは「当たった、外れた」と一喜一憂したり、「やみくもに信じるもの」ではなく、人生をよりよくするための道具のひとつ。いい結果なら当てにいき、悪い内容なら外れるよう努力することが重要です。この本を「読んでおしまい」にせず、読んで使って心の支えとし、「**人生の地図**」としてご活用いただけたら幸いです。

2024年は「金・銀の鳳凰座」「金のインディアン座」「金の羅針盤座」の運気がよく、**個の力が強くなるような流れ**になります。個人の力を育て、しっかり根を張り芽を伸ばす大切な年。また2024年は辰年で、辰は目に見えない龍ですから、どれだけ水面下で頑張り、努力しておくかが重要になります。結果をすぐに出そうと焦らず、じっくりゆっくり力をつける1年を目指してみるといいでしょう。

この本の特長は、**2024年の開運3か条**(P.74)、**毎月の開運3か条**(P.96 〜)、**命数別の開運アクション**(P.175 〜)です。これらをできるだけ守って過ごせば開運できるようになっているので、何度も読み返してください。**運気グラフ**(P.72、94)を見ておくことも大事。大まかな運気の流れがわかると、計画を立てやすくなるでしょう。

また、「占いを使いこなす」には、他人を占い、それに応じた行動をしてこそ。2024年の人間関係をよくするためにも、**ほかのタイプや気になる人の命数ページ**も読んでみるといいでしょう。

2024年の目標を立てる、他人のことを知る、話のネタにする……。自分も周りも笑顔にするために、この本をたくさん使ってください。

銀の羅針盤座が
2024年をよりよく過ごすために

「銀の羅針盤座」の2024年は、「リフレッシュの年」。
実力以上のことを求められて忙しくなる運気です。体に負担やストレスがかかりすぎることがあるので、しっかり休んでしっかり仕事をするなど、メリハリをつけることを大切に。もし頑張りすぎて体調を崩したり体に異変を感じたら、放置せずすぐ病院に行きましょう。場合によっては、セカンドオピニオンも受けることをオススメします。

この運気を安心して過ごすために、とくに健康面に問題のない人でも、2023年の下半期から生活リズムを整えましょう。朝は少し早く起きてストレッチや軽い運動をし、食事はバランスのとれたものを腹八分目にしておくこと。また、ゆっくり湯船に浸かり、8時間以上寝られる生活リズムにすることも大切です。

2024年に入ってからは、ストレスをためないよう、あらかじめのんびりする日を決めておきましょう。お笑いライブに足を運んでみたり、コメディー系の映画、芝居を観るのもオススメです。たくさん笑わせてくれる陽気なタイプの友人と遊ぶ時間をつくるのもいいでしょう。たまには何もせずボーッとするなど、自分に合ったストレス解消法を探してみましょう。

ゲッターズ飯田

12タイプ別

2024年の相関図

銀のインディアン座

マイペースな
中学生タイプ

ともにリフレッシュする時間をとろう

金の鳳《ほう》凰《おう》座

忍耐強い情熱家

ついていけない

金のイルカ座

負けず嫌いな
頑張り屋

ヘトヘトにさせがち

銀の羅《ら》針《しん》盤《ばん》座

気品があり真面目

気持ちを楽にしてくれる

銀のイルカ座

遊び好きで華やか

助けてくれる

金のカメレオン座

学習能力が高く
現実的

あなたを中心とした、2024年の全タイプとの関係を図にしました。
人間関係や付き合い方の参考にしてみてください。

頼りになる

金のインディアン座

好奇心旺盛で
楽観的

互いに相手任せ

銀のカメレオン座

冷静沈着で器用

余計なことを言って振り回す

金の時計《とけい》座

平等で人にやさしい

魅力を感じる

銀の鳳凰《ほうおう》座

意志を貫く信念の塊

互いにストレス

銀の時計《とけい》座

思いやりがあり
人脈が広い

健康の話で盛り上がれる

銀の羅針盤《らしんばん》座
（あなたと同じタイプの人）

背中から学ぶ

金の羅針盤《らしんばん》座

正義感が強く
礼儀正しい

運気記号の説明

本書に出てくる「運気の記号」を解説します。

運気グラフ

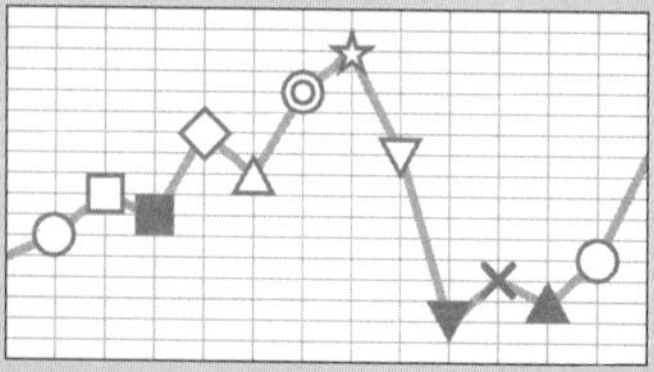

ATTENTION

運気のレベルは、タイプやその年によって変わります。

運気カレンダー

10（水）	◎	自信をもって仕事に取り組むことが大切 は堂々としておくことでいい結果につな みるとうまくいきそうです。
11（木）	☆	これまでの積み重ねがいいかたちにな 役立つことがありそう。自分のことだけ 謝されたり、いつかあなたが困ったとき
12（金）	▽	順調に物事が進む日ですが、終業間際 で慌ただしくなったり、残業することが や部下の動きをチェックしておきましょう
13（土）	▼	うっかり約束を忘れてしまったり、操作 思った以上に油断しがちなので、気をつ
14（日）	×	手先が不器用なことを忘れて細かい作 りそう。得意な人にお願いして助けても 切ったり、ドアに指をはさんで痛い思い

<table>
<tr><td rowspan="2">チャレンジ○</td><td>チャレンジの月</td><td>新しい環境に身をおくことや変化が多くなる月。不慣れなことも増えて苦労を感じる場合も多いですが、自分を鍛える時期だと受け止め、至らない部分を強化するように努めましょう。新しい出会いも増えて、長い付き合いになったり、いい経験ができたりしそうです。</td><td rowspan="2">開運アクション
◆「新しいこと」に注目する
◆「未体験」に挑む
◆迷ったら行動する
◆遠慮しない
◆経験と人脈を広げる
◆失敗を恐れない</td></tr>
<tr><td>チャレンジの日</td><td>新しいことへの積極的な挑戦が大事な日。ここでの失敗からは学べることがあるので、まずはチャレンジすることが重要です。新しい出会いも増えるので、知り合いや友人の集まりに参加したり、自ら人を集めたりすると運気が上がるでしょう。</td></tr>
<tr><td rowspan="2">健康管理□</td><td>健康管理の月</td><td>求められることが増え、疲れがドンドンたまってしまう月。公私ともに予定がいっぱいになるので、計画をしっかり立てて健康的な生活リズムを心がける必要があるでしょう。とくに、下旬から体調を崩してしまうことがあるので、無理はしないように。</td><td rowspan="2">開運アクション
◆この先の目標を立てる
◆計画をしっかり立てる
◆軌道修正する
◆向き不向きを見極める
◆健康的な生活リズムをつくる
◆自分磨きをする</td></tr>
<tr><td>健康管理の日</td><td>計画的な行動が大事な日。予定にないことをすると夕方以降に体調を崩してしまうことがあるでしょう。日中は、何事にも積極的に取り組むことが重要ですが、慎重に細部までこだわりましょう。挨拶や礼儀などをしっかりしておくことも大切に。</td></tr>
</table>

リフレッシュ■	リフレッシュの月	体力的な無理は避けたほうがいい月。「しっかり仕事をしてしっかり休む」ことが大事です。限界を感じる前に休み、スパやマッサージなどで心身を癒やしましょう。下旬になるとチャンスに恵まれるので、体調を万全にしておき、いい流れに乗りましょう。	**開運アクション** ◆無理しない ◆頑張りすぎない ◆しっかり休む ◆生活習慣を整える ◆心身ともにケアする ◆不調を放っておかない
	リフレッシュの日	心身ともに無理は避け、リフレッシュを心がけることで運気の流れがよくなる日。とくに日中は疲れやすくなるため、体を休ませる時間をしっかりとり、集中力の低下や仕事の効率の悪化を避けるようにしましょう。夜にはうれしい誘いがありそう。	
解放◇	解放の月	良くも悪くも目立つ機会が増え、気持ちが楽になる出来事がある月。運気が微妙なときに決断したことから離れたり、相性が悪い人との縁が切れたりすることもあるでしょう。この時期は積極性が大事で、遠慮していると運気の流れも引いてしまいます。	**開運アクション** ◆自分らしさを出す ◆積極的に人と関わる ◆積極的に自分をアピールする ◆勇気を出して行動する ◆執着しない ◆思い切って判断する
	解放の日	面倒なことやプレッシャーから解放される日。相性が悪い人と縁が切れて気持ちが楽になったり、あなたの魅力が輝いて、才能や努力が注目されたりすることがあるでしょう。恋愛面では答えが出る日。夜のデートはうまくいく可能性が高いでしょう。	
準備△	準備の月	準備や情報の不足、確認ミスなどを自分でも実感してしまう月。事前の準備やスケジュールの確認を忘れずに。ただ、この月は「しっかり仕事をして計画的に遊ぶ」ことも大切。また、「遊び心をもつ」と運気がよくなるでしょう。	**開運アクション** ◆事前準備と確認を怠らない ◆うっかりミスに注意 ◆最後まで気を抜かない ◆浮ついた気持ちに注意 ◆遊び心を大切にする ◆遊ぶときは全力で
	準備の日	何事にも準備と確認作業をしっかりすることが大事な日。うっかりミスが多いので、1日の予定を確認しましょう。この日は遊び心も大切なので、自分も周囲も楽しませて、なんでもゲーム感覚で楽しんでみると魅力が輝くこともあるでしょう。	

<table>
<tr><td rowspan="2">幸運◎</td><td>幸運の月</td><td>努力を続けてきたことがいいかたちとなって表れる月。遠慮せずにアピールし、実力を全力で出し切るといい流れに乗れるでしょう。また、頑張りを見ていた人から協力を得られることもあり、チャンスに恵まれる可能性も高くなります。</td><td rowspan="2">開運アクション
◆過去の人やものとのつながりを大切にする
◆新しい人やものより､なじみのある人やものを選ぶ
◆諦め切れないことに再挑戦する
◆素直に評価を受け入れる
◆決断をする
◆スタートを切る</td></tr>
<tr><td>幸運の日</td><td>秘めていた力を発揮することができる日。勇気を出した行動でこれまで頑張ってきたことが評価され、幸運をつかめるでしょう。恋愛面では相性がいい人と結ばれたり、すでに知り合っている人と縁が強くなったりするので、好意を伝えるといい関係に進みそう。</td></tr>
<tr><td rowspan="2">開運☆</td><td>開運の月</td><td>運気のよさを感じられて、能力や魅力を評価される月。今後のことを考えた決断をするにも最適です。運命的な出会いがある可能性も高いので、人との出会いを大切にしましょう。幸運を感じられない場合は、環境を変えてみるのがオススメです。</td><td rowspan="2">開運アクション
◆夢を叶えるための行動を起こす
◆自分の意見や感覚を大事にする
◆自分から積極的に人に関わっていく
◆大きな決断をする
◆やりたいことのスタートを切る
◆自らチャンスをつかみにいく</td></tr>
<tr><td>開運の日</td><td>運を味方にできる最高の日。積極的に行動することで自分の思い通りに物事が運びます。告白、プロポーズ、結婚、決断、覚悟、買い物、引っ越し、契約などをするには最適なタイミング。ここで決めたら簡単に変えないことが大事です。</td></tr>
<tr><td rowspan="2">ブレーキ▽</td><td>ブレーキの月</td><td>中旬までは積極的に行動し、前月にやり残したことを終えておくといい月。契約などの決断は中旬までに。それ以降に延長される場合は縁がないと思って見切りをつけるといいでしょう。中旬以降は、現状を守るための判断が必要となります。</td><td rowspan="2">開運アクション
◆朝早くから活動する
◆やるべきことがあるなら明るいうちに済ます
◆昨日やり残したことを日中に終わらせる
◆夕方以降はゆったりと過ごす
◆夜は活動的にならない</td></tr>
<tr><td>ブレーキの日</td><td>日中は積極的に行動することでいい結果に結びつきますが、夕方あたりから判断ミスをするなど「裏の時期」の影響がジワジワ出てくる日。大事なことは早めに終わらせて、夜はゆっくり音楽を聴いたり、本を読んでのんびりするといいでしょう。</td></tr>
</table>

開運☆・幸運◎の活かし方

いい運気を味方につけて
スタートを切ることが大事

運気のいい年、月、日には、「何かいいことがあるかも」と期待してしまいますが、**「これまでの積み重ねに結果が出るとき」**です。努力したご褒美として「いいこと」が起きるので、逆に言えば、積み重ねがなければ何も起きず、悪いことを積み重ねてしまったら、悪い結果が出てしまいます。また、**「決断とスタートのとき」**でもあります。運気のいいときの決断やスタートには運が味方してくれ、タイミングを合わせれば力を発揮しやすくもなります。「自分を信じて、決断し、行動する」。この繰り返しが人生ですが、見えない流れを味方につけると、よりうまくいきやすくなります。このいい流れのサイクルに入るには、「いい運気のときに行動する」。これを繰り返してみてください。

大切なのは、行動すること。いくら運気がよくても、行動しなければ何も起きません。運気のいい年、月、日に**タイミングを合わせて動いてみて**ください。

※運気により「☆、◎の月日」がない年もあります。その場合は「◇、○の月日」に行動してみてください。

2024年 銀の羅針盤座

運気のいい時期（開運、幸運など）に心がけたい10のこと

1. 面倒なところに、楽しいことがたくさんあると気づく
2. いい思い出を振り返る
3. 頑張っている人に会い、頑張ろうと己を奮い立たせる
4. 仕事も、遊びも、勉強も、楽しそうに取り組む
5. 当たり前の幸せに気づくためにも、不便を知るといい
6. 「あなたに会うと元気になる」と言われるよう生きる
7. 他人をもっとほめる
8. 「憧れの人ならどうするか？」の基準で考えてみる
9. 失敗と挫折と恥ずかしい思いが、度胸と自信をつける
10. 何事もほどほどのところで満足する

<table>
<tr><td rowspan="2">乱気▼</td><td>乱気の月</td><td>「五星三心占い」でもっとも注意が必要な月。人間関係や心の乱れ、判断ミスが起きやすく、現状を変える決断は避けるべきです。ここでの決断は、幸運、開運の時期にいい結果に結びつかなくなる可能性があります。新しい出会いはとくに注意。運命を狂わせる相手の場合も。</td><td rowspan="4">開運アクション
◆現状を受け入れる
◆問題は100%自分の責任だと思う
◆マイナス面よりもプラス面を探す
◆何事もいい経験だと思う
◆周囲からのアドバイスにもっと素直になる
◆自分中心に考えない
◆流れに身を任せてみる
◆何事もポジティブ変換してみる
◆自分も他人も許す
◆感謝できることをできるだけ見つける</td></tr>
<tr><td>乱気の日</td><td>「五星三心占い」でもっとも注意が必要な日。判断ミスをしやすいので、新たな挑戦や大きな決断は避けることが大事。今日の出来事は何事も勉強だと受け止め、不運に感じることは「このくらいで済んでよかった」と考えましょう。</td></tr>
<tr><td rowspan="2">裏運気✕</td><td>裏運気の月</td><td>裏目に出ることが多い月。体調を崩したり、いまの生活を変えたくなったりします。自分の裏側の才能が出る時期でもあり、これまでと違う興味や関係をもつことも。不慣れや苦手なことを知る経験はいい勉強になるので、しっかり受け止め、自分に課題が出たと思うようにしましょう。</td></tr>
<tr><td>裏運気の日</td><td>自分の裏の才能や個性が出る日。「運が悪い」のではなく、ふだん鍛えられない部分を強化する日で、自分でも気づかなかった能力に目覚めることもあります。何をすれば自分を大きく成長させられるのかを考えて行動するといいでしょう。</td></tr>
<tr><td rowspan="2">整理▲</td><td>整理の月</td><td>裏運気から表の運気に戻ってくる月。本来の自分らしくなることで、不要なものが目について片付けたくなります。ドンドン捨てると運気の流れがよくなるでしょう。下旬になると出会いが増え、物事を前向きにとらえられるようになります。</td><td rowspan="2">開運アクション
◆不要なものを手放す
◆身の回りの掃除をする
◆人間関係を見直す
◆去る者を追わない
◆物事に区切りをつける
◆執着をなくす</td></tr>
<tr><td>整理の日</td><td>裏運気から本来の自分である表の運気に戻る日。日中は運気が乱れやすく判断ミスが多いため、身の回りの整理整頓や掃除をしっかりすることが大事。行動的になるのは夕方以降がいいでしょう。恋愛面では失恋しやすいですが、覚悟を決めるきっかけもありそうです。</td></tr>
</table>

＝ 運気の影響がない日……良くも悪くも運気に左右されない日

乱気▼・裏運気✕の乗りこなし方

「裏の欲望」がわかり「裏の自分」に会える

「五星三心占い」では、12年のうちの2年、12か月のうちの2か月、12日のうちの2日を、大きなくくりとして**「裏の時期（乱気＋裏運気）」**と呼び、**「裏の欲望（才能）が出てくる時期」**と考えます。人は誰しも欲望をもっていますが、ほしいと思う「欲望の種類」が違うため、「うれしい、楽しい」と感じる対象や度合いは人により異なります。同じ欲望ばかり体験していても、いずれ飽きてしまい、違うものを求めたくなります。そのタイミングが「裏の時期」です。

「裏の時期」には「裏の自分」が出てきます。たとえば、人と一緒にいるのが好きなタイプはひとりの時間が増え、ひとりが心地いい人は、大勢と絡まなくてはならない状況になる。恋愛でも、好みではない人が気になってくる……。本来の「自分らしさ」とは逆のことが起こるので、「慣れなくてつらい」と感じるのです。

しかし、だからこそふだんの自分とは違った体験ができて、視野が広がり学べることも。**この時期を乗り越えると、大きく成長できます。**「悪い運気」というわけではないのです。

2024年 銀の羅針盤座

裏の時期（乱気＋裏運気）に心にとどめたい10のこと

1. 時間ではなく、命を削っていることを忘れない
2. 人を嫌いにならず、人のために生きてみる覚悟をする
3. 嫌いな人に注目して、自分の人生を無駄に使わない
4. 三度のごはんが食べられるのは、幸せなんだと思う
5. 好きな仕事を探すより、いまの仕事を好きになる
6. つらいときこそ「あと一歩だ」と自分に言い聞かせる
7. 被害者意識をなくし、もっとおもしろがる工夫をする
8. どこにいるかより、どこに向かっているかを気にする
9. 自分ではどうにもできないことで悩まない
10. 風を受けている旗は美しく見えると自覚しよう

命数を調べるときの注意点

命数は足したり引いたりしない

「五星三心占い」の基本は「四柱推命」という占いですが、計算が複雑なので、この本の命数表には、先に計算を済ませたものを載せています。ですから、命数表に載っている数字が、そのまま「あなたの命数」になります。生年月日を足したり引いたりする必要はありません。

深夜0時〜日の出前の時間帯に生まれた人

深夜0時から日の出前の時間帯に生まれた人は、前日の運気の影響を強く受けている可能性があります。本来の生年月日で占ってみて、内容がしっくりこない場合は、生年月日の1日前の日でも占ってみてください。もしかすると、前日の運気の影響を強く受けているタイプかもしれません。

また、日の出の時刻は季節により異なりますので、生まれた季節で考えてみてください。

戸籍と本当の誕生日が違う人

戸籍に記載されている日付と、実際に生まれた日が違う人は、「実際に生まれた日」で占ってください。

命数表

【命数】とはあなたの運命をつかさどる数字です。
生年月日ごとに割り当てられています。

タイプの区分

生まれた西暦年
偶数年… 金
奇数年… 銀

命数 1 ～ 10 羅針盤座
命数 11 ～ 20 インディアン座
命数 21 ～ 30 鳳凰座
命数 31 ～ 40 時計座
命数 41 ～ 50 カメレオン座
命数 51 ～ 60 イルカ座

詳しい調べ方は、巻頭の折込ページをチェック！

※ 1930（昭和5）～1938（昭和13）年の命数は『ゲッターズ飯田の「五星三心占い」新・決定版』

銀

1939

昭和14年生 ★ 満85歳

日＼月	1	2	3	4	5	6	7	8	9	10	11	12
1	36	1	40	8	31	10	39	10	32	1	37	1
2	35	10	37	7	32	7	38	9	39	10	38	2
3	34	9	38	6	39	8	37	8	40	9	45	19
4	33	8	35	5	40	5	36	7	47	18	46	20
5	32	8	36	4	37	6	35	16	48	17	43	17
6	31	15	33	3	37	13	44	15	45	16	43	18
7	50	16	34	12	45	14	43	14	46	15	41	15
8	49	13	41	11	46	11	42	14	43	14	42	16
9	48	14	42	20	43	12	41	11	44	13	49	13
10	47	11	49	19	44	19	50	12	41	12	50	14
11	46	12	50	18	41	20	49	19	42	11	47	11
12	45	19	47	17	42	17	48	20	49	20	48	12
13	44	18	48	16	49	18	47	17	50	19	55	29
14	43	15	45	15	42	15	46	18	57	28	56	30
15	42	16	46	14	49	16	45	25	58	27	53	24
16	49	23	43	11	50	23	54	30	55	26	60	28
17	58	24	43	30	57	25	53	27	56	25	57	25
18	57	21	52	29	58	24	60	28	53	24	58	26
19	54	30	51	23	55	23	59	25	53	29	55	24
20	53	27	60	24	56	22	58	26	52	28	56	23
21	52	28	59	21	59	21	51	23	51	24	53	22
22	51	25	58	22	60	30	60	24	59	27	54	21
23	60	26	57	29	57	29	59	29	59	28	9	40
24	59	23	56	30	58	28	58	30	8	35	10	39
25	58	24	55	27	55	27	57	37	7	36	7	38
26	57	31	54	28	56	36	6	38	6	33	8	37
27	6	32	53	35	3	33	5	35	5	34	5	36
28	5	39	2	36	4	32	4	36	4	31	6	35
29	4		1	33	1	31	3	33	3	32	3	34
30	3		10	34	2	40	2	34	2	39	4	33
31	2		9		9		1	31		40		32

金

1940

昭和15年生 ★ 満84歳

日＼月	1	2	3	4	5	6	7	8	9	10	11	12
1	31	16	34	12	45	14	43	14	46	15	41	15
2	48	15	41	11	46	11	42	13	43	14	42	16
3	49	14	42	20	43	12	41	12	44	13	49	13
4	48	13	49	19	44	19	50	11	41	12	50	14
5	47	11	50	18	41	20	49	20	42	11	47	11
6	46	12	47	17	42	17	48	19	49	20	48	12
7	45	19	48	16	49	18	47	18	50	19	55	29
8	44	20	45	15	50	15	46	18	57	28	56	30
9	43	17	46	14	47	16	45	25	58	27	53	27
10	42	18	43	13	48	23	54	26	55	26	54	30
11	41	25	44	22	55	24	53	23	56	25	51	25
12	60	26	51	21	56	21	52	24	53	24	52	26
13	59	21	52	30	53	22	51	21	54	23	59	23
14	58	22	59	29	56	29	60	22	51	22	60	24
15	57	29	60	26	53	30	59	29	52	21	53	21
16	57	30	57	25	54	27	58	24	59	30	54	22
17	53	27	57	24	51	29	55	21	60	29	1	39
18	52	28	56	30	52	28	54	22	7	34	2	39
19	59	25	55	27	59	27	53	39	7	33	9	38
20	58	24	54	28	60	36	6	40	6	32	10	37
21	57	31	53	35	3	35	5	37	5	34	7	36
22	6	32	2	36	4	34	4	38	4	31	6	35
23	5	39	1	33	1	33	3	33	3	32	3	34
24	4	40	10	34	2	32	2	34	2	39	4	33
25	3	37	9	31	9	31	1	31	1	40	1	32
26	2	38	8	32	10	38	10	32	10	37	2	31
27	1	35	7	39	7	37	9	39	9	38	19	50
28	10	36	6	40	8	36	8	40	18	45	20	49
29	9	33	5	37	5	35	7	47	17	46	17	48
30	8		4	38	6	44	16	48	16	43	18	47
31	7		3		13		15	45		44		46

命数が…… 1~10 羅針盤座　11~20 インディアン座　21~30 鳳凰座

に載っています。

日＼月	1	2	3	4	5	6	7	8	9	10	11	12
1	45	20	47	17	42	17	48	19	49	20	48	12
2	44	19	48	16	49	18	47	18	50	19	55	29
3	43	18	45	15	50	15	46	17	57	28	56	30
4	42	18	50	14	47	16	45	26	58	27	53	27
5	41	25	47	13	43	23	54	25	55	26	54	28
6	60	26	44	22	52	24	53	24	56	25	51	25
7	59	23	56	21	56	21	52	21	53	24	52	26
8	58	24	52	30	53	22	51	21	54	24	59	23
9	57	21	59	29	54	29	60	22	51	22	60	24
10	56	22	60	28	51	30	59	29	52	21	57	21
11	55	29	57	27	52	27	58	30	59	30	58	22
12	54	21	58	26	59	28	57	27	60	29	5	39
13	53	25	55	25	60	25	56	28	7	38	6	40
14	52	26	56	24	59	26	55	35	8	37	3	37
15	51	33	53	21	60	33	4	36	5	36	4	38
16	8	34	54	40	7	34	3	37	6	35	7	35
17	7	31	2	39	8	34	10	38	3	34	8	36
18	6	32	1	33	5	33	9	35	4	33	5	34
19	3	37	10	34	6	32	8	36	2	38	6	33
20	2	38	9	31	3	31	1	33	1	37	3	32
21	1	35	8	32	10	40	10	34	10	36	4	31
22	10	36	7	39	7	39	9	31	9	38	11	50
23	9	33	6	40	8	38	8	40	18	45	20	49
24	8	34	5	37	5	37	7	47	17	46	17	48
25	7	41	4	38	6	46	16	48	16	43	18	47
26	17	42	3	45	13	45	15	45	15	44	15	46
27	15	49	12	46	14	42	14	46	14	41	16	45
28	14	50	11	43	11	41	13	43	13	42	13	44
29	13		20	44	12	50	12	44	12	49	14	43
30	12		19	41	19	50	11	41	11	50	11	42
31	11		18		20		20	42		47		41

銀

1941

昭和16年生

★

満83歳

日＼月	1	2	3	4	5	6	7	8	9	10	11	12
1	60	25	44	22	55	24	53	24	56	25	51	25
2	59	24	51	21	56	21	52	23	53	24	52	26
3	58	23	52	30	53	22	51	22	54	23	59	23
4	57	21	59	29	54	29	60	21	51	22	60	24
5	56	22	60	28	51	30	59	30	52	21	57	21
6	55	29	57	27	52	27	58	29	59	28	58	22
7	54	30	58	26	59	28	57	28	60	29	5	39
8	53	27	55	25	60	25	56	28	7	38	6	40
9	52	28	56	24	57	26	55	35	8	37	3	37
10	51	35	53	23	58	33	4	36	5	36	4	38
11	10	36	54	32	5	34	3	33	6	35	1	35
12	9	31	1	31	6	31	2	34	2	34	2	36
13	8	32	2	40	3	32	1	31	4	33	9	33
14	7	39	9	39	6	39	10	32	1	32	10	34
15	6	40	10	36	3	40	9	39	2	31	7	31
16	3	37	7	35	4	37	8	34	9	40	4	32
17	2	38	7	34	1	39	7	31	10	39	11	49
18	1	35	6	40	2	38	4	32	17	48	12	50
19	8	34	5	37	9	37	3	49	17	43	19	48
20	7	41	4	38	10	46	12	50	16	42	20	47
21	16	42	3	45	13	45	15	47	15	41	17	46
22	15	49	12	46	14	44	14	48	14	41	18	45
23	14	50	11	43	11	43	13	43	13	42	13	44
24	13	47	20	44	12	42	12	44	12	49	14	43
25	12	48	19	41	19	41	11	41	11	50	11	42
26	11	45	18	42	20	50	20	42	20	47	12	41
27	20	46	17	49	17	47	19	49	19	48	29	60
28	19	43	16	50	18	46	18	50	28	55	30	59
29	18		15	47	15	45	17	57	27	56	27	58
30	17		14	48	16	54	26	58	26	53	28	57
31	26		13		23		25	55		54		56

金

1942

昭和17年生

★

満82歳

31~40 時計座　41~50 カメレオン座　51~60 イルカ座

銀

1943

昭和18年生 ★ 満81歳

日＼月	1	2	3	4	5	6	7	8	9	10	11	12
1	55	30	57	27	52	27	58	29	59	30	58	22
2	54	29	58	26	59	28	57	28	60	29	5	39
3	53	28	55	25	60	25	56	27	7	38	6	40
4	51	27	56	24	57	26	55	36	8	37	3	37
5	51	35	53	23	58	33	4	35	5	36	4	38
6	10	36	54	32	3	34	3	34	6	35	1	35
7	9	33	1	31	6	31	2	33	3	37	2	36
8	8	34	2	40	3	32	1	31	4	33	9	33
9	7	31	9	39	4	39	10	32	1	32	10	34
10	6	32	10	38	1	40	9	39	2	31	7	31
11	5	39	7	37	2	37	8	40	9	40	8	32
12	4	40	8	36	9	38	7	37	10	39	15	49
13	3	35	5	35	10	35	6	38	17	48	16	50
14	2	36	6	34	1	36	5	45	18	47	13	47
15	1	43	3	33	2	43	14	46	15	46	14	48
16	18	44	4	50	17	44	13	47	16	45	17	45
17	17	41	12	49	18	44	12	48	13	44	18	46
18	16	42	11	48	15	43	19	45	14	43	17	45
19	13	49	20	44	16	42	18	46	12	48	16	46
20	12	48	19	41	13	41	17	43	11	47	13	43
21	11	45	18	42	20	50	20	44	20	46	14	44
22	20	46	17	49	17	49	19	41	19	48	21	51
23	19	43	16	50	18	48	18	50	28	55	30	60
24	18	44	15	47	15	47	17	57	27	56	27	57
25	17	51	14	48	16	56	26	58	26	53	28	58
26	26	52	13	55	23	55	25	55	25	54	25	55
27	25	59	22	56	24	52	24	56	24	51	26	55
28	24	60	21	53	21	51	23	53	23	52	23	54
29	23		30	54	22	60	22	54	22	59	24	53
30	22		29	51	29	59	21	51	21	60	21	52
31	25		28		30		30	52		57		51

金

1944

昭和19年生 ★ 満80歳

日＼月	1	2	3	4	5	6	7	8	9	10	11	12
1	10	35	1	31	6	31	2	33	3	34	2	36
2	9	34	2	38	3	32	1	32	4	33	9	33
3	8	33	9	39	4	39	10	31	1	32	10	34
4	7	32	10	38	1	40	9	40	2	31	7	31
5	6	32	7	37	2	37	8	39	9	40	8	32
6	5	39	8	36	9	38	8	38	10	39	15	49
7	4	40	5	35	10	35	6	35	17	48	16	50
8	3	37	6	34	7	36	5	45	18	47	13	47
9	2	38	3	33	8	43	14	46	15	46	14	48
10	2	45	4	42	15	44	13	43	16	45	11	45
11	19	46	11	41	16	41	12	44	13	44	12	46
12	19	43	12	50	13	42	11	41	14	43	19	43
13	18	42	19	49	14	49	20	42	11	42	20	44
14	17	49	20	48	13	50	19	49	12	41	17	41
15	16	50	17	45	14	47	18	50	19	50	14	42
16	13	47	18	44	11	48	17	41	20	49	21	59
17	15	48	16	43	12	48	14	42	27	58	22	60
18	11	45	15	47	19	47	13	59	28	53	29	58
19	18	46	14	45	19	56	22	60	26	52	30	57
20	17	51	13	55	27	55	25	57	25	51	27	56
21	26	52	22	56	24	54	24	58	27	51	28	55
22	25	59	21	53	21	53	23	55	23	52	23	54
23	24	60	28	54	22	52	22	54	22	59	24	53
24	23	57	29	51	29	51	21	51	21	60	21	52
25	22	58	28	52	30	60	30	52	30	57	22	51
26	21	55	27	59	27	59	29	59	29	58	39	10
27	30	56	26	60	28	56	28	60	38	5	40	9
28	29	53	25	57	25	55	27	7	37	6	37	8
29	28	54	24	58	26	4	36	8	36	3	38	7
30	27		23	5	33	3	35	5	35	4	35	6
31	36		32		34		34	6		1		5

命数が…… 1~10 羅針盤座　11~20 インディアン座　21~30 鳳凰座

銀

1945

昭和20年生 ★ 満79歳

日＼月	1	2	3	4	5	6	7	8	9	10	11	12
1	4	39	8	36	9	38	7	38	10	39	15	49
2	3	38	5	35	10	35	6	37	17	48	16	50
3	2	37	6	34	7	36	5	46	18	47	13	47
4	1	45	3	33	8	43	14	45	15	46	14	48
5	20	46	8	42	15	44	13	44	16	45	11	45
6	19	43	11	41	16	41	12	43	13	44	12	46
7	18	44	12	50	13	42	11	42	14	43	19	43
8	17	41	19	49	14	49	20	42	11	42	20	44
9	16	42	20	48	11	50	19	49	12	41	17	41
10	15	49	17	47	12	47	18	50	19	50	18	42
11	14	50	18	46	19	48	17	47	20	49	25	59
12	13	45	15	45	20	45	16	48	27	58	26	60
13	12	46	16	44	17	46	15	55	28	57	23	57
14	11	53	13	43	20	53	24	56	25	56	24	58
15	30	54	14	60	27	54	23	53	26	55	21	55
16	27	51	21	59	28	51	22	58	23	54	28	56
17	26	52	21	58	25	53	29	55	24	53	25	53
18	25	59	30	54	26	52	28	56	21	52	26	53
19	22	58	29	51	23	51	27	53	21	57	23	52
20	21	55	28	52	24	60	30	54	30	56	24	51
21	30	56	27	59	27	59	29	51	29	55	31	10
22	29	53	26	60	28	58	28	52	38	5	32	9
23	28	54	25	57	25	57	27	7	37	6	37	8
24	27	1	24	58	26	6	36	8	36	3	38	7
25	36	2	23	5	33	5	35	5	35	4	35	6
26	35	9	32	6	34	4	34	6	34	1	36	5
27	34	10	31	3	31	1	33	3	33	2	33	4
28	33	7	40	4	32	10	32	4	32	9	34	3
29	32		39	1	39	9	31	1	31	10	31	2
30	31		38	2	40	8	40	2	40	7	32	1
31	40		37		37		39	9		8		20

金

1946

昭和21年生 ★ 満78歳

日＼月	1	2	3	4	5	6	7	8	9	10	11	12
1	19	44	11	41	16	41	12	43	13	44	12	46
2	18	43	12	50	13	42	11	42	14	43	19	43
3	17	42	19	49	14	49	20	41	11	42	20	44
4	16	42	20	48	11	50	19	50	12	41	17	41
5	15	49	11	47	12	47	18	49	19	50	18	42
6	14	50	18	46	19	48	17	48	20	49	25	59
7	13	47	15	45	20	45	15	47	27	58	26	60
8	12	48	16	44	17	46	15	55	28	57	23	57
9	11	55	13	43	18	53	24	56	25	56	24	58
10	30	56	14	52	25	54	23	53	26	55	21	55
11	29	53	21	51	26	51	22	54	23	54	22	56
12	28	52	22	60	23	52	21	51	24	53	29	53
13	27	59	29	59	24	59	30	52	21	52	30	54
14	26	60	30	58	23	60	29	59	22	51	27	51
15	25	57	27	55	24	57	28	60	29	60	28	52
16	22	58	28	54	21	58	27	51	30	59	31	9
17	21	55	26	53	22	58	26	52	37	8	32	10
18	30	56	25	57	29	57	23	9	38	7	39	7
19	27	1	24	58	30	6	32	10	36	2	40	7
20	36	2	23	5	37	5	31	7	35	1	37	6
21	35	9	32	6	34	4	34	8	34	10	38	5
22	34	10	31	3	31	3	33	5	33	2	35	4
23	33	7	40	4	32	2	32	4	32	9	34	3
24	32	8	39	1	39	1	31	1	31	10	31	2
25	31	5	38	2	40	10	40	2	40	7	32	1
26	40	6	37	9	37	9	39	9	39	8	49	20
27	39	3	36	10	38	6	38	10	48	15	50	19
28	38	4	35	7	35	5	37	17	47	16	47	18
29	37		34	8	36	14	46	18	46	13	48	17
30	46		33	15	43	13	45	15	45	14	45	16
31	45		42		44		44	16		11		15

31~40 時計座　41~50 カメレオン座　51~60 イルカ座

銀 1947

昭和22年生 ★ 満77歳

日＼月	1	2	3	4	5	6	7	8	9	10	11	12
1	14	49	18	46	19	48	17	48	20	49	25	59
2	13	48	15	45	20	45	16	47	27	58	26	60
3	12	47	16	44	17	46	15	56	28	57	23	57
4	11	56	13	43	18	53	24	55	25	56	24	58
5	30	56	14	52	25	54	23	54	26	55	21	55
6	29	53	21	51	26	51	22	53	23	54	22	56
7	28	54	22	60	23	52	21	52	24	53	29	53
8	27	51	29	59	24	59	30	52	21	52	30	54
9	26	52	30	58	21	60	29	59	22	51	27	51
10	25	59	27	57	22	57	28	60	29	60	28	52
11	24	60	28	56	29	58	27	57	30	59	35	9
12	23	57	25	55	30	55	26	58	37	8	36	10
13	22	56	26	54	27	56	25	5	38	7	33	7
14	21	3	23	53	30	3	34	6	35	6	34	8
15	40	4	24	2	37	4	33	3	36	5	31	5
16	37	1	31	9	38	1	32	8	33	4	38	6
17	36	2	31	8	35	3	31	5	34	3	35	3
18	35	9	40	7	36	2	38	6	31	2	36	4
19	32	10	39	1	33	1	37	3	31	7	33	2
20	31	5	38	2	34	10	36	4	40	6	34	1
21	40	6	37	9	37	9	39	1	39	5	41	20
22	39	3	36	10	38	8	38	2	48	15	42	19
23	38	4	35	7	35	7	37	17	47	16	47	18
24	37	11	34	8	36	16	46	18	46	13	48	17
25	46	12	33	15	43	15	45	15	45	14	45	16
26	45	19	42	16	44	14	44	16	44	11	46	15
27	44	20	41	13	41	11	43	13	43	12	43	14
28	43	17	50	14	42	20	42	14	42	19	44	13
29	42		49	11	49	19	41	11	41	20	41	12
30	41		48	12	50	18	50	12	50	17	42	11
31	50		47		47		49	19		18		30

金 1948

昭和23年生 ★ 満76歳

日＼月	1	2	3	4	5	6	7	8	9	10	11	12
1	29	54	22	60	23	52	21	52	24	53	29	53
2	28	53	29	59	24	59	30	51	21	52	30	54
3	27	52	30	58	21	60	29	60	22	51	27	51
4	26	51	27	57	22	57	28	59	29	60	28	52
5	25	59	28	56	29	58	27	58	30	59	35	9
6	24	60	25	55	30	55	26	57	37	8	36	10
7	23	57	26	54	27	56	25	6	38	7	33	7
8	22	58	23	53	28	3	34	6	35	6	34	8
9	21	5	24	2	35	4	33	3	36	5	31	5
10	40	6	31	1	36	1	32	4	33	4	32	6
11	39	3	32	10	33	2	31	1	34	3	39	3
12	38	4	39	9	34	9	40	2	31	2	40	4
13	37	9	40	8	33	10	39	9	32	1	37	1
14	36	10	37	7	34	7	38	10	39	10	38	2
15	35	7	38	4	31	8	37	7	40	9	41	19
16	32	8	35	3	32	5	36	2	47	18	42	20
17	31	5	35	2	39	7	33	19	48	17	49	17
18	40	6	34	8	40	16	42	20	45	12	50	17
19	37	13	33	15	47	15	41	17	45	11	47	16
20	46	12	42	16	44	14	44	18	44	20	48	15
21	45	19	41	13	41	13	43	15	43	12	45	14
22	44	20	50	14	42	12	42	16	42	19	44	13
23	43	17	49	11	49	11	41	11	41	20	41	12
24	42	18	48	12	50	20	50	12	50	17	42	11
25	41	15	47	19	47	19	49	19	49	18	59	30
26	50	16	46	20	48	18	48	20	58	25	60	29
27	49	13	45	17	45	15	47	27	57	26	57	28
28	48	14	44	18	46	24	56	28	56	23	58	27
29	47	21	43	25	55	23	55	26	55	24	55	26
30	56		52	26	53	22	54	25	54	21	56	25
31	55		51		54		53	23		22		24

命数が…… 1~10 羅針盤座　11~20 インディアン座　21~30 鳳凰座

銀 1949 昭和24年生 ★満75歳

日＼月	1	2	3	4	5	6	7	8	9	10	11	12
1	23	58	25	55	30	55	26	57	37	8	36	10
2	22	57	26	54	27	56	25	6	38	7	33	7
3	21	6	23	53	28	3	34	5	35	6	34	8
4	40	6	24	2	35	4	33	4	36	5	31	5
5	39	3	31	1	36	1	32	3	33	4	32	6
6	38	4	32	10	33	2	31	2	34	3	39	3
7	37	1	39	9	34	9	40	1	31	2	40	4
8	36	2	40	8	31	10	39	9	32	1	37	1
9	35	9	37	7	32	7	38	10	39	10	38	2
10	34	10	38	6	39	8	37	7	40	9	45	19
11	33	7	35	5	40	5	36	8	47	18	46	20
12	32	6	36	4	37	6	35	15	48	17	43	17
13	31	13	33	3	38	13	44	16	45	16	44	18
14	50	14	34	12	47	14	43	13	46	15	41	15
15	49	11	41	19	48	11	42	14	43	14	42	16
16	46	12	42	18	45	12	41	15	44	13	45	13
17	45	19	50	17	46	12	48	16	41	12	46	14
18	44	20	49	11	43	11	47	13	42	11	43	12
19	41	15	48	12	44	20	46	14	50	16	44	11
20	50	16	47	19	41	19	49	11	49	15	51	30
21	49	13	46	20	48	18	48	12	58	24	52	29
22	48	14	45	17	45	17	47	29	57	26	59	28
23	47	21	44	18	46	26	56	28	56	23	58	27
24	56	22	43	25	53	25	55	25	55	24	55	26
25	55	29	52	26	54	24	54	26	54	21	56	25
26	54	30	51	23	51	21	53	23	53	22	53	24
27	53	27	60	24	52	30	52	24	52	29	54	23
28	52	28	59	21	59	29	51	21	51	30	51	22
29	51		58	22	60	28	60	22	60	27	52	21
30	60		57	29	57	27	59	29	59	28	9	40
31	59		56		58		58	30		35		39

金 1950 昭和25年生 ★満74歳

日＼月	1	2	3	4	5	6	7	8	9	10	11	12
1	38	3	32	10	33	2	31	2	34	3	39	3
2	37	2	39	9	34	9	40	1	31	2	40	4
3	36	1	40	8	31	10	39	10	32	1	37	1
4	35	9	37	7	32	7	38	9	39	10	38	2
5	34	10	38	6	39	8	37	8	40	9	45	19
6	33	7	35	5	40	5	36	7	47	18	46	20
7	32	8	36	4	37	6	35	16	48	17	43	17
8	31	15	33	3	38	13	44	16	45	16	44	18
9	50	16	34	12	45	14	43	13	46	15	41	15
10	49	13	41	11	46	11	42	14	43	14	42	16
11	48	14	42	20	43	12	41	11	44	13	49	13
12	47	19	49	19	44	19	50	12	41	12	50	14
13	46	20	50	18	41	20	49	19	42	11	47	11
14	45	17	47	17	44	17	48	20	49	20	48	12
15	44	18	48	14	41	18	47	17	50	19	55	29
16	41	15	45	13	42	15	46	12	57	28	52	30
17	50	16	45	12	49	17	45	29	58	27	59	27
18	49	23	44	18	50	26	52	30	55	26	60	28
19	56	22	43	25	57	25	51	27	55	21	57	26
20	55	29	52	26	58	24	60	28	54	30	58	25
21	54	30	51	23	51	23	53	25	53	29	55	24
22	53	27	60	24	52	22	52	26	52	29	56	23
23	52	28	59	21	59	21	51	21	51	30	51	22
24	51	25	58	22	60	30	60	22	60	27	52	21
25	60	26	57	29	57	29	59	29	59	28	9	40
26	59	23	56	30	58	28	58	30	8	35	10	39
27	58	24	55	27	55	25	57	37	7	36	7	38
28	57	31	54	28	56	34	6	38	6	33	8	37
29	6		53	35	3	33	5	35	5	34	5	36
30	5		2	36	4	32	4	36	4	31	6	35
31	4		1		1		3	33		32		34

31~40 時計座　41~50 カメレオン座　51~60 イルカ座

銀 1951 昭和26年生 ★ 満73歳

日＼月	1	2	3	4	5	6	7	8	9	10	11	12
1	33	8	35	5	40	5	36	7	47	18	46	20
2	32	7	36	4	37	6	35	16	48	17	43	17
3	31	16	33	3	38	13	44	15	45	16	44	18
4	50	15	34	12	45	14	43	14	46	15	41	15
5	49	13	41	11	46	11	42	13	43	14	42	16
6	48	14	42	20	43	12	41	12	44	13	49	13
7	47	11	49	19	44	19	50	11	41	12	50	14
8	46	12	50	18	41	20	49	19	42	11	47	11
9	45	19	47	17	42	17	48	20	49	20	48	12
10	44	20	48	16	49	18	47	17	50	19	55	29
11	43	17	45	15	50	15	46	18	57	28	56	30
12	42	18	46	14	47	16	45	25	58	27	53	27
13	41	23	43	13	48	23	54	26	55	26	54	28
14	60	24	44	22	57	24	53	23	56	25	51	25
15	59	21	51	21	58	21	52	24	53	24	52	26
16	56	22	52	28	55	22	51	25	54	23	55	23
17	55	29	60	27	56	22	60	26	51	22	56	24
18	54	30	59	26	53	21	57	23	52	21	53	21
19	51	27	58	22	54	30	56	24	60	26	54	21
20	60	26	57	29	51	29	55	21	59	25	1	40
21	59	23	56	30	58	28	58	22	8	34	2	39
22	58	24	55	27	55	27	57	39	7	36	9	38
23	57	31	54	28	56	36	6	38	6	33	8	37
24	6	32	53	35	3	35	5	35	5	34	5	36
25	5	39	2	36	4	34	4	36	4	31	6	35
26	4	40	1	33	1	33	3	33	3	32	3	34
27	3	37	10	34	2	40	2	34	2	39	4	33
28	2	38	9	31	9	39	1	31	1	40	1	32
29	1		8	32	10	38	10	32	10	37	2	31
30	10		7	39	7	37	9	39	9	38	19	50
31	9		6		8		8	40		45		49

金 1952 昭和27年生 ★ 満72歳

日＼月	1	2	3	4	5	6	7	8	9	10	11	12
1	48	13	49	19	44	19	50	11	41	12	50	14
2	47	12	50	18	41	20	49	20	42	11	47	11
3	46	11	47	17	42	17	48	19	49	20	48	12
4	45	20	48	16	49	18	47	18	50	19	55	29
5	44	20	45	15	50	15	46	17	57	28	56	30
6	43	17	46	14	47	16	45	26	58	27	53	27
7	42	18	43	13	48	23	54	26	55	26	54	28
8	41	25	44	22	55	24	53	23	56	25	51	25
9	60	26	51	21	56	21	52	24	53	24	52	26
10	59	23	52	30	53	22	51	21	54	23	59	23
11	58	24	59	29	54	29	60	22	51	22	60	24
12	57	21	60	28	51	30	59	29	52	21	57	21
13	56	30	57	27	54	27	58	30	59	30	58	22
14	55	27	58	26	51	28	57	27	60	29	5	39
15	54	28	55	23	52	25	56	22	7	38	2	40
16	51	25	56	22	59	26	55	39	8	37	9	37
17	60	26	54	21	60	36	2	40	5	36	10	38
18	59	33	53	35	7	35	1	37	6	31	7	36
19	6	34	2	36	8	34	10	38	4	40	8	35
20	5	39	1	33	1	33	3	35	3	39	5	34
21	4	40	10	34	2	32	2	36	2	39	6	33
22	3	37	9	31	9	31	1	31	1	40	1	32
23	2	38	8	32	10	40	10	32	10	37	2	31
24	1	35	7	39	7	39	9	39	9	38	19	50
25	10	36	6	40	8	38	8	40	18	45	20	49
26	9	33	5	37	5	37	7	47	17	46	17	48
27	8	34	4	38	6	44	16	48	16	43	18	47
28	7	41	3	45	13	43	15	45	15	44	15	46
29	16	42	12	46	14	42	14	46	14	41	16	45
30	15		11	43	11	41	13	43	13	42	13	44
31	14		20		12		12	44		49		43

命数が…… 1~10 羅針盤座　11~20 インディアン座　21~30 鳳凰座

銀

1953

昭和28年生 ★ 満71歳

日＼月	1	2	3	4	5	6	7	8	9	10	11	12
1	42	17	46	14	47	16	45	26	58	27	53	27
2	41	26	43	13	48	23	54	25	55	26	54	28
3	60	25	44	22	55	24	53	24	56	25	51	25
4	59	23	51	21	56	21	52	23	53	24	52	26
5	58	24	52	30	53	22	51	22	54	23	59	23
6	57	21	59	29	54	29	60	21	51	22	60	24
7	56	22	60	28	51	30	59	30	52	21	57	21
8	55	29	57	27	52	27	58	30	59	30	58	22
9	54	30	58	26	59	28	57	27	60	29	5	39
10	53	27	55	25	60	25	56	28	7	38	6	40
11	52	28	56	24	57	26	55	35	8	37	3	37
12	51	33	53	23	58	33	4	36	5	36	4	38
13	10	34	54	32	5	34	3	33	6	35	1	35
14	9	31	1	31	8	31	2	34	3	34	2	36
15	8	32	2	38	5	32	1	31	4	33	9	33
16	5	39	9	37	6	39	10	36	1	32	6	34
17	4	40	9	36	3	31	7	33	2	31	3	31
18	3	37	8	32	4	40	6	34	9	36	4	31
19	10	36	7	39	1	39	5	31	9	35	11	50
20	9	33	6	40	2	38	8	32	18	44	12	49
21	8	34	5	37	5	37	7	49	17	46	19	48
22	7	41	4	38	6	46	16	50	16	43	20	47
23	16	42	3	45	13	45	15	45	15	44	15	46
24	15	49	12	46	14	44	14	46	14	41	16	45
25	14	50	11	43	11	43	13	43	13	42	13	44
26	13	47	20	44	12	42	12	44	12	49	14	43
27	12	48	19	41	19	49	11	41	11	50	11	42
28	11	45	18	42	20	48	20	42	20	47	12	41
29	20		17	49	17	47	19	49	19	48	29	60
30	19		16	50	18	46	18	50	28	55	30	59
31	18		15		15		17	57		56		58

金

1954

昭和29年生 ★ 満70歳

日＼月	1	2	3	4	5	6	7	8	9	10	11	12
1	57	22	59	29	54	29	60	21	51	22	60	24
2	56	21	60	28	51	30	59	30	52	21	57	21
3	55	30	57	27	52	27	58	29	59	30	58	22
4	54	30	58	26	59	28	57	28	60	29	5	39
5	53	27	55	25	60	25	56	27	7	38	6	40
6	52	28	56	24	57	26	57	36	8	37	3	37
7	51	35	53	23	58	33	4	35	5	36	4	38
8	10	36	54	32	5	34	3	33	6	35	1	35
9	9	33	1	31	6	31	2	34	3	34	2	36
10	8	34	2	40	3	32	1	31	4	33	9	33
11	7	31	9	39	4	39	10	32	1	32	10	34
12	6	40	10	38	1	40	9	39	2	31	7	31
13	5	37	7	37	2	37	8	40	9	40	8	32
14	4	38	8	36	1	38	7	37	10	39	15	49
15	3	35	5	33	2	35	6	38	17	48	16	50
16	10	36	6	32	9	36	5	49	18	47	19	47
17	9	43	4	31	10	46	14	50	15	46	20	48
18	18	44	3	45	17	45	11	47	16	45	17	45
19	15	49	12	46	18	44	20	48	14	50	18	45
20	14	50	11	43	15	43	19	45	13	49	15	44
21	13	47	20	44	12	42	12	46	12	48	16	43
22	12	48	19	41	19	41	11	43	11	50	13	42
23	11	45	18	42	20	50	20	42	20	47	12	41
24	20	46	17	49	17	49	19	49	19	48	29	60
25	19	43	16	50	18	48	18	50	28	55	30	59
26	18	44	15	47	15	47	17	57	27	56	27	58
27	17	51	14	48	16	54	26	58	26	53	28	57
28	26	52	13	55	23	53	25	55	25	54	25	56
29	25		22	56	24	52	24	56	24	51	26	55
30	24		21	53	21	51	23	53	23	52	23	54
31	23		30		22		22	54		59		53

31~40 時計座　41~50 カメレオン座　51~60 イルカ座

銀 1955 昭和30年生 ★ 満69歳

日＼月	1	2	3	4	5	6	7	8	9	10	11	12
1	52	27	56	24	57	26	55	36	8	37	3	37
2	51	36	53	23	58	33	4	35	5	36	4	38
3	10	35	54	32	5	34	3	34	6	35	1	35
4	9	33	1	31	6	31	2	33	3	34	2	36
5	8	34	2	40	3	32	1	32	4	33	9	33
6	7	31	9	39	4	39	10	31	1	32	10	34
7	6	32	10	38	1	40	9	40	2	31	7	31
8	5	39	7	37	2	37	8	40	9	40	8	32
9	4	40	8	36	9	38	7	37	10	39	15	49
10	3	37	5	35	10	35	6	38	17	48	16	50
11	2	38	6	34	7	36	5	45	18	47	13	47
12	1	43	3	33	8	43	14	46	15	46	14	48
13	20	44	4	42	15	44	13	43	16	45	11	45
14	19	41	11	41	18	41	12	44	13	44	12	46
15	18	42	12	48	15	42	11	41	14	43	19	43
16	15	49	19	47	16	49	20	46	11	42	16	44
17	14	50	19	46	13	41	19	43	12	41	13	41
18	13	47	18	42	14	50	16	44	19	50	14	42
19	20	46	17	49	11	49	15	41	19	45	21	60
20	19	43	16	50	12	48	14	42	28	54	22	59
21	18	44	15	47	15	47	17	59	27	53	29	58
22	17	51	14	48	16	56	26	60	26	53	30	57
23	26	52	13	55	23	55	25	55	25	54	25	56
24	25	59	22	56	24	54	24	56	24	51	26	55
25	24	60	21	53	21	53	23	53	23	52	23	54
26	23	57	30	54	22	52	22	54	22	59	24	53
27	22	58	29	51	29	59	21	51	21	60	21	52
28	21	55	28	52	30	58	30	52	30	57	22	51
29	30		27	59	27	57	29	59	29	58	39	10
30	29		26	60	28	56	28	60	38	5	40	9
31	28		25		25		27	7		6		8

金 1956 昭和31年生 ★ 満68歳

日＼月	1	2	3	4	5	6	7	8	9	10	11	12
1	7	32	10	38	1	40	9	40	2	31	7	31
2	6	31	7	37	2	37	8	39	9	40	8	32
3	5	40	8	36	9	38	7	38	10	39	15	49
4	4	39	5	35	10	35	6	37	17	48	16	50
5	3	37	6	34	7	36	5	46	18	47	13	47
6	2	38	3	33	8	43	14	45	15	46	14	48
7	1	45	4	42	15	44	13	43	16	45	11	45
8	20	46	11	41	16	41	12	44	13	44	12	46
9	19	43	12	50	13	42	11	41	14	43	19	43
10	18	44	19	49	14	49	20	42	11	42	20	44
11	17	41	20	48	11	50	19	49	12	41	17	41
12	16	42	17	47	12	47	18	50	19	50	18	42
13	15	47	18	46	11	48	17	47	20	49	25	59
14	14	48	15	45	12	45	16	48	27	58	26	60
15	13	45	16	42	19	46	15	59	28	57	29	57
16	20	46	14	41	20	53	24	60	25	56	30	58
17	19	53	13	60	27	55	21	57	26	55	27	55
18	28	54	22	56	28	54	30	58	23	60	28	55
19	25	51	21	53	25	53	29	55	23	59	25	54
20	24	60	30	54	22	52	22	56	22	58	26	53
21	23	57	29	51	29	51	21	53	21	60	23	52
22	22	58	28	52	30	60	30	52	30	57	22	51
23	21	55	27	59	27	59	30	59	29	58	39	10
24	30	56	26	60	28	58	28	60	38	5	40	9
25	29	53	25	57	25	57	27	7	37	6	37	8
26	28	54	24	58	26	6	36	8	36	3	38	7
27	27	1	23	5	33	3	35	5	35	4	35	6
28	36	2	32	6	34	2	34	6	34	1	36	5
29	35	9	31	3	31	1	33	3	33	2	33	4
30	34		40	4	32	10	32	4	32	9	34	3
31	33		39		39		31	1		10		2

命数が…… 1~10 羅針盤座　11~20 インディアン座　21~30 鳳凰座

銀 1957 昭和32年生 ★ 満67歳

日＼月	1	2	3	4	5	6	7	8	9	10	11	12
1	1	46	3	33	8	43	14	45	15	46	14	48
2	20	45	4	42	15	44	13	44	16	45	11	45
3	19	44	11	41	16	41	12	43	13	44	12	46
4	18	44	12	50	13	42	11	42	14	43	19	43
5	17	41	19	49	14	49	20	41	11	42	20	44
6	16	42	20	48	11	50	19	50	12	41	17	41
7	15	49	17	47	12	47	18	49	19	50	18	42
8	14	50	18	46	19	48	17	47	20	49	25	59
9	13	47	15	45	20	45	16	48	27	58	26	60
10	12	48	16	44	17	46	15	55	28	57	23	57
11	11	55	13	43	18	53	24	56	25	56	24	58
12	30	54	14	52	25	54	23	53	26	55	21	55
13	29	51	21	51	26	51	22	54	23	54	22	56
14	28	52	22	60	25	52	21	51	24	53	29	53
15	25	59	29	57	26	59	30	52	21	52	30	54
16	24	60	30	56	23	60	29	53	22	51	23	51
17	23	57	28	55	24	60	26	54	29	60	24	52
18	30	58	27	59	21	59	25	51	30	55	31	10
19	29	53	26	60	22	58	24	52	38	4	32	9
20	28	54	25	57	29	57	27	9	37	3	39	8
21	27	1	24	58	26	6	36	10	36	3	40	7
22	36	2	23	5	33	5	35	7	35	4	37	6
23	35	9	32	6	34	4	34	6	34	1	36	5
24	34	10	31	3	31	3	33	3	33	2	33	4
25	33	7	40	4	32	2	32	4	32	9	34	3
26	32	8	39	1	39	1	31	1	31	10	31	2
27	31	5	38	2	40	8	40	2	40	7	32	1
28	40	6	37	9	37	7	39	9	39	8	49	20
29	39		36	10	38	6	38	10	48	15	50	19
30	38		35	7	35	5	37	17	47	16	47	18
31	37		34		36		46	18		13		17

金 1958 昭和33年生 ★ 満66歳

日＼月	1	2	3	4	5	6	7	8	9	10	11	12
1	16	41	20	48	11	50	19	50	12	41	17	41
2	15	50	17	47	12	47	18	49	19	50	18	42
3	14	49	18	46	19	48	17	48	20	49	25	59
4	13	47	15	45	20	45	16	47	27	58	26	60
5	12	48	16	44	17	46	15	56	28	57	23	57
6	11	55	13	43	18	53	24	55	25	56	24	58
7	30	56	14	52	25	54	23	54	26	55	21	55
8	29	53	21	51	26	51	22	54	23	54	22	56
9	28	54	22	60	23	52	21	51	24	53	29	53
10	27	51	29	59	24	59	30	52	21	52	30	54
11	26	52	30	58	21	60	29	59	22	51	27	51
12	25	57	27	57	22	57	28	60	29	60	28	52
13	24	58	28	56	29	58	27	57	30	59	35	9
14	23	55	25	55	22	55	26	58	37	8	36	10
15	22	56	26	52	29	56	25	5	38	7	33	7
16	29	3	23	51	30	3	34	10	35	6	40	8
17	38	4	23	10	37	5	33	7	36	5	37	5
18	37	1	32	6	38	4	40	8	33	4	38	5
19	34	10	31	3	35	3	39	5	33	9	35	4
20	33	7	40	4	36	2	38	6	32	8	36	3
21	32	8	39	1	39	1	31	3	31	7	33	2
22	31	5	38	2	40	10	40	4	40	7	34	1
23	40	6	37	9	37	9	39	9	39	8	49	20
24	39	3	36	10	38	8	38	10	48	15	50	19
25	38	4	35	7	35	7	37	17	47	16	47	18
26	37	11	34	8	36	16	46	18	46	13	48	17
27	46	12	33	15	43	13	45	15	45	14	45	16
28	45	19	42	16	44	12	44	16	44	11	46	15
29	44		41	13	41	11	43	13	43	12	43	14
30	43		50	14	42	20	42	14	42	19	44	13
31	42		49		49		41	11		20		12

31~40 時計座　41~50 カメレオン座　51~60 イルカ座

銀 1959 昭和34年生 ★ 満65歳

日＼月	1	2	3	4	5	6	7	8	9	10	11	12
1	11	56	13	43	18	53	24	55	25	56	24	58
2	30	55	14	52	25	54	23	54	26	55	21	55
3	29	54	21	51	26	51	22	53	23	54	22	56
4	28	54	22	60	23	52	21	52	24	53	29	53
5	27	51	29	59	24	59	30	51	21	52	30	54
6	26	52	30	58	21	60	29	60	22	51	27	51
7	25	59	27	57	22	57	28	59	29	60	28	52
8	24	60	28	56	29	58	27	57	30	59	35	9
9	23	57	25	55	30	55	26	58	37	8	36	10
10	22	58	26	54	27	56	25	5	38	7	33	7
11	21	5	23	53	28	3	34	6	35	6	34	8
12	40	4	24	2	35	4	33	3	36	5	31	5
13	39	1	31	1	36	1	32	4	33	4	32	6
14	38	2	32	10	35	2	31	1	34	3	39	3
15	37	9	39	7	36	9	40	2	31	2	40	4
16	34	10	40	6	33	10	39	3	32	1	33	1
17	33	7	38	5	34	10	38	4	39	10	34	2
18	32	8	37	9	31	9	35	1	40	9	41	19
19	39	3	36	10	32	8	34	2	48	14	42	19
20	38	4	35	7	39	7	33	19	47	13	49	18
21	37	11	34	8	36	16	46	20	46	12	50	17
22	46	12	33	15	43	15	45	17	45	14	47	16
23	45	19	42	16	44	14	44	16	44	11	46	15
24	44	20	41	13	41	13	43	13	43	12	43	14
25	43	17	50	14	42	12	42	14	42	19	44	13
26	42	18	49	11	49	11	41	11	41	20	41	12
27	41	15	48	12	50	18	50	12	50	17	42	11
28	50	16	47	19	47	17	49	19	49	18	59	30
29	49		46	20	48	16	48	20	58	25	60	29
30	48		45	17	45	15	47	27	57	26	57	28
31	47		44		46		56	28		23		27

金 1960 昭和35年生 ★ 満64歳

日＼月	1	2	3	4	5	6	7	8	9	10	11	12
1	26	51	27	57	22	57	28	59	29	60	28	52
2	25	60	28	56	29	58	27	58	30	59	35	9
3	24	59	25	55	30	55	26	57	37	8	36	10
4	23	58	26	54	27	56	25	6	38	7	33	7
5	22	58	23	53	28	3	34	5	35	6	34	8
6	21	5	24	2	35	4	33	4	36	5	31	5
7	40	6	31	1	36	1	32	4	33	4	32	6
8	39	3	32	10	33	2	31	1	34	3	39	3
9	38	4	39	9	34	9	40	2	31	2	40	4
10	37	1	40	8	31	10	39	9	32	1	37	1
11	36	2	37	7	32	7	38	10	39	10	38	2
12	35	9	38	6	39	8	37	7	40	9	45	19
13	34	8	35	5	32	5	36	8	47	18	46	20
14	33	5	36	4	39	6	35	15	48	17	43	17
15	32	6	33	1	40	13	44	20	45	16	50	18
16	39	13	33	20	47	14	43	17	46	15	47	15
17	48	14	42	19	48	14	50	18	43	14	48	16
18	47	11	41	13	45	13	49	15	44	19	45	14
19	44	12	50	14	46	12	48	16	42	18	46	13
20	43	17	49	11	49	11	41	13	41	17	43	12
21	42	18	48	12	50	20	50	14	50	17	44	11
22	41	15	47	19	47	19	49	19	49	18	59	30
23	50	16	46	20	48	18	48	20	58	25	60	29
24	49	13	45	17	45	17	47	27	57	26	57	28
25	48	14	44	18	46	26	56	28	56	23	58	27
26	47	21	43	25	53	25	55	25	55	24	55	26
27	56	22	52	26	54	22	54	26	54	21	56	25
28	55	29	51	23	51	21	53	23	53	22	53	24
29	54	30	60	24	52	30	52	24	52	29	54	23
30	53		59	21	59	29	51	21	51	30	51	22
31	52		58		60		60	22		27		21

命数が…… 1~10 羅針盤座　11~20 インディアン座　21~30 鳳凰座

銀 1961

昭和36年生 ★ 満63歳

日＼月	1	2	3	4	5	6	7	8	9	10	11	12
1	40	5	24	2	35	4	33	4	36	5	31	5
2	39	4	31	1	36	1	32	3	33	4	32	6
3	38	3	32	10	33	2	31	2	34	3	39	3
4	37	1	39	9	34	9	40	1	31	2	40	4
5	36	2	34	8	31	10	39	10	32	1	37	1
6	35	9	37	7	32	7	38	9	39	10	38	2
7	34	10	38	6	39	8	37	8	40	9	45	19
8	33	7	35	5	40	5	36	8	47	18	46	20
9	32	8	36	4	37	6	35	15	48	17	43	17
10	31	15	33	3	38	13	44	16	45	16	44	18
11	50	16	34	12	45	14	43	13	46	15	41	15
12	49	11	41	11	46	11	42	14	43	14	42	16
13	48	12	42	20	43	12	41	11	44	13	49	13
14	47	19	49	19	46	19	50	12	41	12	50	14
15	44	20	50	16	43	20	49	19	42	11	47	11
16	43	17	47	15	44	17	48	14	49	20	44	12
17	42	18	47	14	41	19	45	11	50	19	51	29
18	49	15	46	20	42	18	44	12	57	24	52	29
19	48	14	45	17	49	17	43	29	57	23	59	28
20	47	21	44	18	50	26	56	30	56	22	60	27
21	56	22	43	25	53	25	55	27	55	24	57	26
22	55	29	52	26	54	24	54	28	54	21	58	25
23	54	30	51	23	51	23	53	23	53	22	53	24
24	53	27	60	24	52	22	52	24	52	29	54	23
25	52	28	59	21	59	21	51	21	51	30	51	22
26	51	25	58	22	60	30	60	22	60	27	52	21
27	60	26	57	29	57	27	59	29	59	28	9	40
28	59	23	56	30	58	26	58	30	8	35	10	39
29	58		55	27	55	25	57	37	7	36	7	38
30	57		54	28	56	34	6	38	6	33	8	37
31	6		53		3		5	35		34		36

金 1962

昭和37年生 ★ 満62歳

日＼月	1	2	3	4	5	6	7	8	9	10	11	12
1	35	10	37	7	32	7	38	9	39	10	38	2
2	34	9	38	6	39	8	37	8	40	9	45	19
3	33	8	35	5	40	5	36	7	47	18	46	20
4	32	8	36	4	37	6	35	16	48	17	43	17
5	31	15	33	3	38	13	44	15	45	16	44	18
6	50	16	34	12	45	14	43	14	46	15	41	15
7	49	13	41	11	46	11	42	13	43	14	42	16
8	48	14	42	20	43	12	41	11	44	13	49	13
9	47	11	49	19	44	19	50	12	41	12	50	14
10	46	12	50	18	41	20	49	19	42	11	47	11
11	45	19	47	17	42	17	48	20	49	20	48	12
12	44	18	48	16	49	18	47	17	50	19	55	29
13	43	15	45	15	50	15	46	18	57	28	56	30
14	42	16	46	14	49	16	45	25	58	27	53	27
15	41	23	43	11	50	23	54	26	55	26	54	28
16	58	24	44	30	57	24	53	27	56	25	57	25
17	57	21	52	29	58	24	60	28	53	24	58	26
18	56	22	51	23	55	23	59	25	54	23	55	24
19	53	27	60	24	56	22	58	26	52	28	56	23
20	52	28	59	21	53	21	51	23	51	27	53	22
21	51	25	58	22	60	30	60	24	60	26	54	21
22	60	26	57	29	57	29	59	21	59	28	1	40
23	59	23	56	30	58	28	58	30	8	35	10	39
24	58	24	55	27	55	27	57	37	7	36	7	38
25	57	31	54	28	56	36	6	38	6	33	8	37
26	6	32	53	35	3	35	5	35	5	34	5	36
27	5	39	2	36	4	32	4	36	4	31	6	35
28	4	40	1	33	1	31	3	33	3	32	3	34
29	3		10	34	2	40	2	34	2	39	4	33
30	2		9	31	9	39	1	31	1	40	1	32
31	1		8		10		10	32		37		31

31~40 時計座　**41~50** カメレオン座　**51~60** イルカ座

銀

1963

昭和38年生

★

満61歳

日＼月	1	2	3	4	5	6	7	8	9	10	11	12
1	50	15	34	12	45	14	43	14	46	15	41	15
2	49	14	41	11	46	11	42	13	43	14	42	16
3	48	13	42	20	43	12	41	12	44	13	49	13
4	47	11	49	19	44	19	50	11	41	12	50	14
5	46	12	50	18	41	20	49	20	42	11	47	11
6	45	19	47	17	42	17	48	19	49	20	48	12
7	44	20	48	16	49	18	47	18	50	19	55	29
8	43	17	45	15	50	15	46	18	57	28	56	30
9	42	18	46	14	47	16	45	25	58	27	53	27
10	41	25	43	13	48	23	54	26	55	26	54	28
11	60	26	44	22	55	24	53	23	56	25	51	25
12	59	21	51	21	56	21	52	24	53	24	52	26
13	58	22	52	30	53	22	51	21	54	23	59	23
14	57	29	59	29	56	29	60	22	51	22	60	24
15	56	30	60	26	53	30	59	29	52	21	57	21
16	53	27	57	25	54	27	58	24	59	30	54	22
17	52	28	57	24	51	29	57	21	60	29	1	39
18	51	25	56	30	52	28	54	22	7	38	2	40
19	58	24	55	27	59	27	53	39	7	33	9	38
20	57	31	54	28	60	36	2	40	6	32	10	37
21	6	32	53	35	3	35	5	37	5	31	7	36
22	5	39	2	36	4	34	4	38	4	31	8	35
23	4	40	1	33	1	33	3	33	3	32	3	34
24	3	37	10	34	2	32	2	34	2	39	4	33
25	2	38	9	31	9	31	1	31	1	40	1	32
26	1	35	8	32	10	40	10	32	10	37	2	31
27	10	36	7	39	7	37	9	39	9	38	19	50
28	9	33	6	40	8	36	8	40	18	45	20	49
29	8		5	37	5	35	7	47	17	46	17	48
30	7		4	38	6	44	16	48	16	43	18	47
31	16		3		13		15	45		44		46

金

1964

昭和39年生

★

満60歳

日＼月	1	2	3	4	5	6	7	8	9	10	11	12
1	45	20	48	16	49	18	47	18	50	19	55	29
2	44	19	45	15	50	15	46	17	57	28	56	30
3	43	18	46	14	47	16	45	26	58	27	53	27
4	42	17	43	13	48	23	54	25	55	26	54	28
5	41	25	44	22	55	24	53	24	56	25	51	25
6	60	26	51	21	56	21	52	23	53	24	52	26
7	59	23	52	30	53	22	51	21	54	23	59	23
8	58	24	59	29	54	29	60	22	51	22	60	24
9	57	21	60	28	51	30	59	29	52	21	57	21
10	56	22	57	27	52	27	58	30	59	30	58	22
11	55	29	58	26	59	28	57	27	60	29	5	39
12	54	30	55	25	60	25	56	28	7	38	6	40
13	53	25	56	24	59	26	55	35	8	37	3	37
14	52	26	53	23	60	33	4	36	5	36	4	38
15	51	33	54	40	7	34	3	37	6	35	7	35
16	8	34	2	39	8	31	2	38	3	34	8	36
17	7	31	1	38	5	33	9	35	4	33	5	33
18	6	32	10	34	6	32	8	36	2	38	6	33
19	3	39	9	31	3	31	7	33	1	37	3	32
20	2	38	8	32	10	40	10	34	10	36	4	31
21	1	35	7	39	7	39	9	31	9	38	11	50
22	10	36	6	40	8	38	8	40	18	45	20	49
23	9	33	5	37	5	37	7	47	17	46	17	48
24	8	34	4	38	6	46	16	48	16	43	18	47
25	7	41	3	45	13	45	15	45	15	44	15	46
26	16	42	12	46	14	44	14	46	14	41	16	45
27	15	49	11	43	11	41	13	43	13	42	13	44
28	14	50	20	44	12	50	12	44	12	49	14	43
29	13	47	19	41	19	49	11	41	11	50	11	42
30	12		18	42	20	48	20	42	20	47	12	41
31	11		17		17		19	49		48		60

命数が……　1～10 羅針盤座　11～20 インディアン座　21～30 鳳凰座

銀

1965

昭和40年生

★

満59歳

日＼月	1	2	3	4	5	6	7	8	9	10	11	12
1	59	24	51	21	56	21	52	23	53	24	52	26
2	58	23	52	30	53	22	51	22	54	23	59	23
3	57	22	59	29	54	29	60	21	51	22	60	24
4	56	22	60	28	51	30	59	30	52	21	57	21
5	55	29	57	27	52	27	58	29	59	30	58	22
6	54	30	58	26	59	28	57	28	60	29	5	39
7	53	27	55	25	60	25	56	27	7	38	6	40
8	52	28	56	24	57	26	55	35	8	37	3	37
9	51	35	53	23	58	33	4	36	5	36	4	38
10	10	36	54	32	5	34	3	33	6	35	1	35
11	9	33	1	31	6	31	2	34	3	34	2	36
12	8	32	2	40	3	32	1	31	4	33	9	33
13	7	39	9	39	4	39	10	32	1	32	10	34
14	6	40	10	38	3	40	9	39	2	31	7	31
15	3	37	7	35	4	37	8	40	9	40	4	32
16	2	38	8	34	1	38	7	31	10	39	11	49
17	1	35	6	33	2	38	4	32	17	48	12	50
18	8	36	5	37	9	37	3	49	18	43	19	48
19	7	41	4	38	10	46	12	50	16	42	20	47
20	16	42	3	45	17	45	15	47	15	41	17	46
21	15	49	12	46	14	44	14	48	14	41	18	45
22	14	50	11	43	11	43	13	45	13	42	15	44
23	13	47	20	44	12	42	12	44	12	49	14	43
24	12	48	19	41	19	41	11	41	11	50	11	42
25	11	45	18	42	20	50	20	42	20	47	12	41
26	20	46	17	49	17	49	19	49	19	48	29	60
27	19	43	16	50	18	46	18	50	28	55	30	59
28	18	44	15	47	15	45	17	57	27	56	27	58
29	17		14	48	16	54	26	58	26	53	28	57
30	26		13	55	23	53	25	55	25	54	25	56
31	25		22		24		24	56		51		55

金

1966

昭和41年生

★

満58歳

日＼月	1	2	3	4	5	6	7	8	9	10	11	12
1	54	29	58	26	59	28	57	28	60	29	5	39
2	53	28	55	25	60	25	56	27	7	38	6	40
3	52	27	56	24	57	26	55	36	8	37	3	37
4	51	35	53	23	58	33	4	35	5	36	4	38
5	10	36	54	32	5	34	3	34	6	35	1	35
6	9	33	1	31	6	31	2	33	3	34	2	36
7	8	34	2	40	3	32	1	32	4	33	9	33
8	7	31	9	39	4	39	10	32	1	32	10	34
9	6	32	10	38	1	40	9	39	2	31	7	31
10	5	39	7	37	2	37	8	40	9	40	8	32
11	4	40	8	36	9	38	7	37	10	39	15	49
12	3	35	5	35	10	35	6	38	17	48	16	50
13	2	36	6	34	7	36	5	45	18	47	13	47
14	1	43	3	33	10	43	14	46	15	46	14	48
15	20	44	4	50	17	44	13	43	16	45	11	45
16	17	41	11	49	18	41	12	48	13	44	18	46
17	16	42	11	48	15	43	19	45	14	43	15	43
18	15	49	20	44	16	42	18	46	11	42	16	43
19	12	48	19	41	13	41	17	43	11	47	13	42
20	11	45	18	42	14	50	20	44	20	46	14	41
21	20	46	17	49	17	49	19	41	19	45	21	60
22	19	43	16	50	18	48	18	42	28	55	22	59
23	18	44	15	47	15	47	17	57	27	56	27	58
24	17	51	14	48	16	56	26	58	26	53	28	57
25	26	52	13	55	23	55	25	55	25	54	25	56
26	25	59	22	56	24	54	24	56	24	51	26	55
27	24	60	21	53	21	51	23	53	23	52	23	54
28	23	57	30	54	22	60	22	54	22	59	24	53
29	22		29	51	29	59	21	51	21	60	21	52
30	21		28	52	30	58	30	52	30	57	22	51
31	30		27		27		29	59		58		10

31~40 時計座　41~50 カメレオン座　51~60 イルカ座

銀 1967 昭和42年生 ★ 満57歳

日＼月	1	2	3	4	5	6	7	8	9	10	11	12
1	9	34	1	31	6	31	2	33	3	34	2	36
2	8	33	2	40	3	32	1	32	4	33	9	33
3	7	32	9	39	4	39	10	31	1	32	10	34
4	6	32	10	38	1	40	9	40	2	31	7	31
5	5	39	7	37	2	37	8	39	9	40	8	32
6	4	40	8	36	9	38	7	38	10	39	15	49
7	3	37	5	35	10	35	6	37	17	48	16	50
8	2	38	6	34	7	36	5	45	18	47	13	47
9	1	45	3	33	8	43	14	46	15	46	14	48
10	20	46	4	42	15	44	13	43	16	45	11	45
11	19	43	11	41	16	41	12	44	13	44	12	46
12	18	42	12	50	13	42	11	41	14	43	19	43
13	17	49	19	49	14	49	20	42	11	42	20	44
14	16	50	20	48	13	50	19	49	12	41	17	41
15	15	47	17	45	14	47	18	50	19	50	18	42
16	12	48	18	44	11	48	17	41	20	49	21	59
17	11	45	16	43	12	48	16	42	27	58	22	60
18	20	46	15	47	19	47	13	59	28	57	29	57
19	17	51	14	48	20	56	22	60	26	52	30	57
20	26	52	13	55	27	55	21	57	25	51	27	56
21	25	59	22	56	24	54	24	58	24	60	28	55
22	24	60	21	53	21	53	23	55	23	52	25	54
23	23	57	30	54	22	52	22	54	22	59	24	53
24	22	58	29	51	29	51	21	51	21	60	21	52
25	21	55	28	52	30	60	30	52	30	57	22	51
26	30	56	27	59	27	57	29	59	29	58	39	10
27	29	53	26	60	28	56	28	60	38	5	40	9
28	28	54	25	57	25	55	27	7	37	6	37	8
29	27		24	58	26	4	36	8	36	3	38	7
30	36		23	5	33	3	35	5	35	4	35	6
31	35		32		34		34	6		1		5

金 1968 昭和43年生 ★ 満56歳

日＼月	1	2	3	4	5	6	7	8	9	10	11	12
1	4	39	5	35	10	35	6	37	17	48	16	50
2	3	38	6	34	7	36	5	46	18	47	13	47
3	2	37	3	33	8	43	14	45	15	46	14	48
4	1	46	4	42	15	44	13	44	16	45	11	45
5	20	46	11	41	16	41	12	43	13	44	12	46
6	19	43	12	50	13	42	11	42	14	43	19	43
7	18	44	19	49	14	49	20	42	11	42	20	44
8	17	41	20	48	11	50	19	49	12	41	17	41
9	16	42	17	47	12	47	18	50	19	50	18	42
10	15	49	18	46	19	48	17	47	20	49	25	59
11	14	50	15	45	20	45	16	48	27	58	26	60
12	13	47	16	44	17	46	15	55	28	57	23	57
13	12	46	13	43	20	53	24	56	25	56	24	58
14	11	53	14	52	27	54	23	53	26	55	21	55
15	30	54	21	59	28	51	22	58	23	54	28	56
16	27	51	21	58	25	52	21	55	24	53	25	53
17	26	52	30	57	26	52	28	56	21	52	26	54
18	25	59	29	51	23	51	27	53	21	57	23	52
19	22	60	28	52	24	60	26	54	30	56	24	51
20	21	55	27	59	27	59	29	51	29	55	31	10
21	30	56	26	60	28	58	28	52	38	5	32	9
22	29	53	25	57	25	57	27	7	37	6	37	8
23	28	54	24	58	26	6	36	8	36	3	38	7
24	27	1	23	5	33	5	35	5	35	4	35	6
25	36	2	32	6	34	4	34	6	34	1	36	5
26	35	9	31	3	31	3	33	3	33	2	33	4
27	34	10	40	4	32	10	32	4	32	9	34	3
28	33	7	39	1	39	9	31	1	31	10	31	2
29	32	8	38	2	40	8	40	2	40	7	32	1
30	31		37	9	37	7	39	9	39	8	49	20
31	40		36		38		38	10		15		19

命数が……　1~10 羅針盤座　11~20 インディアン座　21~30 鳳凰座

銀 1969 昭和44年生 ★ 満55歳

日＼月	1	2	3	4	5	6	7	8	9	10	11	12
1	18	43	12	50	13	42	11	42	14	43	19	43
2	17	42	19	49	14	49	20	41	11	42	20	44
3	16	41	20	48	11	50	19	50	12	41	17	41
4	15	49	17	47	12	47	18	49	19	50	18	42
5	14	50	18	46	19	48	17	48	20	49	25	59
6	13	47	15	45	20	45	16	47	27	58	26	60
7	12	48	16	44	17	46	15	56	28	57	23	57
8	11	55	13	43	18	53	24	56	25	56	24	58
9	30	56	14	52	25	54	23	53	26	55	21	55
10	29	53	21	51	26	51	22	54	23	54	22	56
11	28	54	22	60	23	52	21	51	24	53	29	53
12	27	59	29	59	24	59	30	52	21	52	30	54
13	26	60	30	58	21	60	29	59	22	51	27	51
14	25	57	27	57	24	57	28	60	29	60	28	52
15	22	58	28	54	21	58	27	57	30	59	31	9
16	21	55	25	53	22	55	26	52	37	8	32	10
17	30	56	25	52	29	57	23	9	38	7	39	7
18	27	3	24	58	30	6	32	10	35	2	40	7
19	36	2	23	5	37	5	31	7	35	1	37	6
20	35	9	32	6	38	4	34	8	34	10	38	5
21	34	10	31	3	31	3	33	5	33	2	35	4
22	33	7	40	4	32	2	32	6	32	9	34	3
23	32	8	39	1	39	1	31	1	31	10	31	2
24	31	5	38	2	40	10	40	2	40	7	32	1
25	40	6	37	9	37	9	39	9	39	8	49	20
26	39	3	36	10	38	8	38	10	48	15	50	19
27	38	4	35	7	35	5	37	17	47	16	47	18
28	37	11	34	8	36	14	46	18	46	13	48	17
29	46		33	15	43	13	45	15	45	14	45	16
30	45		42	16	44	12	44	16	44	11	46	15
31	44		41		41		43	13		12		14

金 1970 昭和45年生 ★ 満54歳

日＼月	1	2	3	4	5	6	7	8	9	10	11	12
1	13	48	15	45	20	45	16	47	27	58	26	60
2	12	47	16	44	17	46	15	56	28	57	23	57
3	11	56	13	43	18	53	24	55	25	56	24	58
4	30	56	14	52	25	54	23	54	26	55	21	55
5	29	53	21	51	28	51	22	53	23	54	22	56
6	28	54	22	60	23	52	21	52	24	53	29	53
7	27	51	29	59	24	59	30	51	21	52	30	54
8	26	52	30	58	21	60	29	59	22	51	27	51
9	25	59	27	57	22	57	28	60	29	60	28	52
10	24	60	28	56	29	58	27	57	30	59	35	9
11	23	57	25	55	30	55	26	58	37	8	36	10
12	22	56	26	54	27	56	25	5	38	7	33	7
13	21	3	23	53	28	3	34	6	35	6	34	8
14	40	4	24	2	37	4	33	3	36	5	31	5
15	39	1	31	9	38	1	32	4	33	4	32	6
16	36	2	32	8	35	2	31	5	34	3	35	3
17	35	9	40	7	36	2	38	6	31	2	36	4
18	34	10	39	1	33	1	37	3	32	1	33	2
19	31	5	38	2	34	10	36	4	40	6	34	1
20	40	6	37	9	31	9	39	1	39	5	41	20
21	39	3	36	10	38	8	38	2	48	14	42	19
22	38	4	35	7	35	7	37	19	47	16	49	18
23	37	11	34	8	36	16	46	18	46	13	48	17
24	46	12	33	15	43	15	45	15	45	14	45	16
25	45	19	42	16	44	14	44	16	44	11	46	15
26	44	20	41	13	41	13	43	13	43	12	43	14
27	43	17	50	14	42	20	42	14	42	19	44	13
28	42	18	49	11	49	19	41	11	41	20	41	12
29	41		48	12	50	18	50	12	50	17	42	11
30	50		47	19	47	17	49	19	49	18	59	30
31	49		46		48		48	20		25		29

31~40 時計座　41~50 カメレオン座　51~60 イルカ座

銀

1971

昭和46年生 ★ 満53歳

日＼月	1	2	3	4	5	6	7	8	9	10	11	12
1	28	53	22	60	23	52	21	52	24	53	29	53
2	27	52	29	59	24	59	30	51	21	52	30	54
3	26	51	30	58	21	60	29	60	22	51	27	51
4	25	59	27	57	22	57	28	59	29	60	28	52
5	24	60	28	56	29	58	27	58	30	59	35	9
6	23	57	25	55	30	55	26	57	37	8	36	10
7	22	58	26	54	27	56	25	6	38	7	33	7
8	21	5	23	53	28	3	34	6	35	6	34	8
9	40	6	24	2	35	4	33	3	36	5	31	5
10	39	3	31	1	36	1	32	4	33	4	32	6
11	38	4	32	10	33	2	31	1	34	3	39	3
12	37	9	39	9	34	9	40	2	31	2	40	4
13	36	10	40	8	31	10	39	9	32	1	37	1
14	35	7	37	7	34	7	38	10	39	10	38	2
15	34	8	38	4	31	8	37	7	40	9	45	19
16	31	5	35	3	32	5	36	2	47	18	42	20
17	40	6	35	2	39	7	35	19	48	17	49	17
18	39	13	34	8	40	16	42	20	45	16	50	18
19	46	12	33	15	47	15	41	17	45	11	47	16
20	45	19	42	16	48	14	50	18	44	20	48	15
21	44	20	41	13	41	13	43	15	43	19	45	14
22	43	17	50	14	42	12	42	16	42	19	46	13
23	42	18	49	11	49	11	41	11	41	20	41	12
24	41	15	48	12	50	20	50	12	50	17	42	11
25	50	16	47	19	47	19	49	19	49	18	59	30
26	49	13	46	20	48	18	48	20	58	25	60	29
27	48	14	45	17	45	15	47	27	57	26	57	28
28	47	21	44	18	46	24	56	28	56	23	58	27
29	56		43	25	53	23	55	25	55	24	55	26
30	55		52	26	54	22	54	26	54	21	56	25
31	54		51		51		53	23		22		24

金

1972

昭和47年生 ★ 満52歳

日＼月	1	2	3	4	5	6	7	8	9	10	11	12
1	23	58	26	54	27	56	25	6	38	7	33	7
2	22	57	23	53	28	3	34	5	35	6	34	8
3	21	6	24	2	35	4	33	4	36	5	31	5
4	40	5	31	1	36	1	32	3	33	4	32	6
5	39	3	32	10	33	2	31	2	34	3	39	3
6	38	4	39	9	34	9	40	1	31	2	33	4
7	37	1	40	8	31	10	39	9	32	1	37	1
8	36	2	37	7	32	7	38	10	39	10	38	2
9	35	9	38	6	39	8	37	7	40	9	45	19
10	34	10	35	5	40	5	36	8	47	18	46	20
11	33	7	36	4	37	6	35	15	48	17	43	17
12	32	8	33	3	38	13	44	16	45	16	44	18
13	31	13	34	12	47	14	43	13	46	15	41	15
14	50	14	41	11	48	11	42	14	43	14	42	16
15	49	11	42	18	45	12	41	15	44	13	45	13
16	46	12	50	17	46	12	50	16	41	12	46	14
17	45	19	49	16	43	11	47	13	42	11	43	11
18	44	20	48	12	44	20	46	14	50	16	44	11
19	41	17	47	19	41	19	45	11	49	15	51	30
20	50	16	46	20	48	18	48	12	58	24	52	29
21	49	13	45	17	45	17	47	29	57	26	59	28
22	48	14	44	18	46	26	56	28	56	23	58	27
23	47	21	43	25	53	25	55	25	55	24	55	26
24	56	22	52	26	54	24	54	26	54	21	56	25
25	55	29	51	23	51	23	53	23	53	22	53	24
26	54	30	60	24	52	30	52	24	52	29	54	23
27	53	27	59	21	59	29	51	21	51	30	51	22
28	52	28	58	22	60	28	60	22	60	27	52	21
29	51	25	57	29	57	27	59	29	59	28	9	40
30	60		56	30	58	26	58	30	8	35	10	39
31	59		55		55		57	37		36		38

命数が……1~10 羅針盤座　11~20 インディアン座　21~30 鳳凰座

銀

1973

昭和48年生 ★ 満51歳

日＼月	1	2	3	4	5	6	7	8	9	10	11	12
1	37	2	39	9	34	9	40	1	31	2	40	4
2	36	1	40	8	31	10	39	10	32	1	37	1
3	35	10	37	7	32	7	38	9	39	10	38	2
4	34	10	38	6	39	8	37	8	40	9	45	19
5	33	7	35	5	40	5	36	7	47	18	46	20
6	32	8	36	4	37	6	35	16	48	17	43	17
7	31	15	33	3	38	13	44	15	45	16	44	18
8	50	16	34	12	45	14	43	13	46	15	41	15
9	49	13	41	11	46	11	42	14	43	14	42	16
10	48	14	42	20	43	12	41	11	44	13	49	13
11	47	11	49	19	44	19	50	12	41	12	50	14
12	46	20	50	18	41	20	49	19	42	11	47	11
13	45	17	47	17	42	17	48	20	49	20	48	12
14	44	18	48	16	41	18	47	17	50	19	55	29
15	41	15	45	13	42	15	46	18	57	28	52	30
16	50	16	46	12	49	16	45	29	58	27	59	27
17	49	23	44	11	50	26	52	30	55	26	60	28
18	56	24	43	25	57	25	51	27	56	21	57	26
19	55	29	52	26	58	24	60	28	54	30	58	25
20	54	30	51	23	55	23	53	25	53	29	55	24
21	53	27	60	24	52	22	52	26	52	29	56	23
22	52	28	59	21	59	21	51	23	51	30	51	22
23	51	25	58	22	60	30	60	22	60	27	52	21
24	60	26	57	29	57	29	59	29	59	28	9	40
25	59	23	56	30	58	28	58	30	8	35	10	39
26	58	24	55	27	55	25	57	37	7	36	7	38
27	57	31	54	28	56	34	6	38	6	33	8	37
28	6	32	53	35	3	33	5	35	5	34	5	36
29	5		2	36	4	32	4	36	4	31	6	35
30	4		1	33	1	31	3	33	3	32	3	34
31	3		10		2		2	34		39		33

金

1974

昭和49年生 ★ 満50歳

日＼月	1	2	3	4	5	6	7	8	9	10	11	12
1	32	7	36	4	37	6	35	16	48	17	43	17
2	31	16	33	3	38	13	44	15	45	16	44	18
3	50	15	34	12	45	14	43	14	46	15	41	15
4	49	13	41	11	46	11	42	13	43	14	42	16
5	48	14	42	20	43	12	41	12	44	13	49	13
6	47	11	49	19	44	19	50	11	41	12	50	14
7	46	12	50	18	41	20	49	20	42	11	47	11
8	45	19	47	17	42	17	48	20	49	20	48	12
9	44	20	48	16	49	18	47	17	50	19	55	29
10	43	17	45	15	50	15	46	18	57	28	56	30
11	42	18	46	14	47	16	45	25	58	27	53	27
12	41	23	43	13	48	23	54	26	55	26	54	28
13	60	24	44	22	55	24	53	23	56	25	51	25
14	59	21	51	21	58	21	52	24	53	24	52	26
15	58	22	52	28	55	22	51	21	54	23	59	23
16	55	29	59	27	56	29	60	26	51	22	56	24
17	54	30	59	26	53	21	57	23	52	21	53	21
18	53	27	58	22	54	30	56	24	59	30	54	21
19	60	26	57	29	51	29	55	21	59	25	1	40
20	59	23	56	30	52	28	58	22	8	34	2	39
21	58	24	55	27	55	27	57	39	7	33	9	38
22	57	31	54	28	56	36	6	40	6	33	10	37
23	6	32	53	35	3	35	5	35	5	34	5	36
24	5	39	2	36	4	34	4	36	4	31	6	35
25	4	40	1	33	1	33	3	33	3	32	3	34
26	3	37	10	34	2	32	2	34	2	39	4	33
27	2	38	9	31	9	39	1	31	1	40	1	32
28	1	35	8	32	10	38	10	32	10	37	2	31
29	10		7	39	7	37	9	39	9	38	19	50
30	9		6	40	8	36	8	40	18	45	20	49
31	8		5		5		7	47		46		48

31~40 時計座　41~50 カメレオン座　51~60 イルカ座

銀

1975

昭和50年生 ★ 満49歳

日＼月	1	2	3	4	5	6	7	8	9	10	11	12
1	47	12	49	19	44	19	50	11	41	12	50	14
2	46	11	50	18	41	20	49	20	42	11	47	11
3	45	20	47	17	42	17	48	19	49	20	48	12
4	44	20	48	16	49	18	47	18	50	19	55	29
5	43	17	45	15	50	15	46	17	57	28	56	30
6	42	18	46	14	47	16	45	26	58	27	53	27
7	41	25	43	13	48	23	54	25	55	26	54	28
8	60	26	44	22	55	24	53	23	56	25	51	25
9	59	23	51	21	56	21	52	24	53	24	52	26
10	58	24	52	30	53	22	51	21	54	23	59	23
11	57	21	59	29	54	29	60	22	51	22	60	24
12	56	30	60	28	51	30	59	29	52	21	57	21
13	55	27	57	27	52	27	58	30	59	30	58	22
14	54	28	58	26	51	28	57	27	60	29	5	39
15	53	25	55	23	52	25	56	28	7	38	6	40
16	60	26	56	22	59	26	55	39	8	37	9	37
17	59	33	54	21	60	36	4	40	5	36	10	38
18	8	34	53	35	7	35	1	37	6	35	7	35
19	5	39	2	36	8	34	10	38	4	40	8	35
20	4	40	1	33	5	33	9	35	3	39	5	34
21	3	37	10	34	2	32	2	36	2	38	6	33
22	2	38	9	31	9	31	1	33	1	40	3	32
23	1	35	8	32	10	40	10	32	10	37	2	31
24	10	36	7	39	7	39	9	39	9	38	19	50
25	9	33	6	40	8	38	8	40	18	45	20	49
26	8	34	5	37	5	37	7	47	17	46	17	48
27	7	41	4	38	6	44	16	48	16	43	18	47
28	16	42	3	45	13	43	15	45	15	44	15	46
29	15		12	46	14	42	14	46	14	41	16	45
30	14		11	43	11	41	13	43	13	42	13	44
31	13		20		12		12	44		49		43

金

1976

昭和51年生 ★ 満48歳

日＼月	1	2	3	4	5	6	7	8	9	10	11	12
1	42	17	43	13	48	23	54	25	55	26	54	28
2	41	26	44	22	55	24	53	24	56	25	51	25
3	60	25	51	21	56	21	52	23	53	24	52	26
4	59	24	52	30	53	22	51	22	54	23	59	23
5	58	24	59	29	54	29	60	21	51	22	60	24
6	57	21	60	28	51	30	59	30	52	21	57	21
7	56	22	57	27	52	27	58	30	59	30	58	22
8	55	29	58	26	59	28	57	27	60	29	5	39
9	54	30	55	25	60	25	56	28	7	38	6	40
10	53	27	56	24	57	26	55	35	8	37	3	37
11	52	28	53	23	58	33	4	36	5	36	4	38
12	51	35	54	32	5	34	3	33	6	35	1	35
13	10	34	1	31	8	31	2	34	3	34	2	36
14	9	31	2	40	5	32	1	31	4	33	9	33
15	8	32	9	37	6	39	10	36	1	32	6	34
16	5	39	9	36	3	31	9	33	2	31	3	31
17	4	40	8	35	4	40	6	34	9	40	4	32
18	3	37	7	39	1	39	5	31	9	35	11	50
19	10	38	6	40	2	38	4	32	18	44	12	49
20	9	33	5	37	5	37	7	49	17	43	19	48
21	8	34	4	38	6	46	16	50	16	43	20	47
22	7	41	3	45	13	45	15	45	15	44	15	46
23	16	42	12	46	14	44	14	46	14	41	16	45
24	15	49	11	43	11	43	13	43	13	42	13	44
25	14	50	20	44	12	42	12	44	12	49	14	43
26	13	47	19	41	19	49	11	41	11	50	11	42
27	12	48	18	42	20	48	20	42	20	47	12	41
28	11	45	17	49	17	47	19	49	19	48	29	60
29	20	46	16	50	18	46	18	50	28	55	30	59
30	19		15	47	15	45	17	57	27	56	27	58
31	18		14		16		26	58		53		57

命数が…… 1~10 羅針盤座　11~20 インディアン座　21~30 鳳凰座

銀 1977

昭和52年生 ★ 満47歳

日＼月	1	2	3	4	5	6	7	8	9	10	11	12
1	56	21	60	28	51	30	59	30	52	21	57	21
2	55	30	57	27	52	27	58	29	59	30	58	22
3	54	29	58	26	59	28	57	28	60	29	5	39
4	53	27	55	25	60	25	56	27	7	38	6	40
5	52	28	56	24	57	26	55	36	8	37	3	37
6	51	35	53	23	58	33	4	35	5	36	4	38
7	10	36	54	32	5	34	3	34	6	35	1	35
8	9	33	1	31	6	31	2	34	3	34	2	36
9	8	34	2	40	3	32	1	31	4	33	9	33
10	7	31	9	39	4	39	10	32	1	32	10	34
11	6	32	10	38	1	40	9	39	2	31	7	31
12	5	37	7	37	2	37	8	40	9	40	8	32
13	4	38	8	36	9	38	7	37	10	39	15	49
14	3	35	5	35	2	35	6	38	17	48	16	50
15	10	36	6	32	9	36	5	45	18	47	19	47
16	9	43	3	31	10	43	14	50	15	46	20	48
17	18	44	3	50	17	45	11	47	16	45	17	45
18	15	41	12	46	18	44	20	48	13	50	18	45
19	14	50	11	43	15	43	19	45	13	49	15	44
20	13	47	20	44	16	42	12	46	12	48	16	43
21	12	48	19	41	19	41	11	43	11	50	13	42
22	11	45	18	42	20	50	20	44	20	47	12	41
23	20	46	17	49	17	49	19	49	19	48	29	60
24	19	43	16	50	18	48	18	50	28	55	30	59
25	18	44	15	47	15	47	17	57	27	56	27	58
26	17	51	14	48	16	56	26	58	26	53	28	57
27	26	52	13	55	23	53	25	55	25	54	25	56
28	25	59	22	56	24	52	24	56	24	51	26	55
29	24		21	53	21	51	23	53	23	52	23	54
30	23		30	54	22	60	22	54	22	59	24	53
31	22		29		29		21	51		60		52

金 1978

昭和53年生 ★ 満46歳

日＼月	1	2	3	4	5	6	7	8	9	10	11	12
1	51	36	53	23	58	33	4	35	5	36	4	38
2	10	35	54	32	5	34	3	34	6	35	1	35
3	9	34	1	31	6	31	2	33	3	34	2	36
4	8	34	2	40	3	32	1	32	4	33	9	33
5	7	31	9	39	4	39	10	31	1	32	10	34
6	6	32	10	38	1	40	9	40	2	31	7	31
7	5	39	7	37	2	37	8	39	9	40	8	32
8	4	40	8	36	9	38	7	37	10	39	15	49
9	3	37	5	35	10	35	6	38	17	48	16	50
10	2	38	6	34	7	36	5	45	18	47	13	47
11	1	45	3	33	8	43	14	46	15	46	14	48
12	20	44	4	42	15	44	13	43	16	45	11	45
13	19	41	11	41	16	41	12	44	13	44	12	46
14	18	42	12	50	15	42	11	41	14	43	19	43
15	17	49	19	47	16	49	20	42	11	42	20	44
16	14	50	20	46	13	50	19	43	12	41	13	41
17	13	47	18	45	14	50	16	44	19	50	14	42
18	12	48	17	49	11	49	15	41	20	49	21	60
19	19	43	16	50	12	48	14	42	28	54	22	59
20	18	44	15	47	19	47	17	59	27	53	29	58
21	17	51	14	48	16	56	26	60	26	52	30	57
22	26	52	13	55	23	55	25	57	25	54	27	56
23	25	59	22	56	24	54	24	56	24	51	26	55
24	24	60	21	53	21	53	23	53	23	52	23	54
25	23	57	30	54	22	52	22	54	22	59	24	53
26	22	58	29	51	29	51	21	51	21	60	21	52
27	21	55	28	52	30	58	30	52	30	57	22	51
28	30	56	27	59	27	57	29	59	29	58	39	10
29	29		26	60	28	56	28	60	38	5	40	9
30	28		25	57	25	55	27	7	37	6	37	8
31	27		24		26		36	8		3		7

31~40 時計座　41~50 カメレオン座　51~60 イルカ座

銀

1979

昭和54年生 ★ 満45歳

日＼月	1	2	3	4	5	6	7	8	9	10	11	12
1	6	31	10	38	1	40	9	40	2	31	7	31
2	5	40	7	37	2	37	8	39	9	40	8	32
3	4	39	8	36	9	38	7	38	10	39	15	49
4	3	37	5	35	10	35	6	37	17	48	16	50
5	2	38	6	34	7	36	5	46	18	47	13	47
6	1	45	3	33	8	43	14	45	15	46	14	48
7	20	46	4	42	15	44	13	44	16	45	11	45
8	19	43	11	41	16	41	12	44	13	44	12	46
9	18	44	12	50	13	42	11	41	14	43	19	43
10	17	41	19	49	14	49	20	42	11	42	20	44
11	16	42	20	48	11	50	19	49	12	41	17	41
12	15	47	17	47	12	47	18	50	19	50	18	42
13	14	48	18	46	19	48	17	47	20	49	25	59
14	13	45	15	45	12	45	16	48	27	58	26	60
15	12	46	16	42	19	46	15	55	28	57	23	57
16	19	53	13	41	20	53	24	60	25	56	30	58
17	28	54	13	60	27	55	23	57	26	55	27	55
18	27	51	22	56	28	54	30	58	23	54	28	56
19	24	60	21	53	25	53	29	55	23	59	25	54
20	23	57	30	54	26	52	28	56	22	58	26	53
21	22	58	29	51	29	51	21	53	21	57	23	52
22	21	55	28	52	30	60	30	54	30	57	24	51
23	30	56	27	59	27	59	29	59	29	58	39	10
24	29	53	26	60	28	58	28	60	38	5	40	9
25	28	54	25	57	25	57	27	7	37	6	37	8
26	27	1	24	58	26	6	36	8	36	3	38	7
27	36	2	23	5	33	3	35	5	35	4	35	6
28	35	9	32	6	34	2	34	6	34	1	36	5
29	34		31	3	31	1	33	3	33	2	33	4
30	33		40	4	32	10	32	4	32	9	34	3
31	32		39		39		31	1		10		2

金

1980

昭和55年生 ★ 満44歳

日＼月	1	2	3	4	5	6	7	8	9	10	11	12
1	1	46	4	42	15	44	13	44	16	45	11	45
2	20	45	11	41	16	41	12	43	13	44	12	46
3	19	44	12	50	13	42	11	42	14	43	19	43
4	18	43	19	49	14	49	20	41	11	42	20	44
5	17	41	20	48	11	50	19	50	12	41	17	41
6	16	42	17	47	12	47	17	49	19	50	18	42
7	15	49	18	46	19	48	17	47	20	49	25	59
8	14	50	15	45	20	45	16	48	27	58	26	60
9	13	47	16	44	17	46	15	55	28	57	23	57
10	12	48	13	43	18	53	24	56	25	56	24	58
11	11	55	14	52	25	54	23	53	26	55	21	55
12	30	56	21	51	26	51	22	54	23	54	22	56
13	29	51	22	60	25	52	21	51	24	53	29	53
14	28	52	29	57	26	59	30	52	21	52	30	54
15	27	59	30	56	23	60	29	53	22	51	23	51
16	24	60	28	55	24	60	28	54	29	60	24	52
17	23	57	27	59	21	59	25	51	30	59	31	9
18	22	58	26	60	22	58	24	52	38	4	32	9
19	29	55	25	57	29	57	23	9	37	3	39	8
20	28	54	24	58	26	6	36	10	36	2	40	7
21	27	1	23	5	33	5	35	7	35	4	37	6
22	36	2	32	6	34	4	34	6	34	1	36	5
23	35	9	31	3	31	3	33	3	33	2	33	4
24	34	10	40	4	32	2	32	4	32	9	34	3
25	33	7	39	1	39	1	31	1	31	10	31	2
26	32	8	38	2	40	8	40	2	40	7	32	1
27	31	5	37	9	37	7	39	9	39	8	49	20
28	40	6	36	10	38	6	38	10	48	15	50	19
29	39	3	35	7	35	5	37	17	47	16	47	18
30	38		34	8	36	14	46	18	46	13	48	17
31	37		33		43		45	15		14		16

命数が…… 1~10 羅針盤座　11~20 インディアン座　21~30 鳳凰座

銀 1981 昭和56年生 ★ 満43歳

日＼月	1	2	3	4	5	6	7	8	9	10	11	12
1	15	50	17	47	12	47	18	49	19	50	18	42
2	14	49	18	46	19	48	17	48	20	49	25	59
3	13	48	15	45	20	45	16	47	27	58	26	60
4	12	48	16	44	17	46	15	56	28	57	23	57
5	11	55	17	43	18	53	24	55	25	56	24	58
6	30	56	14	52	25	54	23	54	26	55	21	55
7	29	53	21	51	26	51	22	54	23	54	22	56
8	28	54	22	60	23	52	21	51	24	53	29	53
9	27	51	29	59	24	59	30	52	21	52	30	54
10	26	52	30	58	21	60	29	59	22	51	27	51
11	25	59	27	57	22	57	28	60	29	60	28	52
12	24	58	28	56	29	58	27	57	30	59	35	9
13	23	55	25	55	22	55	26	58	37	8	36	10
14	22	56	26	54	29	56	25	5	38	7	33	7
15	21	3	23	51	30	3	34	10	35	6	40	8
16	38	4	24	10	37	4	33	7	36	5	37	5
17	37	1	32	9	38	4	40	8	33	4	38	6
18	36	2	31	3	35	3	39	5	34	9	35	4
19	33	7	40	4	36	2	38	6	32	8	36	3
20	32	8	39	1	39	1	31	3	31	7	33	2
21	31	5	38	2	40	10	40	4	40	7	34	1
22	40	6	37	9	37	9	39	9	39	8	49	20
23	39	3	36	10	38	8	38	10	48	15	50	19
24	38	4	35	7	35	7	37	17	47	16	47	18
25	37	11	34	8	36	16	46	18	46	13	48	17
26	46	12	33	15	43	15	45	15	45	14	45	16
27	45	19	42	16	44	12	44	16	44	11	46	15
28	44	20	41	13	41	11	43	13	43	12	43	14
29	43		50	14	42	20	42	14	42	19	44	13
30	42		49	11	49	19	41	11	41	20	41	12
31	41		48		50		50	12		17		11

金 1982 昭和57年生 ★ 満42歳

日＼月	1	2	3	4	5	6	7	8	9	10	11	12
1	30	55	14	52	25	54	23	54	26	55	21	55
2	29	54	21	51	26	51	22	53	23	54	22	56
3	28	53	22	60	23	52	21	52	24	53	29	53
4	27	51	29	59	24	59	30	51	21	52	30	54
5	26	52	24	58	21	60	29	60	22	51	27	51
6	25	59	27	57	22	57	28	59	29	60	28	52
7	24	60	28	56	29	58	27	58	30	59	35	9
8	23	57	25	55	30	55	26	58	37	8	36	10
9	22	58	26	54	27	56	25	5	38	7	33	7
10	21	5	23	53	28	3	34	6	35	6	34	8
11	40	6	24	2	35	4	33	3	36	5	31	5
12	39	1	31	1	36	1	32	4	33	4	32	6
13	38	2	32	10	33	2	31	1	34	3	39	3
14	37	9	39	9	36	9	40	2	31	2	40	4
15	36	10	40	6	33	10	39	9	32	1	37	1
16	33	7	37	5	34	7	38	4	39	10	34	2
17	32	8	37	4	31	9	35	1	40	9	41	19
18	31	5	36	10	32	8	34	2	47	14	42	19
19	38	4	35	7	39	7	33	19	47	13	49	18
20	37	11	34	8	40	16	46	20	46	12	50	17
21	46	12	33	15	43	15	45	17	45	14	47	16
22	45	19	42	16	44	14	44	18	44	11	48	15
23	44	20	41	13	41	13	43	13	43	12	43	14
24	43	17	50	14	42	12	42	14	42	19	44	13
25	42	18	49	11	49	11	41	11	41	20	41	12
26	41	15	48	12	50	20	50	12	50	17	42	11
27	50	16	47	19	47	17	49	19	49	18	59	30
28	49	13	46	20	48	16	48	20	58	25	60	29
29	48		45	17	45	15	47	27	57	26	57	28
30	47		44	18	46	24	56	28	56	23	58	27
31	56		43		53		55	25		24		26

31~40 時計座　41~50 カメレオン座　51~60 イルカ座

銀

1983

昭和58年生 ★ 満41歳

日＼月	1	2	3	4	5	6	7	8	9	10	11	12
1	25	60	27	57	22	57	28	59	29	60	28	52
2	24	59	28	56	29	58	27	58	30	59	35	9
3	23	58	25	55	30	55	26	57	37	8	36	10
4	22	58	26	54	27	56	25	6	38	7	33	7
5	21	5	23	53	28	3	34	5	35	6	34	8
6	40	6	24	2	35	4	33	4	36	5	31	5
7	39	3	31	1	36	1	31	3	33	4	32	6
8	38	4	32	10	33	2	31	1	34	3	39	3
9	37	1	39	9	34	9	40	2	31	2	40	4
10	36	2	40	8	31	10	39	9	32	1	37	1
11	35	9	37	7	32	7	38	10	39	10	38	2
12	34	8	38	6	39	8	37	7	40	9	45	19
13	33	5	35	5	40	5	36	8	47	18	46	20
14	32	6	36	4	39	6	35	15	48	17	43	17
15	31	13	33	1	40	13	44	16	45	16	44	18
16	48	14	34	20	47	14	43	17	46	15	47	15
17	47	11	42	19	48	14	42	18	43	14	48	16
18	46	12	41	13	45	13	49	15	44	13	45	13
19	43	17	50	14	46	12	48	16	42	18	46	13
20	42	18	49	11	43	11	47	13	41	17	43	12
21	41	15	48	12	50	20	50	14	50	16	44	11
22	50	16	47	19	47	19	49	11	49	18	51	30
23	49	13	46	20	48	18	48	20	58	25	60	29
24	48	14	45	17	45	17	47	27	57	26	57	28
25	47	21	44	18	46	26	56	28	56	23	58	27
26	56	22	43	25	53	25	55	25	55	24	55	26
27	55	29	52	26	54	22	54	26	54	21	56	25
28	54	30	51	23	51	21	53	23	53	22	53	24
29	53		60	24	52	30	52	24	52	29	54	23
30	52		59	21	59	29	51	21	51	30	51	22
31	51		58		60		60	22		27		21

金

1984

昭和59年生 ★ 満40歳

日＼月	1	2	3	4	5	6	7	8	9	10	11	12
1	40	5	31	1	36	1	32	3	33	4	32	6
2	39	4	32	10	33	2	31	2	34	3	39	3
3	38	3	39	9	34	9	40	1	31	2	40	4
4	37	2	40	8	31	10	39	10	32	1	37	1
5	36	2	37	7	32	7	38	9	39	10	38	2
6	35	9	38	6	39	8	38	8	40	9	45	19
7	34	10	35	5	40	5	36	8	47	18	46	20
8	33	7	36	4	37	6	35	15	48	17	43	17
9	32	8	33	3	38	13	44	16	45	16	44	18
10	31	15	34	12	45	14	43	13	46	15	41	15
11	50	16	41	11	46	11	42	14	43	14	42	16
12	49	13	42	20	43	12	41	11	44	13	49	13
13	48	12	49	19	46	19	50	12	41	12	50	14
14	47	19	50	16	43	20	49	19	42	11	47	11
15	46	20	47	15	44	17	48	14	49	20	44	12
16	43	17	47	14	41	19	47	11	50	19	51	29
17	42	18	46	20	42	18	44	12	57	28	52	30
18	41	15	45	17	49	17	43	29	57	23	59	28
19	48	16	44	18	50	26	52	30	56	22	60	27
20	47	21	43	25	53	25	55	27	55	21	57	26
21	56	22	52	26	54	24	54	28	54	21	58	25
22	55	29	51	23	51	23	53	23	53	22	53	24
23	54	30	60	24	52	22	52	24	52	29	54	23
24	53	27	59	21	59	21	51	21	51	30	51	22
25	52	28	58	22	60	30	60	22	60	27	52	21
26	51	25	57	29	57	27	59	29	59	28	9	40
27	60	26	56	30	58	26	58	30	8	35	10	39
28	59	23	55	27	55	25	57	37	7	36	7	38
29	58	24	54	28	56	34	6	38	6	33	8	37
30	57		53	35	3	33	5	35	5	34	5	36
31	6		2		4		4	36		31		35

命数が…… 1~10 羅針盤座　11~20 インディアン座　21~30 鳳凰座

銀 1985 昭和60年生 ★ 満39歳

日＼月	1	2	3	4	5	6	7	8	9	10	11	12
1	34	9	38	6	39	8	37	8	40	9	45	19
2	33	8	35	5	40	5	36	7	47	18	46	20
3	32	7	36	4	37	6	35	16	48	17	43	17
4	31	15	33	3	38	13	44	15	45	16	44	18
5	50	16	38	12	45	14	43	14	46	15	41	15
6	49	13	41	11	46	11	42	13	43	14	42	16
7	48	14	42	20	43	12	41	11	44	13	49	13
8	47	11	49	19	44	19	50	12	41	12	50	14
9	46	12	50	18	41	20	49	19	42	11	47	11
10	45	19	47	17	42	17	48	20	49	20	48	12
11	44	20	48	16	49	18	47	17	50	19	55	29
12	43	15	45	15	50	15	46	18	57	28	56	30
13	42	16	46	14	49	16	45	25	58	27	53	27
14	41	23	43	13	50	23	54	26	55	26	54	28
15	58	24	44	30	57	24	53	27	56	25	57	25
16	57	21	51	29	58	21	52	28	53	24	58	26
17	56	22	51	28	55	23	59	25	54	23	55	23
18	53	29	60	24	56	22	58	26	51	28	56	23
19	52	28	59	21	53	21	57	23	51	27	53	22
20	51	25	58	22	60	30	60	24	60	26	54	21
21	60	26	57	29	57	29	59	21	59	28	1	40
22	59	23	56	30	58	28	58	30	8	35	10	39
23	58	24	55	27	55	27	57	37	7	36	7	38
24	57	31	54	28	56	36	6	38	6	33	8	37
25	6	32	53	35	3	35	5	35	5	34	5	36
26	5	39	2	36	4	32	4	36	4	31	6	35
27	4	40	1	33	1	31	3	33	3	32	3	34
28	3	37	10	34	2	40	2	34	2	39	4	33
29	2		9	31	9	39	1	31	1	40	1	32
30	1		8	32	10	38	10	32	10	37	2	31
31	10		7		7		9	39		38		50

金 1986 昭和61年生 ★ 満38歳

日＼月	1	2	3	4	5	6	7	8	9	10	11	12
1	49	14	41	11	46	11	42	13	43	14	42	16
2	48	13	42	20	43	12	41	12	44	13	49	13
3	47	12	49	19	44	19	50	11	41	12	50	14
4	46	12	50	18	41	20	49	20	42	11	47	11
5	45	19	41	17	42	17	48	19	49	20	48	12
6	44	20	48	16	49	18	47	18	50	19	55	29
7	43	17	45	15	50	15	46	17	57	28	56	30
8	42	18	46	14	47	16	45	25	58	27	53	27
9	41	25	43	13	48	23	54	26	55	26	54	28
10	60	26	44	22	55	24	53	23	56	25	51	25
11	59	23	51	21	56	21	52	24	53	24	52	26
12	58	22	52	30	53	22	51	21	54	23	59	23
13	57	29	59	29	54	29	60	22	51	22	60	24
14	56	30	60	28	53	30	59	29	52	21	57	21
15	55	27	57	25	54	27	58	30	59	30	58	22
16	52	28	58	24	51	28	57	21	60	29	1	39
17	51	25	56	23	52	28	54	22	7	38	2	40
18	60	26	55	27	59	27	53	39	8	33	9	38
19	57	31	54	28	60	36	2	40	6	32	10	37
20	6	32	53	35	7	35	5	37	5	31	7	36
21	5	39	2	36	4	34	4	38	4	31	8	35
22	4	40	1	33	1	33	3	35	3	32	5	34
23	3	37	10	34	2	32	2	34	2	39	4	33
24	2	38	9	31	9	31	1	31	1	40	1	32
25	1	35	8	32	10	40	10	32	10	37	2	31
26	10	36	7	39	7	39	9	39	9	38	19	50
27	9	33	6	40	8	36	8	40	18	45	20	49
28	8	34	5	37	5	35	7	47	17	46	17	48
29	7		4	38	6	44	16	48	16	43	18	47
30	16		3	45	13	43	15	45	15	44	15	46
31	15		12		14		14	46		41		45

31~40 時計座　41~50 カメレオン座　51~60 イルカ座

銀 1987

昭和62年生 ★ 満37歳

日＼月	1	2	3	4	5	6	7	8	9	10	11	12
1	44	19	48	16	49	18	47	18	50	19	55	29
2	43	18	45	15	50	15	46	17	57	28	56	30
3	42	17	46	14	47	16	45	26	58	27	53	27
4	41	25	43	13	48	23	54	25	55	26	54	28
5	60	26	48	22	55	24	53	24	56	25	51	25
6	59	23	51	21	56	21	52	23	53	24	52	26
7	58	24	52	30	53	22	52	22	54	23	59	23
8	57	21	59	29	54	29	60	22	51	22	60	24
9	56	22	60	28	51	30	59	29	52	21	57	21
10	55	29	57	27	52	27	58	30	59	30	58	22
11	54	30	58	26	59	28	57	27	60	29	5	39
12	53	25	55	25	60	25	56	28	7	38	6	40
13	52	26	56	24	57	26	55	35	8	37	3	37
14	51	33	53	23	60	33	4	36	5	36	4	38
15	10	34	54	40	7	34	3	33	6	35	1	35
16	7	31	1	39	8	31	2	38	3	34	8	36
17	6	32	1	38	5	33	1	35	4	33	5	33
18	5	39	10	34	6	32	8	36	1	32	6	34
19	2	38	9	31	3	31	7	33	1	37	3	32
20	1	35	8	32	4	40	6	34	10	36	4	31
21	10	36	7	39	7	39	9	31	9	35	11	50
22	9	33	6	40	8	38	8	32	18	45	12	49
23	8	34	5	37	5	37	7	47	17	46	17	48
24	7	41	4	38	6	46	16	48	16	43	18	47
25	16	42	3	45	13	45	15	45	15	44	15	46
26	15	49	12	46	14	44	14	46	14	41	16	45
27	14	50	11	43	11	41	13	43	13	42	13	44
28	13	47	20	44	12	50	12	44	12	49	14	43
29	12		19	41	19	49	11	41	11	50	11	42
30	11		18	42	20	48	20	42	20	47	12	41
31	20		17		17		19	49		48		60

金 1988

昭和63年生 ★ 満36歳

日＼月	1	2	3	4	5	6	7	8	9	10	11	12
1	59	24	52	30	53	22	51	22	54	23	59	23
2	58	23	59	29	54	29	60	21	51	22	60	24
3	57	22	60	28	51	30	59	30	52	21	57	21
4	56	22	57	27	52	27	58	29	59	30	58	22
5	55	29	58	26	59	28	57	28	60	29	5	39
6	54	30	55	25	60	25	55	27	7	38	6	40
7	53	27	56	24	57	26	55	35	8	37	3	37
8	52	28	53	23	58	33	4	36	5	36	4	38
9	51	35	54	32	5	34	3	33	6	35	1	35
10	10	36	1	31	6	31	2	34	3	34	2	36
11	9	33	2	40	3	32	1	31	4	33	9	33
12	8	32	9	39	4	39	10	32	1	32	10	34
13	7	39	10	38	3	40	9	39	2	31	7	31
14	6	40	7	35	4	37	8	40	9	40	8	32
15	5	37	8	34	1	38	7	31	10	39	11	49
16	2	38	6	33	2	38	6	32	17	48	12	50
17	1	35	5	37	9	37	3	49	18	47	19	47
18	10	36	4	38	10	46	12	50	16	42	20	47
19	7	41	3	45	17	45	11	47	15	41	17	46
20	16	42	12	46	14	44	14	48	14	50	18	45
21	15	49	11	43	11	43	13	45	13	42	15	44
22	14	50	20	44	12	42	12	44	12	49	14	43
23	13	47	19	41	19	41	11	41	11	50	11	42
24	12	48	18	42	20	50	20	42	20	47	12	41
25	11	45	17	49	17	49	19	49	19	48	29	60
26	20	46	16	50	18	46	18	50	28	55	30	59
27	19	43	15	47	15	45	17	57	27	56	27	58
28	18	44	14	48	16	54	26	58	26	53	28	57
29	17	51	13	55	23	53	25	55	25	54	25	56
30	26		22	56	24	52	24	56	24	51	26	55
31	25		21		21		23	53		52		54

命数が…… 1~10 羅針盤座　11~20 インディアン座　21~30 鳳凰座

銀 1989

昭和64年生　平成元年生

★ 満35歳

日＼月	1	2	3	4	5	6	7	8	9	10	11	12
1	53	28	55	25	60	25	56	27	7	38	6	40
2	52	27	56	24	57	26	55	36	8	37	3	37
3	51	36	53	23	58	33	4	35	5	36	4	38
4	10	36	54	32	5	34	3	34	6	35	1	35
5	9	33	1	31	6	31	2	33	3	34	2	36
6	8	34	2	40	3	32	1	32	4	33	9	33
7	7	31	9	39	4	39	10	32	1	32	10	34
8	6	32	10	38	1	40	9	39	2	31	7	31
9	5	39	7	37	2	37	8	40	9	40	8	32
10	4	40	8	36	9	38	7	37	10	39	15	49
11	3	37	5	35	10	35	6	38	17	48	16	50
12	2	36	6	34	7	36	5	45	18	47	13	47
13	1	43	3	33	10	43	14	46	15	46	14	48
14	20	44	4	42	17	44	13	43	16	45	11	45
15	17	41	11	49	18	41	12	48	13	44	18	46
16	16	42	11	48	15	42	11	45	14	43	15	43
17	15	49	20	47	16	42	18	46	11	42	16	44
18	12	50	19	41	13	41	17	43	12	47	13	42
19	11	45	18	42	14	50	16	44	20	46	14	41
20	20	46	17	49	17	49	19	41	19	45	21	60
21	19	43	16	50	18	48	18	42	28	55	22	59
22	18	44	15	47	15	47	17	57	27	56	27	58
23	17	51	14	48	16	56	26	58	26	53	28	57
24	26	52	13	55	23	55	25	55	25	54	25	56
25	25	59	22	56	24	54	24	56	24	51	26	55
26	24	60	21	53	21	53	23	53	23	52	23	54
27	23	57	30	54	22	60	22	54	22	59	24	53
28	22	58	29	51	29	59	21	51	21	60	21	52
29	21		28	52	30	58	30	52	30	57	22	51
30	30		27	59	27	57	29	59	29	58	39	10
31	29		26		28		28	60		5		9

金 1990

平成2年生

★ 満34歳

日＼月	1	2	3	4	5	6	7	8	9	10	11	12
1	8	33	2	40	3	32	1	32	4	33	9	33
2	7	32	9	39	4	39	10	31	1	32	10	34
3	6	31	10	38	1	40	9	40	2	31	7	31
4	5	39	7	37	2	37	8	39	9	40	8	32
5	4	40	2	36	9	38	7	38	10	39	15	49
6	3	37	5	35	10	35	6	37	17	48	16	50
7	2	38	6	34	7	36	5	46	18	47	13	47
8	1	45	3	33	8	43	14	46	15	46	14	48
9	20	46	4	42	15	44	13	43	16	45	11	45
10	19	43	11	41	16	41	12	44	13	44	12	46
11	18	44	12	50	13	42	11	41	14	43	19	43
12	17	49	19	49	14	49	20	42	11	42	20	44
13	16	50	20	48	11	50	19	49	12	41	17	41
14	15	47	17	47	14	47	18	50	19	50	18	42
15	12	48	18	44	11	48	17	47	20	49	25	59
16	11	45	15	43	12	45	16	42	27	58	22	60
17	20	46	15	42	19	47	13	59	28	57	29	57
18	17	53	14	48	20	56	22	60	25	52	30	57
19	26	52	13	55	27	55	21	57	25	51	27	56
20	25	59	22	56	28	54	24	58	24	60	28	55
21	24	60	21	53	21	53	23	55	23	52	25	54
22	23	57	30	54	22	52	22	56	22	59	26	53
23	22	58	29	51	29	51	21	51	21	60	21	52
24	21	55	28	52	30	60	30	52	30	57	22	51
25	30	56	27	59	27	59	29	59	29	58	39	10
26	29	53	26	60	28	58	28	60	38	5	40	9
27	28	54	25	57	25	55	27	7	37	6	37	8
28	27	1	24	58	26	4	36	8	36	3	38	7
29	36		23	5	33	3	35	5	35	4	35	6
30	35		32	6	34	2	34	6	34	1	36	5
31	34		31		31		33	3		2		4

31~40 時計座　41~50 カメレオン座　51~60 イルカ座

銀

1991

平成3年生★満33歳

日＼月	1	2	3	4	5	6	7	8	9	10	11	12
1	3	38	5	35	10	35	6	37	17	48	16	50
2	2	37	6	34	7	36	5	46	18	47	13	47
3	1	46	3	33	8	43	14	45	15	46	14	48
4	20	46	4	42	15	44	13	44	16	45	11	45
5	19	43	15	41	16	41	12	43	13	44	12	46
6	18	44	12	50	13	42	11	42	14	43	19	43
7	17	41	19	49	14	49	20	41	11	42	20	44
8	16	42	20	48	11	50	19	49	12	41	17	41
9	15	49	17	47	12	47	18	50	19	50	18	42
10	14	50	18	46	19	48	17	47	20	49	25	59
11	13	47	15	45	20	45	16	48	27	58	26	60
12	12	46	16	44	17	46	15	55	28	57	23	57
13	11	53	13	43	18	53	24	56	25	56	24	58
14	30	54	14	52	27	54	23	53	26	55	21	55
15	29	51	21	59	28	51	22	54	23	54	22	56
16	26	52	22	58	25	52	21	55	24	53	25	53
17	25	59	30	57	26	52	28	56	21	52	26	54
18	24	60	29	51	23	51	27	53	22	51	23	51
19	21	55	28	52	24	60	26	54	30	56	24	51
20	30	56	27	59	21	59	29	51	29	55	31	10
21	29	53	26	60	28	58	28	52	38	4	32	9
22	28	54	25	57	25	57	27	9	37	6	39	8
23	27	1	24	58	26	6	36	8	36	3	38	7
24	36	2	23	5	33	5	35	5	35	4	35	6
25	35	9	32	6	34	4	34	6	34	1	36	5
26	34	10	31	3	31	1	33	3	33	2	33	4
27	33	7	40	4	32	10	32	4	32	9	34	3
28	32	8	39	1	39	9	31	1	31	10	31	2
29	31		38	2	40	8	40	2	40	7	32	1
30	40		37	9	37	7	39	9	39	8	49	20
31	39		36		38		38	10		15		19

金

1992

平成4年生★満32歳

日＼月	1	2	3	4	5	6	7	8	9	10	11	12
1	18	43	19	49	14	49	20	41	11	42	20	44
2	17	42	20	48	11	50	19	50	12	41	17	41
3	16	41	17	47	12	47	18	49	19	50	18	42
4	15	49	18	46	19	48	17	48	20	49	25	59
5	14	50	15	45	20	45	16	47	27	58	26	60
6	13	47	16	44	17	46	16	56	28	57	23	57
7	12	48	13	43	18	53	24	56	25	56	24	58
8	11	55	14	52	25	54	23	53	26	55	21	55
9	30	56	21	51	26	51	22	54	23	54	22	56
10	29	53	22	60	23	52	21	51	24	53	29	53
11	28	54	29	59	24	59	30	52	21	52	30	54
12	27	59	30	58	21	60	29	59	22	51	27	51
13	26	60	27	57	24	57	28	60	29	60	28	52
14	25	57	28	54	21	58	27	57	30	59	35	9
15	24	58	25	53	22	55	26	52	37	8	32	10
16	21	55	25	52	29	57	25	9	38	7	39	7
17	30	56	24	58	30	6	32	10	35	6	40	8
18	29	3	23	5	37	5	31	7	35	1	37	6
19	36	2	32	6	38	4	40	8	34	10	38	5
20	35	9	31	3	31	3	33	5	33	9	35	4
21	34	10	40	4	32	2	32	6	32	9	36	3
22	33	7	39	1	39	1	31	1	31	10	31	2
23	32	8	38	2	40	10	40	2	40	7	32	1
24	31	5	37	9	37	9	39	9	39	8	49	20
25	40	6	36	10	38	8	38	10	48	15	50	19
26	39	3	35	7	35	5	37	17	47	16	47	18
27	38	4	34	8	36	14	46	18	46	13	48	17
28	37	11	33	15	43	13	45	15	45	14	45	16
29	46	12	42	16	44	12	44	16	44	11	46	15
30	45		41	13	41	11	43	13	43	12	43	14
31	44		50		42		42	14		19		13

命数が……　1~10 羅針盤座　11~20 インディアン座　21~30 鳳凰座

銀 1993 平成5年生 ★ 満31歳

日＼月	1	2	3	4	5	6	7	8	9	10	11	12
1	12	47	16	44	17	46	15	56	28	57	23	57
2	11	56	13	43	18	53	24	55	25	56	24	58
3	30	55	14	52	25	54	23	54	26	55	21	55
4	29	53	21	51	26	51	22	53	23	54	22	56
5	28	54	22	60	23	52	21	52	24	53	29	53
6	27	51	29	59	24	59	30	51	21	52	30	54
7	26	52	30	58	21	60	30	59	22	51	27	51
8	25	59	27	57	22	57	28	60	29	60	28	52
9	24	60	28	56	29	58	27	57	30	59	35	9
10	23	57	25	55	30	55	26	58	37	8	36	10
11	22	58	26	54	27	56	25	5	38	7	33	7
12	21	3	23	53	28	3	34	6	35	6	34	8
13	40	4	24	2	37	4	33	3	36	5	31	5
14	39	1	31	1	38	1	32	4	33	4	32	6
15	36	2	32	8	35	2	31	5	34	3	35	3
16	35	9	40	7	36	9	40	6	31	2	36	4
17	34	10	39	6	33	1	39	3	32	1	33	1
18	31	7	38	2	34	10	36	4	39	6	34	1
19	40	6	37	9	31	9	35	1	39	5	41	20
20	39	3	36	10	38	8	34	2	48	14	42	19
21	38	4	35	7	35	7	37	19	47	16	49	18
22	37	11	34	8	36	16	46	18	46	13	48	17
23	46	12	33	15	43	15	45	15	45	14	45	16
24	45	19	42	16	44	14	44	16	44	11	46	15
25	44	20	41	13	41	13	43	13	43	12	43	14
26	43	17	50	14	42	12	42	14	42	19	44	13
27	42	18	49	11	49	19	41	11	41	20	41	12
28	41	15	48	12	50	18	50	12	50	17	42	11
29	50		47	19	47	17	49	19	49	18	59	30
30	49		46	20	48	16	48	20	58	25	60	29
31	48		45		45		47	27		26		28

金 1994 平成6年生 ★ 満30歳

日＼月	1	2	3	4	5	6	7	8	9	10	11	12
1	27	52	29	59	24	59	30	51	21	52	30	54
2	26	51	30	58	21	60	29	60	22	51	27	51
3	25	60	27	57	22	57	28	59	29	60	28	52
4	24	60	28	56	29	58	27	58	30	59	35	9
5	23	57	29	55	30	55	26	57	37	8	36	10
6	22	58	26	54	27	56	25	6	38	7	33	7
7	21	5	23	53	28	3	34	5	35	6	34	8
8	40	6	24	2	35	4	33	3	36	5	31	5
9	39	3	31	1	36	1	32	4	33	4	32	6
10	38	4	32	10	33	2	31	1	34	3	39	3
11	37	1	39	9	34	9	40	2	31	2	40	4
12	36	10	40	8	31	10	39	9	32	1	37	1
13	35	7	37	7	32	7	38	10	39	10	38	2
14	34	8	38	6	31	8	37	7	40	9	45	19
15	31	5	35	3	32	5	36	8	47	18	46	20
16	40	6	36	2	39	6	35	19	48	17	49	17
17	39	13	34	1	40	16	42	20	45	16	50	18
18	46	14	33	15	47	15	41	17	46	11	47	16
19	45	19	42	16	48	14	50	18	44	20	48	15
20	44	20	41	13	45	13	43	15	43	19	45	14
21	43	17	50	14	42	12	42	16	42	19	46	13
22	42	18	49	11	49	11	41	13	41	20	43	12
23	41	15	48	12	50	20	50	12	50	17	42	11
24	50	16	47	19	47	19	49	19	49	18	59	30
25	49	13	46	20	48	18	48	20	58	25	60	29
26	48	14	45	17	45	17	47	27	57	26	57	28
27	47	21	44	18	46	24	56	28	56	23	58	27
28	56	22	43	25	53	23	55	25	55	24	55	26
29	55		52	26	54	22	54	26	54	21	56	25
30	54		51	23	51	21	53	23	53	22	53	24
31	53		60		52		52	24		29		23

31~40 時計座　41~50 カメレオン座　51~60 イルカ座

銀 1995 平成7年生 ★ 満29歳

日＼月	1	2	3	4	5	6	7	8	9	10	11	12
1	22	57	26	54	27	56	25	6	38	7	33	7
2	21	6	23	53	28	3	34	5	35	6	34	8
3	40	5	24	2	35	4	33	4	36	5	31	5
4	39	3	31	1	36	1	32	3	33	4	32	6
5	38	4	32	10	33	2	31	2	34	3	39	3
6	37	1	39	9	34	9	40	1	31	2	40	4
7	36	2	40	8	31	10	39	10	32	1	37	1
8	35	9	37	7	32	7	38	10	39	10	38	2
9	34	10	38	6	39	8	37	7	40	9	45	19
10	33	7	35	5	40	5	36	8	47	18	46	20
11	32	8	36	4	37	6	35	15	48	17	43	17
12	31	13	33	3	38	13	44	16	45	16	44	18
13	50	14	34	12	45	14	43	13	46	15	41	15
14	49	11	41	11	48	11	42	14	43	14	42	16
15	48	12	42	18	45	12	41	11	44	13	49	13
16	45	19	49	17	46	19	50	16	41	12	46	14
17	44	20	49	16	43	11	47	13	42	11	43	11
18	43	17	48	12	44	20	46	14	49	20	44	11
19	50	16	47	19	41	19	45	11	49	15	51	30
20	49	13	46	20	42	18	48	12	58	24	52	29
21	48	14	45	17	45	17	47	29	57	23	59	28
22	47	21	44	18	46	26	56	30	56	23	60	27
23	56	22	43	25	53	25	55	25	55	24	55	26
24	55	29	52	26	54	24	54	26	54	21	56	25
25	54	30	51	23	51	23	53	23	53	22	53	24
26	53	27	60	24	52	22	52	24	52	29	54	23
27	52	28	59	21	59	29	51	21	51	30	51	22
28	51	25	58	22	60	28	60	22	60	27	52	21
29	60		57	29	57	27	59	29	59	28	9	40
30	59		56	30	58	26	58	30	8	35	10	39
31	58		55		55		57	37		36		38

金 1996 平成8年生 ★ 満28歳

日＼月	1	2	3	4	5	6	7	8	9	10	11	12
1	37	2	40	8	31	10	39	10	32	1	37	1
2	36	1	37	7	32	7	38	9	39	10	38	2
3	35	10	38	6	39	8	37	8	40	9	45	19
4	34	10	35	5	40	5	36	7	47	18	46	20
5	33	7	36	4	37	6	35	16	48	17	43	17
6	32	8	33	3	38	13	43	15	45	16	44	18
7	31	15	34	12	45	14	43	13	46	15	41	15
8	50	16	41	11	46	11	42	14	43	14	42	16
9	49	13	42	20	43	12	41	11	44	13	49	13
10	48	14	49	19	44	19	50	12	41	12	50	14
11	47	11	50	18	41	20	49	19	42	11	47	11
12	46	20	47	17	42	17	48	20	49	20	48	12
13	45	17	48	16	41	18	47	17	50	19	55	29
14	44	18	45	13	42	15	46	18	57	28	56	30
15	43	15	46	12	49	16	45	29	58	27	59	27
16	50	16	44	11	50	26	54	30	55	26	60	28
17	49	23	43	25	57	25	51	27	56	25	57	25
18	58	24	52	26	58	24	60	28	54	30	58	25
19	55	29	51	23	55	23	59	25	53	29	55	24
20	54	30	60	24	52	22	52	26	52	28	56	23
21	53	27	59	21	59	21	51	23	51	30	53	22
22	52	28	58	22	60	30	60	22	60	27	52	21
23	51	25	57	29	57	29	59	29	59	28	9	40
24	60	26	56	30	58	28	58	30	8	35	10	39
25	59	23	55	27	55	27	57	37	7	36	7	38
26	58	24	54	28	56	34	6	38	6	33	8	37
27	57	31	53	35	3	33	5	35	5	34	5	36
28	6	32	2	36	4	32	4	36	4	31	6	35
29	5	39	1	33	1	31	3	33	3	32	3	34
30	4		10	34	2	40	2	34	2	39	4	33
31	3		9		9		1	31		40		32

命数が…… 1~10 羅針盤座　11~20 インディアン座　21~30 鳳凰座

銀 1997

平成9年生★満27歳

日＼月	1	2	3	4	5	6	7	8	9	10	11	12
1	31	16	33	3	38	13	44	15	45	16	44	18
2	50	15	34	12	45	14	43	14	46	15	41	15
3	49	14	41	11	46	11	42	13	43	14	42	16
4	48	14	42	20	43	12	41	12	44	13	49	13
5	47	11	49	19	44	19	50	11	41	12	50	14
6	46	12	50	18	41	20	49	20	42	11	47	11
7	45	19	47	17	42	17	48	20	49	20	48	12
8	44	20	48	16	49	18	47	17	50	19	55	29
9	43	17	45	15	50	15	46	18	57	28	56	30
10	42	18	46	14	47	16	45	25	58	27	53	27
11	41	25	43	13	48	23	54	26	55	26	54	28
12	60	24	44	22	55	24	53	23	56	25	51	25
13	59	21	51	21	58	21	52	24	53	24	52	26
14	58	22	52	30	55	22	51	21	54	23	59	23
15	55	29	59	27	56	29	60	26	51	22	56	24
16	54	30	59	26	53	30	59	23	52	21	53	21
17	53	27	58	25	54	30	56	24	59	30	54	22
18	60	28	57	29	51	29	55	21	59	25	1	40
19	59	23	56	30	52	28	54	22	8	34	2	39
20	58	24	55	27	55	27	57	39	7	33	9	38
21	57	31	54	28	56	36	6	40	6	33	10	37
22	6	32	53	35	3	35	5	35	5	34	5	36
23	5	39	2	36	4	34	4	36	4	31	6	35
24	4	40	1	33	1	33	3	33	3	32	3	34
25	3	37	10	34	2	32	2	34	2	39	4	33
26	2	38	9	31	9	39	1	31	1	40	1	32
27	1	35	8	32	10	38	10	32	10	37	2	31
28	10	36	7	39	7	37	9	39	9	38	19	50
29	9		6	40	8	36	8	40	18	45	20	49
30	8		5	37	5	35	7	47	17	46	17	48
31	7		4		6		16	48		43		47

金 1998

平成10年生★満26歳

日＼月	1	2	3	4	5	6	7	8	9	10	11	12
1	46	11	50	18	41	20	49	20	42	11	47	11
2	45	20	47	17	42	17	48	19	49	20	48	12
3	44	19	48	16	49	18	47	18	50	19	55	29
4	43	17	45	15	50	15	46	17	57	28	56	30
5	42	18	50	14	47	16	45	26	58	27	53	27
6	41	25	43	13	48	23	54	25	55	26	54	28
7	60	26	44	22	55	24	53	24	56	25	51	25
8	59	23	51	21	56	21	52	24	53	24	52	26
9	58	24	52	30	53	22	51	21	54	23	59	23
10	57	21	59	29	54	29	60	22	51	22	60	24
11	56	22	60	28	51	30	59	29	52	21	57	21
12	55	27	57	27	52	27	58	30	59	30	58	22
13	54	28	58	26	59	28	57	27	60	29	5	39
14	53	25	55	25	52	25	56	28	7	38	6	40
15	60	26	56	22	59	26	55	35	8	37	3	37
16	59	33	53	21	60	33	4	40	5	36	10	38
17	8	34	53	40	7	35	1	37	6	35	7	35
18	5	31	2	36	8	34	10	38	3	40	8	35
19	4	40	1	33	5	33	9	35	3	39	5	34
20	3	37	10	34	6	32	2	36	2	38	6	33
21	2	38	9	31	9	31	1	33	1	40	3	32
22	1	35	8	32	10	40	10	34	10	37	4	31
23	10	36	7	39	7	39	9	39	9	38	19	50
24	9	33	6	40	8	38	8	40	18	45	20	49
25	8	34	5	37	5	37	7	47	17	46	17	48
26	7	41	4	38	6	46	16	48	16	43	18	47
27	16	42	3	45	13	43	15	45	15	44	15	46
28	15	49	12	46	14	42	14	46	14	41	16	45
29	14		11	43	11	41	13	43	13	42	13	44
30	13		20	44	12	50	12	44	12	49	14	43
31	12		19		19		11	41		50		42

31~40 時計座　41~50 カメレオン座　51~60 イルカ座

銀 1999 平成11年生 ★ 満25歳

日＼月	1	2	3	4	5	6	7	8	9	10	11	12
1	41	26	43	13	48	23	54	25	55	26	54	28
2	60	25	44	22	55	24	53	24	56	25	51	25
3	59	24	51	21	56	21	52	23	53	24	52	26
4	58	24	52	30	53	22	51	22	54	23	59	23
5	57	21	53	29	54	29	60	21	51	22	60	24
6	56	22	60	28	51	30	59	30	52	21	57	21
7	55	29	57	27	52	27	58	29	59	30	58	22
8	54	30	58	26	59	28	57	27	60	29	5	39
9	53	27	55	25	60	25	56	28	7	38	6	40
10	52	28	56	24	57	26	55	35	8	37	3	37
11	51	35	53	23	58	33	4	36	5	36	4	38
12	10	34	54	32	5	34	3	33	6	35	1	35
13	9	31	1	31	6	31	2	34	3	34	2	36
14	8	32	2	40	5	32	1	31	4	33	9	33
15	7	39	9	37	6	39	10	32	1	32	10	34
16	4	40	10	36	3	40	9	33	2	31	3	31
17	3	37	8	35	4	40	6	34	9	40	4	32
18	2	38	7	39	1	39	5	31	10	39	11	50
19	9	33	6	40	2	38	4	32	18	44	12	49
20	8	34	5	37	9	37	7	49	17	43	19	48
21	7	41	4	38	6	46	16	50	16	42	20	47
22	16	42	3	45	13	45	15	47	15	44	17	46
23	15	49	12	46	14	44	14	46	14	41	16	45
24	14	50	11	43	11	43	13	43	13	42	13	44
25	13	47	20	44	12	42	12	44	12	49	14	43
26	12	48	19	41	19	41	11	41	11	50	11	42
27	11	45	18	42	20	48	20	42	20	47	12	41
28	20	46	17	49	17	47	19	49	19	48	29	60
29	19		16	50	18	46	18	50	28	55	30	59
30	18		15	47	15	45	17	57	27	56	27	58
31	17		14		16		26	58		53		57

金 2000 平成12年生 ★ 満24歳

日＼月	1	2	3	4	5	6	7	8	9	10	11	12
1	56	21	57	27	52	27	58	29	59	30	58	22
2	55	30	58	26	59	28	57	28	60	29	5	39
3	54	29	55	25	60	25	56	27	7	38	6	40
4	53	27	56	24	57	26	55	36	8	37	3	37
5	52	28	53	23	58	33	4	35	5	36	4	38
6	51	35	54	32	5	34	4	34	6	35	1	35
7	10	36	1	31	6	31	2	34	3	34	2	36
8	9	33	2	40	3	32	1	31	4	33	9	33
9	8	34	9	39	4	39	10	32	1	32	10	34
10	7	31	10	38	1	40	9	39	2	31	7	31
11	6	32	7	37	2	37	8	40	9	40	8	32
12	5	37	8	36	9	38	7	37	10	39	15	49
13	4	38	5	35	2	35	6	38	17	48	16	50
14	3	35	6	32	9	36	5	45	18	47	13	47
15	2	36	3	31	10	43	14	50	15	46	20	48
16	9	43	3	50	17	45	13	47	16	45	17	45
17	18	44	12	46	18	44	20	48	13	44	18	46
18	17	41	11	43	15	43	19	45	13	49	15	44
19	14	50	20	44	16	42	18	46	12	48	16	43
20	13	47	19	41	19	41	11	43	11	47	13	42
21	12	48	18	42	20	50	20	44	20	47	14	41
22	11	45	17	49	17	49	19	49	19	48	29	60
23	20	46	16	50	18	48	18	50	28	55	30	59
24	19	43	15	47	15	47	17	57	27	56	27	58
25	18	44	14	48	16	56	26	58	26	53	28	57
26	17	51	13	55	23	53	25	55	25	54	25	56
27	26	52	22	56	24	52	24	56	24	51	26	55
28	25	59	21	53	21	51	23	53	23	52	23	54
29	24	60	30	54	22	60	22	54	22	59	24	53
30	23		29	51	29	59	21	51	21	60	21	52
31	22		28		30		30	52		57		51

命数が…… 1~10 羅針盤座　11~20 インディアン座　21~30 鳳凰座

銀 2001 平成13年生 ★ 満23歳

日＼月	1	2	3	4	5	6	7	8	9	10	11	12
1	10	35	54	32	5	34	3	34	6	35	1	35
2	9	34	1	31	6	31	2	33	3	34	2	36
3	8	33	2	40	3	32	1	32	4	33	9	33
4	7	31	9	39	4	39	10	31	1	32	10	34
5	6	32	10	38	1	40	9	40	2	31	7	31
6	5	39	7	37	2	37	7	39	9	40	8	32
7	4	40	8	36	9	38	7	37	10	39	15	49
8	3	37	5	35	10	35	6	38	17	48	16	50
9	2	38	6	34	7	36	5	45	18	47	13	47
10	1	45	3	33	8	43	14	46	15	46	14	48
11	20	46	4	42	15	44	13	43	16	45	11	45
12	19	41	11	41	16	41	12	44	13	44	12	46
13	18	42	12	50	15	42	11	41	14	43	19	43
14	17	49	19	49	16	49	20	42	11	42	20	44
15	14	50	20	46	13	50	19	43	12	41	13	41
16	13	47	18	45	14	50	18	44	19	50	14	42
17	12	48	17	44	11	49	15	41	20	49	21	59
18	19	45	16	50	12	48	14	42	28	54	22	59
19	18	44	15	47	19	47	13	59	27	53	29	58
20	17	51	14	48	16	56	26	60	26	52	30	57
21	26	52	13	55	23	55	25	57	25	54	27	56
22	25	59	22	56	24	54	24	56	24	51	26	55
23	24	60	21	53	21	53	23	53	23	52	23	54
24	23	57	30	54	22	52	22	54	22	59	24	53
25	22	58	29	51	29	51	21	51	21	60	21	52
26	21	55	28	52	30	58	30	52	30	57	22	51
27	30	56	27	59	27	57	29	59	29	58	39	10
28	29	53	26	60	28	56	28	60	38	5	40	9
29	28		25	57	25	55	27	7	37	6	37	8
30	27		24	58	26	4	36	8	36	3	38	7
31	36		23		33		35	5		4		6

金 2002 平成14年生 ★ 満22歳

日＼月	1	2	3	4	5	6	7	8	9	10	11	12
1	5	40	7	37	2	37	8	39	9	40	8	32
2	4	39	8	36	9	38	7	38	10	39	15	49
3	3	38	5	35	10	35	6	37	17	48	16	50
4	2	38	6	34	7	36	5	46	18	47	13	47
5	1	45	7	33	8	43	14	45	15	46	14	48
6	20	46	4	42	15	44	13	44	16	45	11	45
7	19	43	11	41	16	41	12	43	13	44	12	46
8	18	44	12	50	13	42	11	41	14	43	19	43
9	17	41	19	49	14	49	20	42	11	42	20	44
10	16	42	20	48	11	50	19	49	12	41	17	41
11	15	49	17	47	12	47	18	50	19	50	18	42
12	14	48	18	46	19	48	17	47	20	49	25	59
13	13	45	15	45	20	45	16	48	27	58	26	60
14	12	46	16	44	19	46	15	55	28	57	23	57
15	19	53	13	41	20	53	24	56	25	56	30	58
16	28	54	14	60	27	54	23	57	26	55	27	55
17	27	51	22	59	28	54	30	58	23	54	28	56
18	24	52	21	53	25	53	29	55	24	59	25	54
19	23	57	30	54	26	52	28	56	22	58	26	53
20	22	58	29	51	23	51	21	53	21	57	23	52
21	21	55	28	52	30	60	30	54	30	57	24	51
22	30	56	27	59	27	59	29	51	29	58	39	10
23	29	53	26	60	28	58	28	60	38	5	40	9
24	28	54	25	57	25	57	27	7	37	6	37	8
25	27	1	24	58	26	6	36	8	36	3	38	7
26	36	2	23	5	33	5	35	5	35	4	35	6
27	35	9	32	6	34	2	34	6	34	1	36	5
28	34	10	31	3	31	1	33	3	33	2	33	4
29	33		40	4	32	10	32	4	32	9	34	3
30	32		39	1	39	9	31	1	31	10	31	2
31	31		38		40		40	2		7		1

31~40 時計座　41~50 カメレオン座　51~60 イルカ座

銀

2003

平成15年生 ★ 満21歳

日＼月	1	2	3	4	5	6	7	8	9	10	11	12
1	20	45	4	42	15	44	13	44	16	45	11	45
2	19	44	11	41	16	41	12	43	13	44	12	46
3	18	43	12	50	13	42	11	42	14	43	19	43
4	17	41	19	49	14	49	20	41	11	42	20	44
5	16	42	14	48	11	50	19	50	12	41	17	41
6	15	49	17	47	12	47	18	49	19	50	18	42
7	14	50	18	46	19	48	17	48	20	49	25	59
8	13	47	15	45	20	45	16	48	27	58	26	60
9	12	48	16	44	17	46	15	55	28	57	23	57
10	11	55	13	43	18	53	24	56	25	56	24	58
11	30	56	14	52	25	54	23	53	26	55	21	55
12	29	51	21	51	26	51	22	54	23	54	22	56
13	28	52	22	60	23	52	21	51	24	53	29	53
14	27	59	29	59	26	59	30	52	21	52	30	54
15	26	60	30	56	23	60	29	59	22	51	27	51
16	23	57	27	55	24	57	28	54	29	60	24	52
17	22	58	27	54	21	59	25	51	30	59	31	9
18	21	55	26	60	22	58	24	52	37	8	32	9
19	28	54	25	57	29	57	23	9	37	3	39	8
20	27	1	24	58	30	6	36	10	36	2	40	7
21	36	2	23	5	33	5	35	7	35	1	37	6
22	35	9	32	6	34	4	34	8	34	1	38	5
23	34	10	31	3	31	3	33	3	33	2	33	4
24	33	7	40	4	32	2	32	4	32	9	34	3
25	32	8	39	1	39	1	31	1	31	10	31	2
26	31	5	38	2	40	10	40	2	40	7	32	1
27	40	6	37	9	37	7	39	9	39	8	49	20
28	39	3	36	10	38	6	38	10	48	15	50	19
29	38		35	7	35	5	37	17	47	16	47	18
30	37		34	8	36	14	46	18	46	13	48	17
31	46		33		43		45	15		14		16

金

2004

平成16年生 ★ 満20歳

日＼月	1	2	3	4	5	6	7	8	9	10	11	12
1	15	50	18	46	19	48	17	48	20	49	25	59
2	14	49	15	45	20	45	16	47	27	58	26	60
3	13	48	16	44	17	46	15	56	28	57	23	57
4	12	48	13	43	18	53	24	55	25	56	24	58
5	11	55	14	52	25	54	23	54	26	55	21	55
6	30	56	21	51	26	51	21	53	23	54	22	56
7	29	53	22	60	23	52	21	51	24	53	29	53
8	28	54	29	59	24	59	30	52	21	52	30	54
9	27	51	30	58	21	60	29	59	22	51	27	51
10	26	52	27	57	22	57	28	60	29	60	28	52
11	25	59	28	56	29	58	27	57	30	59	35	9
12	24	58	25	55	30	55	26	58	37	8	36	10
13	23	55	26	54	29	56	25	5	38	7	33	7
14	22	56	23	51	30	3	34	6	35	6	34	8
15	21	3	24	10	37	4	33	7	36	5	37	5
16	38	4	32	9	38	4	32	8	33	4	38	6
17	37	1	31	3	35	3	39	5	34	3	35	3
18	36	2	40	4	36	2	38	6	32	8	36	3
19	33	7	39	1	33	1	37	3	31	7	33	2
20	32	8	38	2	40	10	40	4	40	6	34	1
21	31	5	37	9	37	9	39	1	39	8	41	20
22	40	6	36	10	38	8	38	10	48	15	50	19
23	39	3	35	7	35	7	37	17	47	16	47	18
24	38	4	34	8	36	16	46	18	46	13	48	17
25	37	11	33	15	43	15	45	15	45	14	45	16
26	46	12	42	16	44	12	44	16	44	11	46	15
27	45	19	41	13	41	11	43	13	43	12	43	14
28	44	20	50	14	42	20	42	14	42	19	44	13
29	43	17	49	11	49	19	41	11	41	20	41	12
30	42		48	12	50	18	50	12	50	17	42	11
31	41		47		47		49	19		18		30

命数が……　1~10 羅針盤座　11~20 インディアン座　21~30 鳳凰座

銀

2005

平成17年生 ★ 満19歳

日＼月	1	2	3	4	5	6	7	8	9	10	11	12
1	29	54	21	51	26	51	22	53	23	54	22	56
2	28	53	22	60	23	52	21	52	24	53	29	53
3	27	52	29	59	24	59	30	51	21	52	30	54
4	26	52	30	58	21	60	29	60	22	51	27	51
5	25	59	27	57	22	57	28	59	29	60	28	52
6	24	60	28	56	29	58	28	58	30	59	35	9
7	23	57	25	55	30	55	26	58	37	8	36	10
8	22	58	26	54	27	56	25	5	38	7	33	7
9	21	5	23	53	28	3	34	6	35	6	34	8
10	40	6	24	2	35	4	33	3	36	5	31	5
11	39	3	31	1	36	1	32	4	33	4	32	6
12	38	2	32	10	33	2	31	1	34	3	39	3
13	37	9	39	9	36	9	40	2	31	2	40	4
14	36	10	40	8	33	10	39	9	32	1	37	1
15	33	7	37	5	34	7	38	4	39	10	34	2
16	32	8	37	4	31	9	37	1	40	9	41	19
17	31	5	36	3	32	8	34	2	47	18	42	20
18	38	6	35	7	39	7	33	19	47	13	49	18
19	37	11	34	8	40	16	42	20	46	12	50	17
20	46	12	33	15	43	15	45	17	45	11	47	16
21	45	19	42	16	44	14	44	18	44	11	48	15
22	44	20	41	13	41	13	43	13	43	12	43	14
23	43	17	50	14	42	12	42	14	42	19	44	13
24	42	18	49	11	49	11	41	11	41	20	41	12
25	41	15	48	12	50	20	50	12	50	17	42	11
26	50	16	47	19	47	17	49	19	49	18	59	30
27	49	13	46	20	48	16	48	20	58	25	60	29
28	48	14	45	17	45	15	47	27	57	26	57	28
29	47		44	18	46	24	56	28	56	23	58	27
30	56		43	25	53	23	55	25	55	24	55	26
31	55		52		54		54	26		21		25

金

2006

平成18年生 ★ 満18歳

日＼月	1	2	3	4	5	6	7	8	9	10	11	12
1	24	59	28	56	29	58	27	58	30	59	35	9
2	23	58	25	55	30	55	26	57	37	8	36	10
3	22	57	26	54	27	56	25	6	38	7	33	7
4	21	5	23	53	28	3	34	5	35	6	34	8
5	40	6	28	2	35	4	33	4	36	5	31	5
6	39	3	31	1	36	1	32	3	33	4	32	6
7	38	4	32	10	33	2	31	2	34	3	39	3
8	37	1	39	9	34	9	40	2	31	2	40	4
9	36	2	40	8	31	10	39	9	32	1	37	1
10	35	9	37	7	32	7	38	10	39	10	38	2
11	34	10	38	6	39	8	37	7	40	9	45	19
12	33	5	35	5	40	5	36	8	47	18	46	20
13	32	6	36	4	37	6	35	15	48	17	43	17
14	31	13	33	3	40	13	44	16	45	16	44	18
15	48	14	34	20	47	14	43	13	46	15	47	15
16	47	11	41	19	48	11	42	18	43	14	48	16
17	46	12	41	18	45	13	49	15	44	13	45	13
18	43	19	50	14	46	12	48	16	41	18	46	13
19	42	18	49	11	43	11	47	13	41	17	43	12
20	41	15	48	12	44	20	50	14	50	16	44	11
21	50	16	47	19	47	19	49	11	49	18	51	30
22	49	13	46	20	48	18	48	12	58	25	60	29
23	48	14	45	17	45	17	47	27	57	26	57	28
24	47	21	44	18	46	26	56	28	56	23	58	27
25	56	22	43	25	53	25	55	25	55	24	55	26
26	55	29	52	26	54	24	54	26	54	21	56	25
27	54	30	51	23	51	21	53	23	53	22	53	24
28	53	27	60	24	52	30	52	24	52	29	54	23
29	52		59	21	59	29	51	21	51	30	51	22
30	51		58	22	60	28	60	22	60	27	52	21
31	60		57		57		59	29		28		40

31~40 時計座　41~50 カメレオン座　51~60 イルカ座

銀

2007

平成19年生★満17歳

日＼月	1	2	3	4	5	6	7	8	9	10	11	12
1	39	4	31	1	36	1	32	3	33	4	32	6
2	38	3	32	10	33	2	31	2	34	3	39	3
3	37	2	39	9	34	9	40	1	31	2	40	4
4	36	2	40	8	31	10	39	10	32	1	37	1
5	35	9	37	7	32	7	38	9	39	10	38	2
6	34	10	38	6	39	8	37	8	40	9	45	19
7	33	7	35	5	40	5	36	7	47	18	46	20
8	32	8	36	4	37	6	35	15	48	17	43	17
9	31	15	33	3	38	13	44	16	45	16	44	18
10	50	16	34	12	45	14	43	13	46	15	41	15
11	49	13	41	11	46	11	42	14	43	14	42	16
12	48	12	42	20	43	12	41	11	44	13	49	13
13	47	19	49	19	44	19	50	12	41	12	50	14
14	46	20	50	18	43	20	49	19	42	11	47	11
15	45	17	47	15	44	17	48	20	49	20	48	12
16	42	18	48	14	41	18	47	11	50	19	51	29
17	41	15	46	13	42	18	44	12	57	28	52	30
18	50	16	45	17	49	17	43	29	58	27	59	28
19	47	21	44	18	50	26	52	30	56	22	60	27
20	56	22	43	25	57	25	55	27	55	21	57	26
21	55	29	52	26	54	24	54	28	54	30	58	25
22	54	30	51	23	51	23	53	25	53	22	55	24
23	53	27	60	24	52	22	52	24	52	29	54	23
24	52	28	59	21	59	21	51	21	51	30	51	22
25	51	25	58	22	60	30	60	22	60	27	52	21
26	60	26	57	29	57	29	59	29	59	28	9	40
27	59	23	56	30	58	26	58	30	8	35	10	39
28	58	24	55	27	55	25	57	37	7	36	7	38
29	57		54	28	56	34	6	38	6	33	8	37
30	6		53	35	3	33	5	35	5	34	5	36
31	5		2		4		4	36		31		35

金

2008

平成20年生★満16歳

日＼月	1	2	3	4	5	6	7	8	9	10	11	12
1	34	9	35	5	40	5	36	7	47	18	46	20
2	33	8	36	4	37	6	35	16	48	17	43	17
3	32	7	33	3	38	13	44	15	45	16	44	18
4	31	15	34	12	45	14	43	14	46	15	41	15
5	50	16	41	11	46	11	42	13	43	14	42	16
6	49	13	42	20	43	12	42	12	44	13	49	13
7	48	14	49	19	44	19	50	12	41	12	50	14
8	47	11	50	18	41	20	49	19	42	11	47	11
9	46	12	47	17	42	17	48	20	49	20	48	12
10	45	19	48	16	49	18	47	17	50	19	55	29
11	44	20	45	15	50	15	46	18	57	28	56	30
12	43	15	46	14	47	16	45	25	58	27	53	27
13	42	16	43	13	50	23	54	26	55	26	54	28
14	41	23	44	30	57	24	53	23	56	25	51	25
15	60	24	51	29	58	21	52	28	53	24	58	26
16	57	21	51	28	55	23	51	25	54	23	55	23
17	56	22	60	24	56	22	58	26	51	22	56	24
18	55	29	59	21	53	21	57	23	51	27	53	22
19	52	28	58	22	54	30	56	24	60	26	54	21
20	51	25	57	29	57	29	59	21	59	25	1	40
21	60	26	56	30	58	28	58	22	8	35	2	39
22	59	23	55	27	55	27	57	37	7	36	7	38
23	58	24	54	28	56	36	6	38	6	33	8	37
24	57	31	53	35	3	35	5	35	5	34	5	36
25	6	32	2	36	4	34	4	36	4	31	6	35
26	5	39	1	33	1	31	3	33	3	32	3	34
27	4	40	10	34	2	40	2	34	2	39	4	33
28	3	37	9	31	9	39	1	31	1	40	1	32
29	2	38	8	32	10	38	10	32	10	37	2	31
30	1		7	39	7	37	9	39	9	38	19	50
31	10		6		8		8	40		45		49

命数が……　1~10 羅針盤座　11~20 インディアン座　21~30 鳳凰座

銀

2009

平成21年生 ★ 満15歳

日＼月	1	2	3	4	5	6	7	8	9	10	11	12
1	48	13	42	20	43	12	41	12	44	13	49	13
2	47	12	49	19	44	19	50	11	41	12	50	14
3	46	11	50	18	41	20	49	20	42	11	47	11
4	45	19	47	17	42	17	48	19	49	20	48	12
5	44	20	48	16	49	18	47	18	50	19	55	29
6	43	17	45	15	50	15	46	17	57	28	56	30
7	42	18	46	14	47	16	45	25	58	27	53	27
8	41	25	43	13	48	23	54	26	55	26	54	28
9	60	26	44	22	55	24	53	23	56	25	51	25
10	59	23	51	21	56	21	52	24	53	24	52	26
11	58	24	52	30	53	22	51	21	54	23	59	23
12	57	29	59	29	54	29	60	22	51	22	60	24
13	56	30	60	28	53	30	59	29	52	21	57	21
14	55	27	57	27	54	27	58	30	59	30	58	22
15	52	28	58	24	51	28	57	21	60	29	1	39
16	51	25	56	23	52	28	56	22	7	38	2	40
17	60	26	55	22	59	27	53	39	8	37	9	37
18	57	33	54	28	60	36	2	40	6	32	10	37
19	6	32	53	35	7	35	1	37	5	31	7	36
20	5	39	2	36	4	34	4	38	4	40	8	35
21	4	40	1	33	1	33	3	35	3	32	5	34
22	3	37	10	34	2	32	2	34	2	39	4	33
23	2	38	9	31	9	31	1	31	1	40	1	32
24	1	35	8	32	10	40	10	32	10	37	2	31
25	10	36	7	39	7	39	9	39	9	38	19	50
26	9	33	6	40	8	36	8	40	18	45	20	49
27	8	34	5	37	5	35	7	47	17	46	17	48
28	7	41	4	38	6	44	16	48	16	43	18	47
29	16		3	45	13	43	15	45	15	44	15	46
30	15		12	46	14	42	14	46	14	41	16	45
31	14		11		11		13	43		42		44

金

2010

平成22年生 ★ 満14歳

日＼月	1	2	3	4	5	6	7	8	9	10	11	12
1	43	18	45	15	50	15	46	17	57	28	56	30
2	42	17	46	14	47	16	45	26	58	27	53	27
3	41	26	43	13	48	23	54	25	55	26	54	28
4	60	26	44	22	55	24	53	24	56	25	51	25
5	59	23	55	21	56	21	52	23	53	24	52	26
6	58	24	52	30	53	22	51	22	54	23	59	23
7	57	21	59	29	54	29	60	22	51	22	60	24
8	56	22	60	28	51	30	59	29	52	21	57	21
9	55	29	57	27	52	27	58	30	59	30	58	22
10	54	30	58	26	59	28	57	27	60	29	5	39
11	53	27	55	25	60	25	56	28	7	38	6	40
12	52	26	56	24	57	26	55	35	8	37	3	37
13	51	33	53	23	60	33	4	36	5	36	4	38
14	10	34	54	32	7	34	3	33	6	35	1	35
15	7	31	1	39	8	31	2	38	3	34	8	36
16	6	32	2	38	5	32	1	35	4	33	5	33
17	5	39	10	37	6	32	8	36	1	32	6	34
18	2	40	9	31	3	31	7	33	2	37	3	32
19	1	35	8	32	4	40	6	34	10	36	4	31
20	10	36	7	39	7	39	9	31	9	35	11	50
21	9	33	6	40	8	38	8	32	18	45	12	49
22	8	34	5	37	5	37	7	47	17	46	17	48
23	7	41	4	38	6	46	16	48	16	43	18	47
24	16	42	3	45	13	45	15	45	15	44	15	46
25	15	49	12	46	14	44	14	46	14	41	16	45
26	14	50	11	43	11	43	13	43	13	42	13	44
27	13	47	20	44	12	50	12	44	12	49	14	43
28	12	48	19	41	19	49	11	41	11	50	11	42
29	11		18	42	20	48	20	42	20	47	12	41
30	20		17	49	17	47	19	49	19	48	29	60
31	19		16		18		18	50		55		59

31~40 時計座　41~50 カメレオン座　51~60 イルカ座

銀 2011 平成23年生 ★ 満13歳

日＼月	1	2	3	4	5	6	7	8	9	10	11	12
1	58	23	52	30	53	22	51	22	54	23	59	23
2	57	22	59	29	54	29	60	21	51	22	60	24
3	56	21	60	28	51	30	59	30	52	21	57	21
4	55	29	57	27	52	27	58	29	59	30	58	22
5	54	30	52	26	59	28	57	28	60	29	5	39
6	53	27	55	25	60	25	56	27	7	38	6	40
7	52	28	56	24	57	26	55	36	8	37	3	37
8	51	35	53	23	58	33	4	36	5	36	4	38
9	10	36	54	32	5	34	3	33	6	35	1	35
10	9	33	1	31	6	31	2	34	3	34	2	36
11	8	34	2	40	3	32	1	31	4	33	9	33
12	7	39	9	39	4	39	10	32	1	32	10	34
13	6	40	10	38	1	40	9	39	2	31	7	31
14	5	37	7	37	4	37	8	40	9	40	8	32
15	4	38	8	34	1	38	7	37	10	39	15	49
16	1	35	5	33	2	35	6	32	17	48	12	50
17	10	36	5	32	9	37	3	49	18	47	19	47
18	9	43	4	38	10	46	12	50	15	46	20	47
19	16	42	3	45	17	45	11	47	15	41	17	46
20	15	49	12	46	18	44	14	48	14	50	18	45
21	14	50	11	43	11	43	13	45	13	49	15	44
22	13	47	20	44	12	42	12	46	12	49	16	43
23	12	48	19	41	19	41	11	41	11	50	11	42
24	11	45	18	42	20	50	20	42	20	47	12	41
25	20	46	17	49	17	49	19	49	19	48	29	60
26	19	43	16	50	18	48	18	50	28	55	30	59
27	18	44	15	47	15	45	17	57	27	56	27	58
28	17	51	14	48	16	54	26	58	26	53	28	57
29	26		13	55	23	53	25	55	25	54	25	56
30	25		22	56	24	52	24	56	24	51	26	55
31	24		21		21		23	53		52		54

金 2012 平成24年生 ★ 満12歳

日＼月	1	2	3	4	5	6	7	8	9	10	11	12
1	53	28	56	24	57	26	55	36	8	37	3	37
2	52	27	53	23	58	33	4	35	5	36	4	38
3	51	36	54	32	5	34	3	34	6	35	1	35
4	10	36	1	31	6	31	2	33	3	34	2	36
5	9	33	2	40	3	32	1	32	4	33	9	33
6	8	34	9	39	4	39	9	31	1	32	10	34
7	7	31	10	38	1	40	9	39	2	31	7	31
8	6	32	7	37	2	37	8	40	9	40	8	32
9	5	39	8	36	9	38	7	37	10	39	15	49
10	4	40	5	35	10	35	6	38	17	48	16	50
11	3	37	6	34	7	36	5	45	18	47	13	47
12	2	36	3	33	8	43	14	46	15	46	14	48
13	1	43	4	42	17	44	13	43	16	45	11	45
14	20	44	11	49	18	41	12	44	13	44	12	46
15	19	41	12	48	15	42	11	45	14	43	15	43
16	16	42	20	47	16	42	20	46	11	42	16	44
17	15	49	19	41	13	41	17	43	12	41	13	41
18	14	50	18	42	14	50	16	44	20	46	14	41
19	11	45	17	49	11	49	15	41	19	45	21	60
20	20	46	16	50	18	48	18	42	28	54	22	59
21	19	43	15	47	15	47	17	59	27	56	29	58
22	18	44	14	48	16	56	26	58	26	53	28	57
23	17	51	13	55	23	55	25	55	25	54	25	56
24	26	52	22	56	24	54	24	56	24	51	26	55
25	25	59	21	53	21	53	23	53	23	52	23	54
26	24	60	30	54	22	60	22	54	22	59	24	53
27	23	57	29	51	29	59	21	51	21	60	21	52
28	22	58	28	52	30	58	30	52	30	57	22	51
29	21	55	27	59	27	57	29	59	29	58	39	10
30	30		26	60	28	56	28	60	38	5	40	9
31	29		25		25		27	7		6		8

命数が…… 1~10 羅針盤座 11~20 インディアン座 21~30 鳳凰座

銀

2013

平成25年生★満11歳

日＼月	1	2	3	4	5	6	7	8	9	10	11	12
1	7	32	9	39	4	39	10	31	1	32	10	34
2	6	31	10	38	1	40	9	40	2	31	7	31
3	5	40	7	37	2	37	8	39	9	40	8	32
4	4	40	8	36	9	38	7	38	10	39	15	49
5	3	37	5	35	10	35	6	37	17	48	16	50
6	2	38	6	34	7	36	6	46	18	47	13	47
7	1	45	3	33	8	43	14	46	15	46	14	48
8	20	46	4	42	15	44	13	43	16	45	11	45
9	19	43	11	41	16	41	12	44	13	44	12	46
10	18	44	12	50	13	42	11	41	14	43	19	43
11	17	41	19	49	14	49	20	42	11	42	20	44
12	16	50	20	48	11	50	19	49	12	41	17	41
13	15	47	17	47	14	47	18	50	19	50	18	42
14	14	48	18	46	11	48	17	47	20	49	25	59
15	11	45	15	43	12	45	16	42	27	58	22	60
16	20	46	15	42	19	47	15	59	28	57	29	57
17	19	53	14	41	20	56	22	60	25	56	30	58
18	26	54	13	55	27	55	21	57	25	51	27	56
19	25	59	22	56	28	54	30	58	24	60	28	55
20	24	60	21	53	21	53	23	55	23	59	25	54
21	23	57	30	54	22	52	22	56	22	59	26	53
22	22	58	29	51	29	51	21	51	21	60	21	52
23	21	55	28	52	30	60	30	52	30	57	22	51
24	30	56	27	59	27	59	29	59	29	58	39	10
25	29	53	26	60	28	58	28	60	38	5	40	9
26	28	54	25	57	25	55	27	7	37	6	37	8
27	27	1	24	58	26	4	36	8	36	3	38	7
28	36	2	23	5	33	3	35	5	35	4	35	6
29	35		32	6	34	2	34	6	34	1	36	5
30	34		31	3	31	1	33	3	33	2	33	4
31	33		40		32		32	4		9		3

金

2014

平成26年生★満10歳

日＼月	1	2	3	4	5	6	7	8	9	10	11	12
1	2	37	6	34	7	36	5	46	18	47	13	47
2	1	46	3	33	8	43	14	45	15	46	14	48
3	20	45	4	42	15	44	13	44	16	45	11	45
4	19	43	11	41	16	41	12	43	13	44	12	46
5	18	44	12	50	13	42	11	42	14	43	19	43
6	17	41	19	49	14	49	20	41	11	42	20	44
7	16	42	20	48	11	50	19	49	12	41	17	41
8	15	49	17	47	12	47	18	50	19	50	18	42
9	14	50	18	46	19	48	17	47	20	49	25	59
10	13	47	15	45	20	45	16	48	27	58	26	60
11	12	48	16	44	17	46	15	55	28	57	23	57
12	11	53	13	43	18	53	24	56	25	56	24	58
13	30	54	14	52	27	54	23	53	26	55	21	55
14	29	51	21	51	28	51	22	54	23	54	22	56
15	26	52	22	58	25	52	21	55	24	53	25	53
16	25	59	29	57	26	59	30	56	21	52	26	54
17	24	60	29	56	23	51	27	53	22	51	23	51
18	21	57	28	52	24	60	26	54	29	56	24	51
19	30	56	27	59	21	59	25	51	29	55	31	10
20	29	53	26	60	28	58	28	52	38	4	32	9
21	28	54	25	57	25	57	27	9	37	6	39	8
22	27	1	24	58	26	6	36	8	36	3	38	7
23	36	2	23	5	33	5	35	5	35	4	35	6
24	35	9	32	6	34	4	34	6	34	1	36	5
25	34	10	31	3	31	3	33	3	33	2	33	4
26	33	7	40	4	32	2	32	4	32	9	34	3
27	32	8	39	1	39	9	31	1	31	10	31	2
28	31	5	38	2	40	8	40	2	40	7	32	1
29	40		37	9	37	7	39	9	39	8	49	20
30	39		36	10	38	6	38	10	48	15	50	19
31	38		35		35		37	17		16		18

31~40 時計座　41~50 カメレオン座　51~60 イルカ座

銀 2015 平成27年生 ★ 満9歳

日＼月	1	2	3	4	5	6	7	8	9	10	11	12
1	17	42	19	49	14	49	20	41	11	42	20	44
2	16	41	20	48	11	50	19	50	12	41	17	41
3	15	50	17	47	12	47	18	49	19	50	18	42
4	14	50	18	46	19	48	17	48	20	49	25	59
5	13	47	15	45	20	45	16	47	27	58	26	60
6	12	48	16	44	17	46	15	56	28	57	23	57
7	11	55	13	43	18	53	24	55	25	56	24	58
8	30	56	14	52	25	54	23	53	26	55	21	55
9	29	53	21	51	26	51	22	54	23	54	22	56
10	28	54	22	60	23	52	21	51	24	53	29	53
11	27	51	29	59	24	59	30	52	21	52	30	54
12	26	60	30	58	21	60	29	59	22	51	27	51
13	25	57	27	57	22	57	28	60	29	60	28	52
14	24	58	28	56	21	58	27	57	30	59	35	9
15	23	55	25	53	22	55	26	58	37	8	36	10
16	30	56	26	52	29	56	25	9	38	7	39	7
17	29	3	24	51	30	6	32	10	35	6	40	8
18	38	4	23	5	37	5	31	7	36	1	37	6
19	35	9	32	6	38	4	40	8	34	10	38	5
20	34	10	31	3	35	3	33	5	33	9	35	4
21	33	7	40	4	32	2	32	6	32	9	36	3
22	32	8	39	1	39	1	31	3	31	10	33	2
23	31	5	38	2	40	10	40	2	40	7	32	1
24	40	6	37	9	37	9	39	9	39	8	49	20
25	39	3	36	10	38	8	38	10	48	15	50	19
26	38	4	35	7	35	7	37	17	47	16	47	18
27	37	11	34	8	36	14	46	18	46	13	48	17
28	46	12	33	15	43	13	45	15	45	14	45	16
29	45		42	16	44	12	44	16	44	11	46	15
30	44		41	13	41	11	43	13	43	12	43	14
31	43		50		42		42	14		19		13

金 2016 平成28年生 ★ 満8歳

日＼月	1	2	3	4	5	6	7	8	9	10	11	12
1	12	47	13	43	18	53	24	55	25	56	24	58
2	11	56	14	52	25	54	23	54	26	55	21	55
3	30	55	21	51	26	51	22	53	23	54	22	56
4	29	53	22	60	23	52	21	52	24	53	29	53
5	28	54	29	59	24	59	30	51	21	52	30	54
6	27	51	30	58	21	60	30	60	22	51	27	51
7	26	52	27	57	22	57	28	60	29	60	28	52
8	25	59	28	56	29	58	27	57	30	59	35	9
9	24	60	25	55	30	55	26	58	37	8	36	10
10	23	57	26	54	27	56	25	5	38	7	33	7
11	22	58	23	53	28	3	34	6	35	6	34	8
12	21	3	24	2	35	4	33	3	36	5	31	5
13	40	4	31	1	38	1	32	4	33	4	32	6
14	39	1	32	8	35	2	31	1	34	3	39	3
15	38	2	39	7	36	9	40	6	31	2	36	4
16	35	9	39	6	33	1	39	3	32	1	33	1
17	34	10	38	2	34	10	36	4	39	10	34	2
18	33	7	37	9	31	9	35	1	39	5	41	20
19	40	6	36	10	32	8	34	2	48	14	42	19
20	39	3	35	7	35	7	37	19	47	13	49	18
21	38	4	34	8	36	16	46	20	46	13	50	17
22	37	11	33	15	43	15	45	15	45	14	45	16
23	46	12	42	16	44	14	44	16	44	11	46	15
24	45	19	41	13	41	13	43	13	43	12	43	14
25	44	20	50	14	42	12	42	14	42	19	44	13
26	43	17	49	11	49	19	41	11	41	20	41	12
27	42	18	48	12	50	18	50	12	50	17	42	11
28	41	15	47	19	47	17	49	19	49	18	59	30
29	50	16	46	20	48	16	48	20	58	25	60	29
30	49		45	17	45	15	47	27	57	26	57	28
31	48		44		46		56	28		23		27

命数が…… 1~10 羅針盤座　11~20 インディアン座　21~30 鳳凰座

銀 2017 平成29年生★満7歳

日＼月	1	2	3	4	5	6	7	8	9	10	11	12
1	26	51	30	58	21	60	29	60	22	51	27	51
2	25	60	27	57	22	57	28	59	29	60	28	52
3	24	59	28	56	29	58	27	58	30	59	35	9
4	23	57	25	55	30	55	26	57	37	8	36	10
5	22	58	26	54	27	56	25	6	38	7	33	7
6	21	5	23	53	28	3	33	5	35	6	34	8
7	40	6	24	2	35	4	33	3	36	5	31	5
8	39	3	31	1	36	1	32	4	33	4	32	6
9	38	4	32	10	33	2	31	1	34	3	39	3
10	37	1	39	9	34	9	40	2	31	2	40	4
11	36	2	40	8	31	10	39	9	32	1	37	1
12	35	7	37	7	32	7	38	10	39	10	38	2
13	34	8	38	6	31	8	37	7	40	9	45	19
14	33	5	35	3	32	5	36	8	47	18	46	20
15	40	6	36	2	39	6	35	19	48	17	49	17
16	39	13	34	1	40	16	44	20	45	16	50	18
17	48	14	33	15	47	15	41	17	46	15	47	15
18	45	11	42	16	48	14	50	18	44	20	48	15
19	44	20	41	13	45	13	49	15	43	19	45	14
20	43	17	50	14	42	12	42	16	42	18	46	13
21	42	18	49	11	49	11	41	13	41	20	43	12
22	41	15	48	12	50	20	50	12	50	17	42	11
23	50	16	47	19	47	19	49	19	49	18	59	30
24	49	13	46	20	48	18	48	20	58	25	60	29
25	48	14	45	17	45	17	47	27	57	26	57	28
26	47	21	44	18	46	24	56	28	56	23	58	27
27	56	22	43	25	53	23	55	25	55	24	55	26
28	55	29	52	26	54	22	54	26	54	21	56	25
29	54		51	23	51	21	53	23	53	22	53	24
30	53		60	24	52	30	52	24	52	29	54	23
31	52		59		59		51	21		30		22

金 2018 平成30年生★満6歳

日＼月	1	2	3	4	5	6	7	8	9	10	11	12
1	21	6	23	53	28	3	34	5	35	6	34	8
2	40	5	24	2	35	4	33	4	36	5	31	5
3	39	4	31	1	36	1	32	3	33	4	32	6
4	38	4	32	10	33	2	31	2	34	3	39	3
5	37	1	33	9	34	9	40	1	31	2	40	4
6	36	2	40	8	31	10	39	10	32	1	37	1
7	35	9	37	7	32	7	38	10	39	10	38	2
8	34	10	38	6	39	8	37	7	40	9	45	19
9	33	7	35	5	40	5	36	8	47	18	46	20
10	32	8	36	4	37	6	35	15	48	17	43	17
11	31	15	33	3	38	13	44	16	45	16	44	18
12	50	14	34	12	45	14	43	13	46	15	41	15
13	49	11	41	11	48	11	42	14	43	14	42	16
14	48	12	42	20	45	12	41	11	44	13	49	13
15	45	19	49	17	46	19	50	16	41	12	46	14
16	44	20	50	16	43	20	49	13	42	11	43	11
17	43	17	48	15	44	20	46	14	49	20	44	12
18	50	18	47	19	41	19	45	11	50	15	51	30
19	49	13	46	20	42	18	44	12	58	24	52	29
20	48	14	45	17	45	17	47	29	57	23	59	28
21	47	21	44	18	46	26	56	30	56	23	60	27
22	56	22	43	25	53	25	55	25	55	24	55	26
23	55	29	52	26	54	24	54	26	54	21	56	25
24	54	30	51	23	51	23	53	23	53	22	53	24
25	53	27	60	24	52	22	52	24	52	29	54	23
26	52	28	59	21	59	21	51	21	51	30	51	22
27	51	25	58	22	60	28	60	22	60	27	52	21
28	60	26	57	29	57	27	59	29	59	28	9	40
29	59		56	30	58	26	58	30	8	35	10	39
30	58		55	27	55	25	57	37	7	36	7	38
31	57		54		56		6	38		33		37

31~40 時計座　41~50 カメレオン座　51~60 イルカ座

銀

2019

令和元年生　平成31年生

★満5歳

日＼月	1	2	3	4	5	6	7	8	9	10	11	12
1	36	1	40	8	31	10	39	10	32	1	37	1
2	35	10	37	7	32	7	38	9	39	10	38	2
3	34	9	38	6	39	8	37	8	40	9	45	19
4	33	7	35	5	40	5	36	7	47	18	46	20
5	32	8	40	4	37	6	35	16	48	17	43	17
6	31	15	33	3	38	13	44	15	45	16	44	18
7	50	16	34	12	45	14	43	14	46	15	41	15
8	49	13	41	11	46	11	42	14	43	14	42	16
9	48	14	42	20	43	12	41	11	44	13	49	13
10	47	11	49	19	44	19	50	12	41	12	50	14
11	46	12	50	18	41	20	49	19	42	11	47	11
12	45	17	47	17	42	17	48	20	49	20	48	12
13	44	18	48	16	49	18	47	17	50	19	55	29
14	43	15	45	15	42	15	46	18	57	28	56	30
15	42	16	46	12	49	16	45	25	58	27	53	27
16	49	23	43	11	50	23	54	30	55	26	60	28
17	58	24	43	30	57	25	51	27	56	25	57	25
18	57	21	52	26	58	24	60	28	53	30	58	25
19	54	30	51	23	55	23	59	25	53	29	55	24
20	53	27	60	24	56	22	52	26	52	28	56	23
21	52	28	59	21	59	21	51	23	51	30	53	22
22	51	25	58	22	60	30	60	24	60	27	54	21
23	60	26	57	29	57	29	59	29	59	28	9	40
24	59	23	56	30	58	28	58	30	8	35	10	39
25	58	24	55	27	55	27	57	37	7	36	7	38
26	57	31	54	28	56	36	6	38	6	33	8	37
27	6	32	53	35	3	33	5	35	5	34	5	36
28	5	39	2	36	4	32	4	36	4	31	6	35
29	4		1	33	1	31	3	33	3	32	3	34
30	3		10	34	2	40	2	34	2	39	4	33
31	2		9		9		1	31		40		32

金

2020

令和2年生

★満4歳

日＼月	1	2	3	4	5	6	7	8	9	10	11	12
1	31	16	34	12	45	14	43	14	46	15	41	15
2	50	15	41	11	46	11	42	13	43	14	42	16
3	49	14	42	20	43	12	41	12	44	13	49	13
4	48	14	49	19	44	19	50	11	41	12	50	14
5	47	11	50	18	41	20	49	20	42	11	47	11
6	46	12	47	17	42	17	47	19	49	20	48	12
7	45	19	48	16	49	18	47	17	50	19	55	29
8	44	20	45	15	50	15	46	18	57	28	56	30
9	43	17	46	14	47	16	45	25	58	27	53	27
10	42	18	43	13	48	23	54	26	55	26	54	28
11	41	25	44	22	55	24	53	23	56	25	51	25
12	60	24	51	21	56	21	52	24	53	24	52	26
13	59	21	52	30	55	22	51	21	54	23	59	23
14	58	22	59	27	56	29	60	22	51	22	60	24
15	57	29	60	26	53	30	59	23	52	21	53	21
16	54	30	58	25	54	30	58	24	59	30	54	22
17	53	27	57	29	51	29	55	21	60	29	1	39
18	52	28	56	30	52	28	54	22	8	34	2	39
19	59	23	55	27	59	27	53	39	7	33	9	38
20	58	24	54	28	56	36	6	40	6	32	10	37
21	57	31	53	35	3	35	5	37	5	34	7	36
22	6	32	2	36	4	34	4	36	4	31	6	35
23	5	39	1	33	1	33	3	33	3	32	3	34
24	4	40	10	34	2	32	2	34	2	39	4	33
25	3	37	9	31	9	31	1	31	1	40	1	32
26	2	38	8	32	10	38	10	32	10	37	2	31
27	1	35	7	39	7	37	9	39	9	38	19	50
28	10	36	6	40	8	36	8	40	18	45	20	49
29	9	33	5	37	5	35	7	47	17	46	17	48
30	8		4	38	6	44	16	48	16	43	18	47
31	7		3		13		15	45		44		46

命数が……　1~10 羅針盤座　11~20 インディアン座　21~30 鳳凰座

銀 2021

令和3年生★満3歳

日＼月	1	2	3	4	5	6	7	8	9	10	11	12
1	45	20	47	17	42	17	48	19	49	20	48	12
2	44	19	48	16	49	18	47	18	50	19	55	29
3	43	17	45	15	50	15	46	17	57	28	56	30
4	42	18	46	14	47	16	45	26	58	27	53	27
5	41	25	43	13	48	23	54	25	55	26	54	28
6	60	26	44	22	55	24	53	24	56	25	51	25
7	59	23	51	21	56	21	52	24	53	24	52	26
8	58	24	52	30	53	22	51	21	54	23	59	23
9	57	21	59	29	54	29	60	22	51	22	60	24
10	56	22	60	28	51	30	59	29	52	21	57	21
11	55	27	57	27	52	27	58	30	59	30	58	22
12	54	28	58	26	59	28	57	27	60	29	5	39
13	53	25	55	25	52	25	56	28	7	38	6	40
14	52	26	56	22	59	26	55	35	8	37	3	37
15	59	33	53	21	60	33	4	40	5	36	10	38
16	8	34	53	40	7	35	3	37	6	35	7	35
17	7	31	2	36	8	34	10	38	3	34	8	36
18	4	40	1	33	5	33	9	35	3	39	5	34
19	3	37	10	34	6	32	8	36	2	38	6	33
20	2	38	9	31	9	31	1	33	1	37	3	32
21	1	35	8	32	10	40	10	34	10	37	4	31
22	10	36	7	39	7	39	9	39	9	38	19	50
23	9	33	6	40	8	38	8	40	18	45	20	49
24	8	34	5	37	5	37	7	47	17	46	17	48
25	7	41	4	38	6	44	16	48	16	43	18	47
26	16	42	3	45	13	43	15	45	15	44	15	46
27	15	49	12	46	14	42	14	46	14	41	16	45
28	14	50	11	43	11	41	13	43	13	42	13	44
29	13		20	44	12	50	12	44	12	49	14	43
30	12		19	41	19	49	11	41	11	50	11	42
31	11		18		20		20	42		47		41

金 2022

令和4年生★満2歳

日＼月	1	2	3	4	5	6	7	8	9	10	11	12
1	60	25	44	22	55	24	53	24	56	25	51	25
2	59	24	51	21	56	21	52	23	53	24	52	26
3	58	23	52	30	53	22	51	22	54	23	59	23
4	57	21	59	29	54	29	60	21	51	22	60	24
5	56	22	60	28	51	30	59	30	52	21	57	21
6	55	29	57	27	52	27	58	29	59	30	58	22
7	54	30	58	26	59	28	57	27	60	29	5	39
8	53	27	55	25	60	25	56	28	7	38	6	40
9	52	28	56	24	57	26	55	35	8	37	3	37
10	51	35	53	23	58	33	4	36	5	36	4	38
11	10	36	54	32	5	34	3	33	6	35	1	35
12	9	31	1	31	6	31	2	34	3	34	2	36
13	8	32	2	40	5	32	1	31	4	33	9	33
14	7	39	9	39	6	39	10	32	1	32	10	34
15	4	40	10	36	3	40	9	33	2	31	3	31
16	3	37	8	35	4	37	8	34	9	40	4	32
17	2	38	7	34	1	39	5	31	10	39	11	49
18	9	35	6	40	2	38	4	32	17	44	12	49
19	8	34	5	37	9	37	3	49	17	43	19	48
20	7	41	4	38	6	46	16	50	16	42	20	47
21	16	42	3	45	13	45	15	47	15	44	17	46
22	15	49	12	46	14	44	14	46	14	41	16	45
23	14	50	11	43	11	43	13	43	13	42	13	44
24	13	47	20	44	12	42	12	44	12	49	14	43
25	12	48	19	41	19	41	11	41	11	50	11	42
26	11	45	18	42	20	48	20	42	20	47	12	41
27	20	46	17	49	17	47	19	49	19	48	29	60
28	19	43	16	50	18	46	18	50	28	55	30	59
29	18		15	47	15	45	17	57	27	56	27	58
30	17		14	48	16	54	26	58	26	53	28	57
31	26		13		23		25	55		54		56

31~40 時計座　41~50 カメレオン座　51~60 イルカ座

銀 2023 令和5年生★満1歳

日＼月	1	2	3	4	5	6	7	8	9	10	11	12
1	55	30	57	27	52	27	58	29	59	30	58	22
2	54	29	58	26	59	28	57	28	60	29	5	39
3	53	28	55	25	60	25	56	27	7	38	6	40
4	52	28	56	24	57	26	55	36	8	37	3	37
5	51	35	53	23	58	33	4	35	5	36	4	38
6	10	36	54	32	5	34	3	34	6	35	1	35
7	9	33	1	31	6	31	2	33	3	34	2	36
8	8	34	2	40	3	32	1	31	4	33	9	33
9	7	31	9	39	4	39	10	32	1	32	10	34
10	6	32	10	38	1	40	9	39	2	31	7	31
11	5	39	7	37	2	37	8	40	9	40	8	32
12	4	38	8	36	9	38	7	37	10	39	15	49
13	3	35	5	35	10	35	6	38	17	48	16	50
14	2	36	6	34	9	36	5	45	18	47	13	47
15	9	43	3	31	10	43	14	46	15	46	14	48
16	18	44	4	50	17	44	13	47	16	45	17	45
17	17	41	12	49	18	44	20	48	13	44	18	46
18	14	42	11	43	15	43	19	45	14	49	15	44
19	13	47	20	44	16	42	18	46	12	48	16	43
20	12	48	19	41	13	41	11	43	11	47	13	42
21	11	45	18	42	20	50	20	44	20	47	14	41
22	20	46	17	49	17	49	19	41	19	48	21	60
23	19	43	16	50	18	48	18	50	28	55	30	59
24	18	44	15	47	15	47	17	57	27	56	27	58
25	17	51	14	48	16	56	26	58	26	53	28	57
26	26	52	13	55	23	53	25	55	25	54	25	56
27	25	59	22	56	24	52	24	56	24	51	26	55
28	24	60	21	53	21	51	23	53	23	52	23	54
29	23		30	54	22	60	22	54	22	59	24	53
30	22		29	51	29	59	21	51	21	60	21	52
31	21		28		30		30	52		57		51

金 2024 令和6年生★満0歳

日＼月	1	2	3	4	5	6	7	8	9	10	11	12
1	10	35	1	31	6	31	2	33	3	34	2	36
2	9	34	2	40	3	32	1	32	4	33	9	33
3	8	33	9	39	4	39	10	31	1	32	10	34
4	7	31	10	38	1	40	9	40	2	31	7	31
5	6	32	7	37	2	37	8	39	9	40	8	32
6	5	39	8	36	9	38	7	38	10	39	15	49
7	4	40	5	35	10	35	6	38	17	48	16	50
8	3	37	6	34	7	36	5	45	18	47	13	47
9	2	38	3	33	8	43	14	46	15	46	14	48
10	1	45	4	42	15	44	13	43	16	45	11	45
11	20	46	11	41	16	41	12	44	13	44	12	46
12	19	41	12	50	13	42	11	41	14	43	19	43
13	18	42	19	49	16	49	20	42	11	42	20	44
14	17	49	20	46	13	50	19	49	12	41	17	41
15	16	50	17	45	14	47	18	44	19	50	14	42
16	13	47	17	44	11	49	15	41	20	49	21	59
17	12	48	16	50	12	48	14	42	27	58	22	60
18	11	45	15	47	19	47	13	59	27	53	29	58
19	18	44	14	48	20	56	26	60	26	52	30	57
20	17	51	13	55	23	55	25	57	25	51	27	56
21	26	52	22	56	24	54	24	58	24	51	28	55
22	25	59	21	53	21	53	23	53	23	52	23	54
23	24	60	30	54	22	52	22	54	22	59	24	53
24	23	57	29	51	29	51	21	51	21	60	21	52
25	22	58	28	52	30	58	30	52	30	57	22	51
26	21	55	27	59	27	57	29	59	29	58	39	10
27	30	56	26	60	28	56	28	60	38	5	40	9
28	29	53	25	57	25	55	27	7	37	6	37	8
29	28	54	24	58	26	4	36	8	36	3	38	7
30	27		23	5	33	3	35	5	35	4	35	6
31	36		32		34		34	6		1		5

裏の命数表

「五星三心占い」では、「裏の時期」(P.15で詳しく解説)に、
自分の「裏の欲望(才能)」が出てくると考えています。
次のページで「裏の命数」を割り出しましょう。
あなたの裏側は、裏の命数の「基本性格」(P.175~)を読むことで、
詳しく知ることができます。

あなたの裏側は?

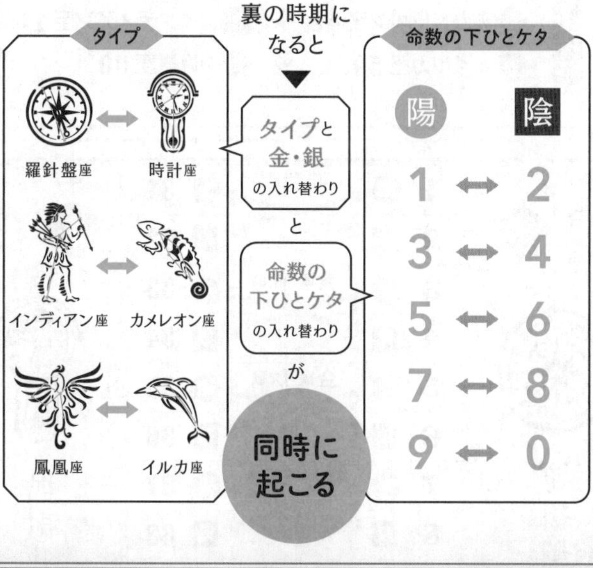

詳しい調べ方は、次のページをチェック!

裏の命数表

【裏の命数】とは……裏の時期に出てくるあなたの性質をつかさどる命数です。

裏の命数の導き方

▶STEP 1

金 → 銀 になる

銀 → 金 になる

▶STEP 2

「裏の命数」は、「自分の命数」の矢印の先にある数字です

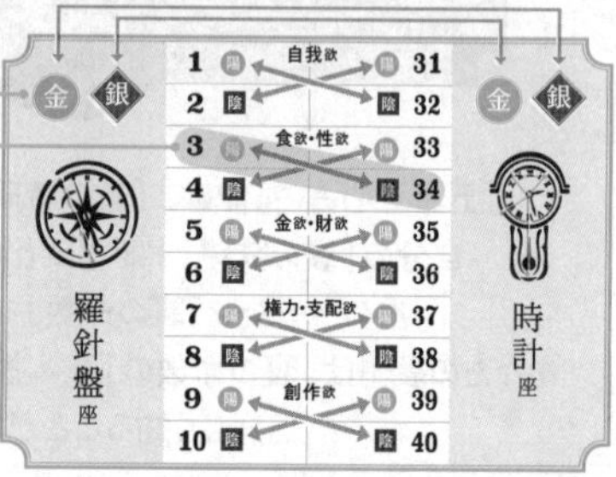

例

あなたの命数 → 裏の命数

金の羅針盤座 **3** → 銀の時計座 **34**

銀のカメレオン座 **42** → 金のインディアン座 **11**

金のイルカ座 **59** → 銀の鳳凰座 **30**

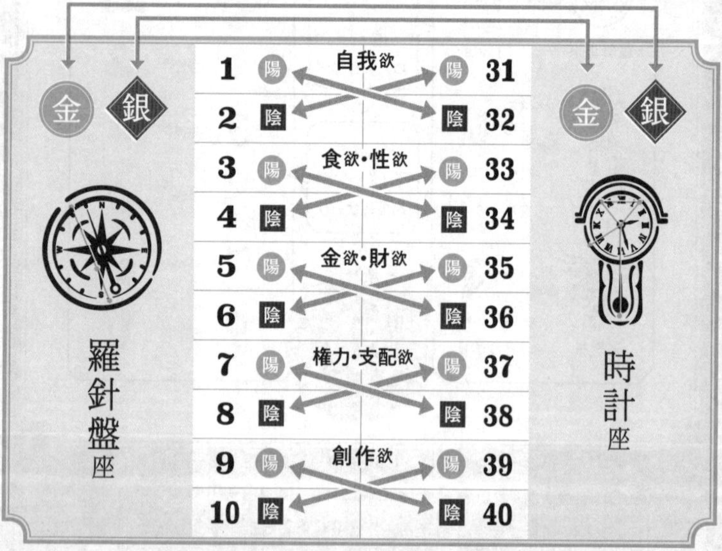

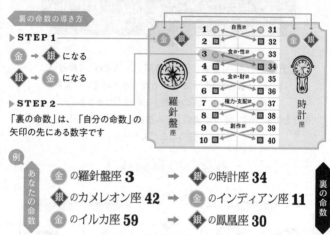

金 銀

インディアン座

11	陽	自我欲		陽	41
12	陰			陰	42
13	陽	食欲・性欲		陽	43
14	陰			陰	44
15	陽	金欲・財欲		陽	45
16	陰			陰	46
17	陽	権力・支配欲		陽	47
18	陰			陰	48
19	陽	創作欲		陽	49
20	陰			陰	50

金 銀

カメレオン座

金 銀

鳳凰座

21	陽	自我欲		陽	51
22	陰			陰	52
23	陽	食欲・性欲		陽	53
24	陰			陰	54
25	陽	金欲・財欲		陽	55
26	陰			陰	56
27	陽	権力・支配欲		陽	57
28	陰			陰	58
29	陽	創作欲		陽	59
30	陰			陰	60

金 銀

イルカ座

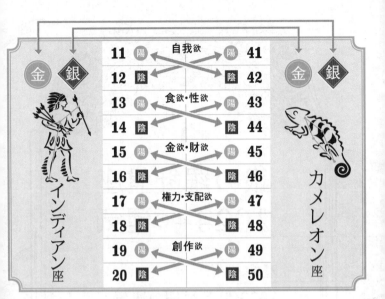

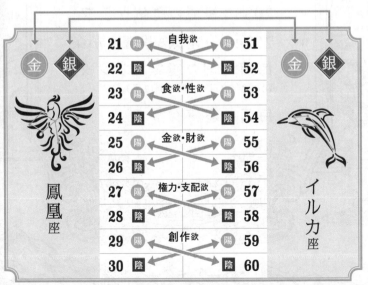

SILVER
PYXIS

第1部

銀の羅針盤座
2024年の運気

2024年をよりよく過ごすために
折に触れて読み返してみてください。

銀の羅針盤座の
基本性格

生真面目でていねいな
品のある甘えん坊

もっている星

★真面目な星　★他人任せな星　★プライドが高い星
★サプライズ下手な星　★品のある星　★マイナス思考の星
★几帳面な星　★好きなことが見つかると才能を発揮する星

総合運

真面目でていねい、几帳面で品を感じさせ、**自分の好きなことを見つけられると周囲が驚くような才能を開花させる人。**ただ、自分の好きなことがわからなくなって迷ってしまうことや、他人任せで指示を待つばかりの人生になる場合もあるでしょう。というのも、一見しっかりした人に見られますが、言われないとやらない、動かないというサボり癖、怠け癖があるため。この癖を出さないようにして生来の才能を上手に活かすためには、いい先生や上司にめぐり合えるような生き方の選択が必要になるでしょう。人の手の上で方角を指し示す道具の名を冠した「羅針盤座」は、その羅針盤を持つ人、つまり指導者が優秀であるかどうかによって人生が大きく変わります。とくに、習い事をするなら実績を調べて評判を聞いて、一流と言われる人の指導をあおぐことが大事になってきます。

よく言えば控えめな人ですが、考え方のベースが後ろ向きで、発言や言葉のとらえ方がネガティブになりすぎる場合も。そのせいか人間関係を上手に築くことが苦手で、**人と一緒にいるよりも、ものづくりやデータ管理、発明や研究、勉学に勤しむことが向いています。**一方で、心のどこかでは人のなかに飛び込みたがるところも。人の輪に入るときは、できれば尊敬できる人の近くにいること。ウソでもいいのでポジティブな発言を繰り返すようにすると、それだけで運を味方につけられるでしょう。

恋愛&結婚運

プライドが高くて相手に素直になれず、自ら交際のチャンスを逃しがちな、恋愛には非常に不器用なタイプ。恋人同士になっても些細なことをマイナスに受け止めて悲観的になったり、よかれと思ったプレゼントやサプライズが少しズレていたりすることが多いでしょう。自分に自信がもてず、相手からどう思われているかを気にしすぎて空回りすることも。基本的に相手任せで甘えん坊なため、**面倒見がよくリードしてくれる人、またストレートに告白してくる人に弱い傾向があります。**何事も楽観的に考えられるようになれば、自然といい恋ができるでしょう。

結婚願望はありますが、**相手任せにしすぎるとなかなか進まないので注意して。**結婚後は甘えん坊なところが薄れて、しっかりと家庭を築くための努力ができますが、自分中心の生活を望んだり、自分の考えの正しさを家族に押しつけたりしてしまうところも。こだわりもいいですが、自分も相手も楽しませることを考えて過ごすようにしましょう。

仕事運

真面目で指示通りに作業ができ、ていねいに取り組むため、職場での評判はいいでしょう。ポジションは二番手、三番手ですが、上役を立てることも、お金の管理もしっかりできます。ただ、決められた以上のことをするタイプではないので、**自主的に動かなくてはならない仕事よりも、マニュアルがある規則正しい仕事で能力を発揮できる**でしょう。慎重に計画を練ることができるので、企画やイベントの仕事も向いています。

金運&買い物運

金運では、**几帳面な性格が功を奏して、まとまったお金を手にすることができそう**です。ただ、些細な見栄での出費も多いので、本当に必要なものなのか、価値のあるものなのかをよく考えてお金を使うようにしましょう。

2023年 下半期の運気

健康管理の年

総合運

人間関係の悩みはゆっくり解決を。よくない縁は12月に絶って

9月中旬までに覚悟を決めて行動に移したことが、のちの人生を大きく変えることになりそうです。**人と出会う機会や新たな体験・経験を増やしてみましょう。**

10 ～ 11月の「裏の時期」に入ると、心身ともに疲れを感じたり、人間関係に振り回されて悩みや不安が増えてしまうかも。無理に流れに逆らってコントロールしようとせず、**誤解や勘違いを「ゆっくり解いていく」くらいの気持ちでいる**といいでしょう。

また、この「裏の時期」は誘惑にも負けやすくなるため、ふだんなら興味を抱かないことでついつい動いてしまうことも。飲みすぎて**二日酔いになったり、調子に乗ってケガをしない**よう気をつけましょう。健康面では、苦手な人へのストレスが肌に出たり、生活習慣の乱れから体調を崩してしまうことがありそうです。

12月は、良くも悪くも縁が切れるとき。**悪友やあなたを振り回す人とは距離をおく**ようにしましょう。「時間泥棒」になっていると感じることは、思い切ってやめる決断をするのも大切です。

恋愛&結婚運

10～11月の恋には要注意。年末に出会いがあるかも

9月中旬までは、素敵な出会いや長く付き合うことになる人との縁がつながりやすい運気。一方で、10月中の新たな出会いは期待が薄く、あなたを

開運のつぶやき 行動が変わらなければ、人生は変わらない

振り回す危険な人や疲れる人との関わりが増えてしまいそうです。

11月は、これまでとは**違うタイプの人や強引な相手に押し切られて、恋がはじまる**ことも。ただし、あなたが浮気相手や不倫関係になったり、心身ともに疲れてしまうような恋になる場合があるので、相手選びは慎重にすること。

12月下旬は交際に進みやすい運気。とくに医療やスポーツジム関係者、トレーナー、指圧師など、**体のことに詳しい人と縁**がつながりやすくなります。知り合いの紹介や食事会などで偶然出会ったら、連絡先を交換しておくといいでしょう。一方で、疲れがたまりやすい時期でもあります。**デートは短時間に留め、会う前はしっかり睡眠をとる**など、疲労が顔に出ないよう工夫しましょう。

仕事運

攻めの姿勢がカギ。
前向きに挑戦すると大きな成長に

あなたの努力や頑張りが認められ、徐々に忙しくなってくる時期。荷が重いと感じるポジションや、目立つ立場を任されることもありますが、何事からも学ぶ姿勢で挑戦することで、大きく成長できるでしょう。多少の失敗は気にせず、**「失敗から学ぶ」くらいの気持ちで前向きにチャレンジしてみる**ことが大切です。恥ずかしい思いをしたり、否定されても、いちいちヘコんだり落ち込まないように。周囲の期待に応えられないことよりも、プライドを優先してトライしないことのほうが問題だと考えましょう。

10月の「乱気の月」と11月の「裏運気の月」は、上司や部下に振り回されて、これまで以上に疲れてしまいそうです。勝手に悩まず、自分のレベルが上がれば、そのぶん問題も大きくなってくるものだと、前向きにとらえましょう。**自信をもって取り組んでいれば、簡単に解決に向かっていく**でしょう。

年末になると、転職や離職を考えてしまうことがありますが、ここは踏ん張って、2025年の夏まで頑張るようにしましょう。

金運&買い物運

「ストレス発散」と「疲労回復」にお金をかけよう

これまでとお金の使い方が変わってくる時期。9月中旬までは、仕事に一生懸命取り組むことがのちの収入アップにつながるので、何事も最善をつくすことが大切です。**転職や起業、独立にもいいタイミング**でしょう。

10月の「乱気の月」は、体調を崩したり疲れが抜けにくくなりそうです。温泉旅行や、予定を詰め込まず贅沢に過ごす旅を楽しむといいでしょう。**エステやタイ古式マッサージに行くのもオススメ**です。体調に問題がない人は、スポーツジムでパーソナルトレーナーをつけるなど、健康的な体づくりにお金をかけてみるといいでしょう。また、ストレス発散にお金を使うにもいいとき。ホテルのレストランでおいしいものを食べたり、クラシックコンサートに行くなど、品格のある場所を訪れると、心も落ち着きそうです。

買い物運は、9月中旬までは問題なさそうです。ただし、9月下旬〜年末は**不要なものを買いやすい**ので気をつけておきましょう。

美容&健康運

体調が乱れやすい時期。嫌な人・ものと上手に距離をとって

「健康管理の年」は、下半期に体の異変が出てきやすい運気。不摂生をやめて、健康的な生活リズムをつくることが重要です。9月中旬までに悪習慣を改めて食事のバランスを整え、定期的に運動するようにしておきましょう。

10月の「乱気の月」に入ると、**急な体調不良や謎の肌荒れ、ストレスが原因の病気が発覚**するなど、体の調子が乱れてきそう。元気で問題がない場合でも、疲れやストレスがたまる出来事があるかも。休日はゆっくりしたりストレスを発散できるよう、先に予定を決めておきましょう。

11月の「裏運気の月」は、予想外のケガや事故に注意が必要な時期。他人のマイナスな発言に心を乱されてしまうこともありそうです。ネガティブなことばかり言う人や、**愚痴や不満の多い人とは距離をおいて**おきましょう。

美容運は、即効性を求めず、徐々に効果が出る方法を試すのがオススメ。

開運のつぶやき　時間をかけることを楽しめる人には、運が味方する

SILVER PYXIS
銀の羅針盤座

2024年
リフレッシュの年の運気

1年を通して心がけておくべき
「2024年の開運3か条」と、
2024年の運気を総合運、
恋愛運、金運などに分けて
お伝えします。

ラッキーカラー	ラッキーフード	ラッキースポット
濃いオレンジ 薄いピンク	きんぴらごぼう マンゴー	伝統のあるホテル お笑いライブ

2035年までの運気グラフ

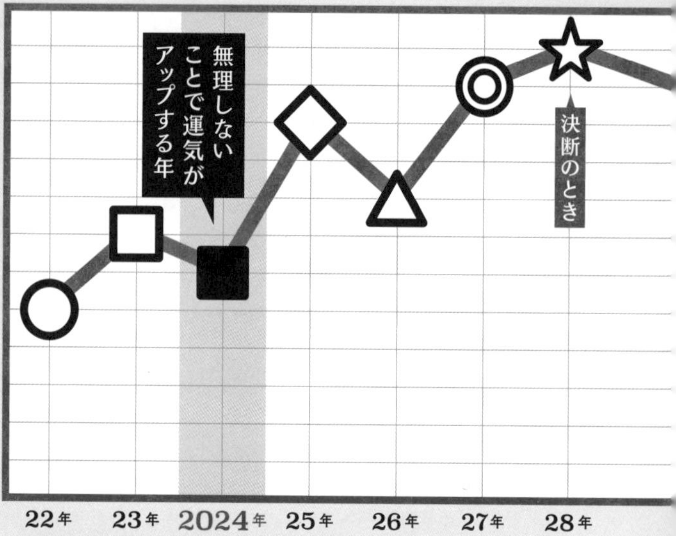

銀の羅針盤座は

■リフレッシュの年

年の運気記号の説明

☆開運の年

過去の努力や積み重ねが評価される最高の年。積極的な行動が大事。新たなスタートを切ると幸運が続きます。

◎幸運の年

前半は、忙しくも充実した時間が増え、経験を活かすことで幸運をつかめる年。後半は新たな挑戦が必要です。

◇解放の年

プレッシャーや嫌なこと、相性の悪い人やものから解放されて気が楽になり、才能や魅力が輝きはじめる年。

○チャレンジの年(1年目)

「新しい」と感じることに挑戦して、体験や経験を増やすことが大事な年。過去の出来事に縛られないこと。

**まずは大きな視点で、今年の「立ち位置」を確認しましょう。
長期的な見通しをもって、毎月毎日の行動を決めていくことが大切です。**

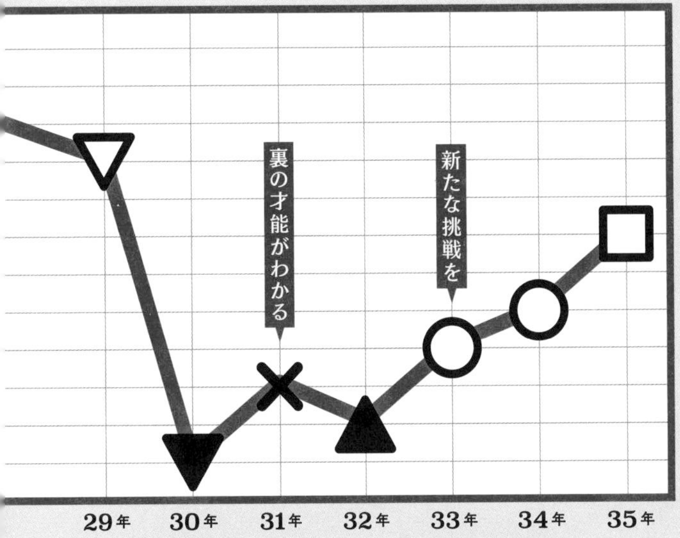

○チャレンジの年（2年目）

さらに人脈を増やし、行動範囲を広げるといい年。ここでの失敗は単なる経験。まだまだ取り返せます。

□健康管理の年

前半は、覚悟を決めて行動し、今後の目標を定める必要がある年。後半は、健康に注意が必要です。

△準備の年

遊ぶことで運気の流れがよくなる年。些細なミスが増えるので、何事も準備を怠らないことが大事。

▽ブレーキの年

「前半は攻め、後半は守り」と運気が変わる年。前半は行動力と決断力が大事。後半は貯金と現状維持を。

■リフレッシュの年

求められることが増え、慌ただしくなる年。体を休ませたり、ゆっくりしたりする時間をつくることが大切。

▲整理の年

前半は、人間関係や不要なものの整理が必要。後半は、チャレンジして人脈を広げることが大事です。

×裏運気の年

自分の思いとは真逆に出る年。予想外なことや学ぶべきことが多く、成長できるきっかけをつかめます。

▼乱気の年

決断には不向きな年。流されながら、求められることに応えることが大事。体調を崩しやすいため要注意。

2024年の運気

リフレッシュの年

2024年の開運3か条

- 素直に甘えて人に頼る
- たくさん笑う
- 睡眠時間を8時間以上とる

総合運

2024年の「リフレッシュの年」は、心身ともに調子を整える年。2025年には、あなたの魅力や才能が評価される「解放の年」がはじまるため、そこに向けて準備万端にしておくことが重要です。1年後に運気を一気に上昇させるためにも、のんびりリフレッシュできる運気ではなく、**「しっかり仕事をしてしっかり休み、疲れをためないようにする時期」**だと思うことが大切です。「銀の羅針盤座」は人に言われると弱いタイプなので、多少の無理なら引き受けてしまうと思いますが、過度に頑張りすぎないよう調整してください。**休日や大型連休、お盆休みの予定を早めに立てる**など、のんびりする日をあらかじめ確保しておくといいでしょう。

2024年、調子を崩さず過ごすには?

「銀の羅針盤座」は、自分が好きなことへの集中力や探求心は強いですが、それ以外は人任せの怠け者で甘えん坊。言われないと動かない受け身なところがありますが、今年くらいは自分の心と体を休ませるのを優先し、**気になる場所に行ってみたり、ストレス発散になることに積極的に**

開運のつぶやき　素直に正直に生きれば、人生は自然と流れがよくなるもの

参加しましょう。とはいえ、ベースがネガティブなので、余計な心配や不安を抱え、結果的に動かないままになってしまいがち。そうならないよう**積極的な友人やパワーのある人を誘う**といいでしょう。ただ、相手に振り回されやすいタイプでもあるので、距離感には気をつけておくこと。

もっとも注意が必要なのは、疲れから体調を崩したり、ストレスをためて病気になってしまうことです。2023年の下半期以降、少しでも体調に異変を感じているならすぐに病院で検査を受け、できるだけ早く治療をはじめてください。忙しくなる年でもあるので、疲れがたまっていると運転での事故、段差での転倒、睡眠不足での大きなミスなども起きやすくなります。**無駄な夜更かしをせず、しっかりお風呂に入り、8時間以上は寝る生活リズム**に整えましょう。つい時間を無駄に使ってしまうSNSや動画を見るのもやめ、その時間を仮眠や目を休ませるために使いましょう。

優先順位を間違えないで。限界の前に断る勇気も

1～5月はやるべきことが増え、想像以上に忙しくなってしまいそう。**自分の好きな仕事をしていると、体の不調など関係なく頑張りすぎてしまう**ところがあるので、少しでも昼寝するなど疲れをためない工夫をしましょう。やさしい上司に頼まれると多少無理してでも引き受けたり、几帳面に仕事をしてしまいますが、限界を感じる前に断ることも必要です。頑張るほど評価が上がりサボれないタイミングであっても、**体を休ませることも仕事のひとつ**だと思っておきましょう。

5月の「解放の月」からは、恋も仕事もさらに忙しくなる運気。時間が足りないと感じることが増えるので、優先順位を間違えないように。**「一に休息、二に仕事、三に恋愛、四に趣味」**くらいに自分のなかで決めておき、9月中旬まではこの順番を大切にしていきましょう。

10月の「乱気の月」、11月の「裏運気の月」は、相談役や愚痴聞き係になって気持ちが落ち込んだり、**情けをかけて面倒を見ていた人に裏切られるなど、ガッカリする出来事にやる気を失ってしまう**かも。12月中旬までは、これまで積み重ねてきたことを投げ出したくなる瞬間もあるの

で気をつけましょう。

3〜4月は体調に注意。ときにはウソをついてでも休息を

「銀の羅針盤座」は、人と距離をとりたいわりには、強引な人や積極的な人に合わせてしまうところがあります。聞き上手なので無駄に時間を費やしてしまったり、我慢してまで人間関係を保とうとすることも。しかし2024年は自分の健康を第一に考え、**「ストレスになる」と思うならウソをついてでも先に帰り、 ひとりの時間を楽しむ**などしてストレスを抱え込まないようにしましょう。パワーのある女性上司や先輩に相談してみると、いいアドバイスをもらえそうです。周りにいないときは、習い事先などで探すといいでしょう。

また、言われると弱い「言動の星」の持ち主なので、なるべく**ポジティブな人、 プラスの発言が多い人と一緒にいる**ことが大切です。愚痴や不満を言ってくる人、ネガティブな情報を発信する人の近くにいると、メンタルが崩れてしまうので要注意。

なかでも、心と体のリフレッシュをオススメしたいのが3〜4月です。有給休暇がとれるなら、事前申請して、体を休ませるために使いましょう。また、この時期は**暴飲暴食で体調を崩しやすいので、 なるべく禁酒してくださ**い。軽い運動をしたり、健康的な生活を心がけましょう。

4月、6月、9月下旬 〜12月中旬は、**とくに車の運転に注意**したほうがいい時期。ストレスや疲れによる不注意で事故を起こしやすいため、これまで以上に気を引き締めましょう。体調も崩しやすい時期なので、しっかりお風呂に入り、のんびりする時間をつくるように。

人の言うことではなく、自分の好きなことにもっと目を向けて

5、6年前からはじめている積み重ねを、すでに評価されている人もいると思いますが、2024年はどこか納得のいく感じではなかったり、望んでいた評価を得られないことに不満と不安を覚えてしまうような時期です。**長いトンネルも今年で終わるのでもう少しの辛抱です。2025年からは、あなたに注目が集まる運気**に変わります。自分の才能をどう役立てれば多

開運のつぶやき　生きることは大切ですが、生き甲斐を見失わないように

くの人を笑顔にさせられ、感謝されるかを考えてみるといいでしょう。

「銀の羅針盤座」は、「好きがわからない」タイプで、**周囲に勧められたことを好きになれないままダラダラ続けてしまっている**ことが多いようです。SNSなども、「やったら楽しいよ」と言われると断れず、なんとなく登録して続けていたり、「このアプリ入れて」と言われ、好きでもないゲームを続けていることも。時間の無駄になっていると思うならすべて消去し、人間関係が途切れてもこじれても気にせず、**「面倒なことはしない」**と断ち切ってしまったほうがいいでしょう。

まずは、好きなことに素直に目を向けて行動する意識をもちましょう。5月、7〜8月は挑戦にもいい運気なので、**気になる習い事をはじめたり、資格取得やスキルアップを目指してみる**のもオススメ。手先が器用なので、芸術系の習い事や、作法を学ぶために華道や茶道、武道などもいいでしょう。お菓子教室、パン教室、陶芸教室などに休みの日に行ってみると、いいストレス発散になりハマりそうです。

2023年に覚悟して決めたことを勝手に諦めない気持ちも大切です。また、仕事でも恋でも趣味でも、**2023年にはじめたことや決めたことは2024年に簡単に手放さないように**してください。すでに2023年の上半期に「これだ」と思って習い事をはじめていたり、新たな趣味、何かを極める努力をスタートさせている場合は、そのまま継続し、2025年まで頑張ってみるといい結果につながるでしょう。

自らマイナス面を見ず、ポジティブ変換の達人になろう

仕事への不満もたまりやすい時期ですが、**2024年は転職をしないように。**2025年の夏のボーナスのころまで待ってみると、あなたが思っていたよりもいい状況に変化するはずです。ただ、サービス業や福祉、いろいろな人と関わる職種はそもそも向いていないので、転職を決めること自体はいいですが、まだ動かないこと。2025年の1〜2月に次の仕事に移れるよう、当面は情報集めにとどめておきましょう。

「銀の羅針盤座」は受け身かつ真面目で、いろいろな人を受け入れら

れるやさしいタイプですが、本音では人に興味がなく、深入りや束縛が嫌い。その一方で、他人を頼ってしまう甘えん坊でもあります。コツコツと努力できますが、言われないとすぐにサボってしまい、「どっちが本当の自分？」と悩んでしまうことも。どちらもあなたなので、その両面を認めて受け入れ、ネガティブな発言だけはやめるようにしてください。

すべての苦労の原因は、**自らマイナス面を見て、マイナスの発言をして、マイナスな方向に進んでしまう負のサイクル**からきています。まずは、言葉だけでもプラスにし、**「私は、自分の人生をポジティブ変換するために生まれてきた」**と決め込んで、何事もプラスの方向に変換してみましょう。そのポジティブ変換の仕方を人に教えられるくらい徹底して身につけると、今後の人生が生きやすくなるでしょう。

「ネガティブひとり相撲」はやめて、幸せ探しをしよう

「しっかり仕事をしてしっかり休む」「しっかり遊んでしっかり休む」ことが重要な1年です。求められ、やるべきことが増えるなか、あなたの知らないところでゆっくりとですが評価され、**恋も仕事も徐々に評判が上がっていく1年**です。「なかなか評価されない」などと不満に思ったり、勝手に落ち込んでヘコんだりせず、現状の幸せやいいところを少しでも探す癖をつけ、とくに大きな問題が起きていないなら余計な不安を抱かないこと。今年の精神的な疲れの原因は、**ネガティブな妄想をして余計な心配を生み出し、勝手に自分を疲れさせてしまう**ことにあるので、「もし○○になったら」などと余計なことを考えるヒマがあるなら、**明るい未来を想像したり、前向きな話のできる友人や知人に会う**時間をつくりましょう。ネットでネガティブな情報を探して、「ネガティブひとり相撲」をとらないように。

本音では人に興味が薄いけれど、他人に頼って甘えて、挙げ句、振り回されて疲れてしまう「銀の羅針盤座」。孤独を寂しくつらいものと思わず、**ひとりの時間をもっとおもしろがったり、楽しめるように工夫する**ことが大切です。「雨が降ったら最悪」と思わず、「植物が育っていい」「雨の音に癒やされるね」とプラス面や**小さな幸せを探せるようになると、周**

開運のつぶやき　何事も期待しないことが幸運のはじまり。過剰に人に期待しないように

囲を笑顔にできる発想に変わってくるでしょう。考え方ひとつで前向きになれるもの。そもそも、人とは違うアイデアを出せるタイプなので、**マイナスの発想をうまく活かせるよう知恵をしぼってみる**といいでしょう。

1年後に「絶好調の運気」を迎えるために心身を整えて

「十分に体を休ませた」と思える1年にするといいですが、スマホを無駄に見て家でダラダラしていては、かえって疲れをためるだけ。喫煙や暴飲暴食をやめ、飲酒も連日は避け、健康的な食事にし、軽い運動を定期的に行い、入浴や睡眠の時間を長くとり早寝早起きするなど、**「健康的だね」と周囲から突っ込まれるような生活を送りましょう。** 1日のリズムを一定にすると、調子の良し悪しにも気づけるようになるでしょう。

2024年を無事に過ごせれば、いよいよ2025年に絶好調の運気である「解放の年」がやってきます。今年は引っ越しや転職などの大きな決断も不向きですが、**2023年に決めた方向や目標に向かってゆっくりでも進んでいればいいので**、適度に休んでリフレッシュしながら前進しましょう。

2023年に決めたことを信じ、2025年から人生が大きく変わると期待し、2024年は心と体をしっかり整える。今年は急に方向転換したりガラッと目標を変えるような無謀な行動をしないこと。絶好調の状態で次のいい運気を迎えられるよう、しっかり準備しておいてください。

2024年「リフレッシュの年」の行動ポイント

- 「一に休息、二に仕事、三に恋愛、四に趣味」
- 体調に異変を感じたら、早めに検査し治療をはじめる
- ポジティブな人と一緒にいるようにする
- 勧められてダラダラ続けているSNSやアプリは消す
- 2025年の「解放の年」に向けて心と体を整えておく

開運のつぶやき｜どんな状況でも「楽しめる自分」を育てることが大切

恋愛運

2024年は、**恋愛には少し慎重になったほうがいい運気**です。心の支えになり、気持ちをリフレッシュさせてくれるような相手なら問題ありませんが、「寂しいから」ではじめた交際は体だけの関係になったり、心の支えどころか振り回されたり、相手につくしすぎてボロボロになってしまうので要注意。疲れから判断力も欠けてしまい、関係を深めてから相手に恋人がいることや不倫だったことがわかるなど、ショックな展開もありそう。すぐに別れられればいいですが、「銀の羅針盤座」は強気な言葉に弱いので、相手に言いくるめられ、結局は遊ばれた挙げ句、捨てられて終わり、なんてことになりかねません。交際をはじめる前に、**信頼できる人かしっかりチェックする**ようにしてください。もしくは、以前から知っている人や身近にいる安心できる人を選ぶようにしましょう。

「年上の女性」からの紹介がカギ。「かわいそう」での交際は危険

1～2月は忙しい時期ですが、出会いのチャンスは多そうです。受け身で待っているだけでは、きっかけをつくれないまま終わってしまうので、**自ら声をかけるといい**でしょう。

5月は交際をスタートさせるにはいいタイミングです。ただ「リフレッシュの年」は、関係の浅い人や知り合って間もない人とすぐに交際をはじめるのは避けたほうがいいので、「マッチングアプリなどで出会ってからの即交際はない」と自分に言い聞かせ、**上司や先輩、友人など信頼できる人からの紹介や、習い事で出会った人のなかから探す**といいでしょう。

7～8月も恋愛が進展しやすい時期。とくに年上の女性から紹介を受けた場合、将来を期待できそうな人、価値観の合う人など、**あなたが求めているような人とつながりやすい**タイミングなので、仲のいい年上女性がいるなら頼ってみるといいでしょう。

要注意なのは、3～4月、6月、9月下旬～12月中旬にはじめて出会った人。あなたを振り回すだけでなく、のちの人生にも悪影響を及ぼす可能性があるので、ここで知り合ってしまった人とは**知り合い程度にとどめ、**

開運のつぶやき　占いの相性よりも大切なのは、愛情

友達以上の関係にならないよう距離をとってください。

万が一関係を深めてしまうと、痛い思いをし、トラウマになって次の恋に進めなくなってしまう場合もありそうです。とくに、**10～11月に情で交際をはじめない**こと。頑張っている人を応援しているうちに付き合うことになったり、恋愛相談を受けて「かわいそう」と励ましているうちに体の関係をもってしまい交際がはじまった場合は、最終的にあなたが「かわいそう」と思われる展開になることがあるので気をつけてください。どんなに寂しくても、情に流されて付き合うようなことは避けましょう。

会話の練習や体づくりをし、自分磨きに励もう

2025年から大きなモテ期が訪れるため、**2024年は自分磨きに力を注ぐ**といいでしょう。歯列矯正をしようか悩んでいるなら、評判のいいところで1月から治療をスタートさせるのがオススメです。また、**ダイエットをして健康的な体づくりをしたり、エステで肌の調子を整える**など、自分を磨けるだけ磨いて2025年を迎えましょう。

「銀の羅針盤座」は、人と話すことを面倒に思ったり、避けてしまうところがあるので、どんな人とも明るく楽しく話せるよう、**出会いの場所には「会話の練習」のつもりで行く**といいでしょう。習い事をはじめて趣味を広げることも話のネタになるので、気になることを見つけたら習いに行ってみるのもよさそうです。また、グルメなタイプでもありますが、自分の好きな食べ物をハッキリさせておくとデートに誘われやすくなるので、何が好きかを周囲に伝えておくのもオススメ。

今年は、忙しく疲れやすくもなる年なので、**恋がうまくいかなくてもクヨクヨせず、2025年に期待**しながら、自分磨きを楽しんでおきましょう。

行動ポイント

- 2024年に出会った人との即交際は避ける
- 年上の女性からの紹介が安心
- 2025年のモテ期に向けて自分磨きを

結婚運

「リフレッシュの年」の結婚については、2023年の段階で婚約をして入籍日を決めている場合は進めても問題ありません。そうではなく、2024年に入ってから結婚を決める流れになった場合は、相手の運気がいい場合を除き、**2025年まで待ったほうがいい**でしょう。**この1年は「互いをもっと知る期間」**と考え、結婚後に必要なものを準備するといいでしょう。

そして、「2025年の結婚」へとすんなり話が進められるように、まずはあなたが**ネガティブな発言や発想をやめる**ことが大切です。あなたが後ろ向きな発言をするたびに、相手も「この人と結婚すると大変そうだな」と思うようになってしまいます。本気で結婚を考えていた人でさえ、否定的な返事を聞きすぎると、「たしかに、そんなマイナス面があるな」と思い込まされてしまい、あなたとの結婚自体を考えられなくなってしまう場合も。**どんな人生でもマイナス面やリスクはある**ので、そんなところばかりに目を向けないようにしましょう。

2021～2023年にはじめて会った「金・銀の鳳凰座」に注目

この1年は結婚のことを考えずに、恋人と休日を楽しく過ごし、心も体もリフレッシュさせ、相手にあなたと一緒に過ごしている明るい未来を想像させましょう。ふだん行かないような場所やお店に行ってみたり、プロスポーツ観戦、音楽フェスや好きなアーティストのライブ、憧れの温泉地への旅行など、**楽しいデートプランを考え、一緒に体験する時間を増やす**といいでしょう。

12月下旬からは、ゆっくりとですが結婚運が上がってくるので、**2025年の年始に互いの家族に挨拶ができるよう段取りを決めておく**のがオススメ。ただ、こうした大事なことを相手任せにしていると、それが原因で前に進めなくなってしまう場合があるので注意しましょう。

現在恋人がいないけれど年内の結婚を望む場合は、2024年になってからの新しい出会いではなく、2021～2023年にはじめて会った人のなかで「金・銀の鳳凰座」を見つけたら、相手からの好意を感じることが

開運のつぶやき　自分の気持ちを素直に伝えられる人になると、運も味方してくれる

なかったか思い出してみてください。好意的だった雰囲気のある人、いまも好意を寄せてくれている人、または過去に一度でも**告白やデートの誘いを受けたことのある人に、あなたから連絡して**みましょう。「鳳凰座」は一度好きになった人をいつまでも追い求めるところがあり、長く片思いをすることが多いタイプ。動きがゆっくりなところもありますが、2024年は**相手の運気がいいので、押し切ってみると結婚に進む可能性が高い**でしょう。早ければ4月、8月下旬～9月、12月末の結婚もあり得ます。

あなたが不調なとき、思いやってくれる相手かを見極めて

「リフレッシュの年」は体調の変化が起きやすい年でもあるため、**恋人のいる人が授かり婚をする可能性**も高く、理由がないと結婚しないタイプにはいいきっかけになるので、不安に思わないようにしてください。子どもができることで、2024年の「体調を崩しやすい運気」を消滅させられることも。**今年授かることは運のいいことだ**と思っておきましょう。

　無理に結婚を考えたり、なんとしても話を進めるような運気ではないので、まずは自分の体の調子を整えながら、疲れてイライラしないよう気をつけましょう。あなたが体調不良で不機嫌なときに、会わなくても平気でいてくれる人か、あなたの体を**心配してくれるようなやさしい人か、いざというときに頼りになる人かを判断できる**、いいきっかけとなる年です。今年を無事に乗り越えれば、2025年から結婚運が一気に上がります。それまでに少しでも結婚に向けて話が進められるよう、前向きに準備しておくといいでしょう。

=== 行動ポイント ===

- 不安になる発言や予測をやめる
- 今年中の結婚に固執せず、恋人と楽しく過ごす
- 好意を寄せてくれる「鳳凰座」に注目

開運のつぶやき　「出会いがない」のではなく、「自分に都合のいい出会いがない」だけ

頑張りすぎには注意が必要な年。**仕事は順調ですが、頼りにされて予想外に忙しくなってしまいそう。**真面目なあなたに仕事を押しつけてくる人や、なかには面倒なことを丸投げするような人も出てくるので気をつけましょう。引き受けられる範囲でなら問題ありませんが、なかなか目立った評価にはつながらない時期だけに不満がたまりがちに。2024年は、見えないところであなたの評判がよくなっていたり、**密かに評価が上がっていくような運気**なので、**無理をしない範囲で頑張っておきましょう。**

言われたことがしっかりできる「銀の羅針盤座」の性質を活かせば、**上司や先輩からの信頼を得られ、あなたへの期待も高まってきます。**ただ、給料アップや出世には順番があったり会社の事情があったりで、2024年中に叶う可能性は低いため、過度に期待しないほうがよさそうです。

転職は、2025年の夏ごろまで我慢する

1～2月は、やることが増えて忙しくなる時期。大変なこともありますが、**実力がアップするような仕事に取り組むこともできる**ので、やるべきことをしっかりとこなしておけば問題ないでしょう。

7月～9月中旬は慌ただしくなり、時間があっという間に過ぎてしまいそう。仕事関係者とのコミュニケーションも大切な時期なので、付き合いを避けてばかりいないで、**自ら交流を楽しんでみると仕事もやりやすくなる**でしょう。

転職は、「人との関わりが多い」サービス業などに就いている場合は、そもそも不向きなので考えてもいいですが、実行に移すのは**2025年の夏のボーナスのあとくらいのほうが運気的にはいい**ので、しばらくは我慢を。そもそも2024年は、忙しくなるわりには目立った評価はされにくい年。そのうえ「銀の羅針盤座」は、なんでも勝手に悪い予測をしてしまう癖があるので、不満と不安がたまりやすくなりますが、**「悪い予測のほとんどは起こらない」**と思って、ネガティブに考えすぎないようにしましょう。

また、車の運転や運送、輸送などに関わる仕事の場合、事故に巻き込まれる可能性が高まる年なので、**自分で運転するときが「運気の悪い月**

開運のつぶやき　仕事はつねに修業

日」だった場合には要注意。運気のいい日であっても調子に乗らないよう、例年以上に気を引き締めるようにしましょう。

疲れすぎない範囲で「言われた以上」のことに取り組んでみる

「銀の羅針盤座」は、仕事の内容よりも、対人関係での悩みや不安、心配事が多いタイプ。しかも、**「言われたことはしっかりできるが、言われた以上のことはやらない」という態度が問題のひとつ**です。真面目に仕事に取り組むだけでなく、相手の期待をいい意味で裏切れるよう、もっとサービス精神を出してみるといいでしょう。

また、現在の仕事に愚痴や不満が多い人ほど、他人に甘えすぎていたり、人を頼りにしすぎているところも。指示待ちの姿勢をやめて、もっと**本気でぶつかってみると、仕事のおもしろさに気づける**でしょう。

ただ、今年は疲れがたまりやすく、体調を崩してしまうことも多い運気です。仕事が終わってからの付き合いは短時間にするなど、関係者との交流は大切にしつつも、**睡眠時間を削らないように**しましょう。また、昼休みに**仮眠をとる、健康的な食事を選ぶ、ストレッチをするなど、疲れをためないよう日々工夫する**ことも大事な仕事のひとつだと思いましょう。

疲れから集中力が途切れて同じ失敗を繰り返したり、ダラダラ仕事をして無駄な時間を過ごしていると、心身ともにつらい悪循環にハマってしまうだけ。自分の体のためにも、**短時間に集中して効率よく仕事**をしましょう。残業代を目当てに無駄な残業をしたりせず、今年は疲れないように努めながら、忙しいなかでもうまく仕事をやりくりするようにしましょう。

行動ポイント

- 表立って評価されなくても悪く考えない
- 仕事関係者との交流を大切にする
- 指示待ちをやめ、サービス精神を出す

金運&買い物運

急激に収入がアップするようなことは少なく、金運は2023年と同じような感じですが、**今年の頑張りや真面目に取り組む姿勢は、2025年の収入に大きく影響**してきます。体力的に無理のない範囲で真剣に仕事に取り組みつつ、スキルアップのための勉強をしておくといいでしょう。

すでに2023年から学びはじめていることがあるなら、そのまま継続するのがオススメです。多少壁にぶつかったとしても、もうひと踏ん張りし、**成長はゆっくりでもいいのでやめないように**しましょう。

まだ、とくに学んでいるものがないなら、現在の**仕事に役立ちそうなことや、今後の転職や昇格に必要になりそうな資格や免許取得のための勉強**を、1～2月にスタートさせるといいでしょう。

2025年から金運がよくなるので、今年はその準備をする年に

「銀の羅針盤座」は、好きなことに対してはものすごいパワーを発揮しますが、言われないと動かないサボり人の一面もあるタイプ。友人や知人で**ともに頑張る人がいれば、よい影響を受けたり励まされたりして、長く続きそう**です。

趣味の習い事をはじめるのにもいい運気。のちに副業や収入につながる特技に育つ場合もあるでしょう。元気で健康なら、**レッスンプロをつけてゴルフを本格的に習ってみる**のもオススメです。仕事で役立ったり、お金持ちとの出会いにつながることもありそうです。

お金にシビアな面もある一方で、贅沢なことに心惹かれ、グルメに出費してしまうのも「銀の羅針盤座」の特徴です。ただ、不思議とお金持ちと仲よくなれたり、自分が大金持ちになるなど、**お金に困らない生活ができる**のも「銀の羅針盤座」に多い傾向。2025年からは運気の流れがよくなるので、2024年のうちにしっかりお金の勉強をしておきましょう。

ネットで学んでもいいですが、本を読んだり詳しい人に聞くなどして、2024年は**NISAやiDeCoを少額でもはじめておきたい**ところ。投資信託を購入して、投資がどんなものなのか体験してみるのもいいでしょう。その

開運のつぶやき 「上品」「品格」を忘れない人が、つねに成功する

うえで、**2025年から本格的にスタート**させるとお金の流れが非常によくなります。**今年はいい練習期間**だと思い、余裕資金で小さく投資してみましょう。5月と8月は運気がいいので、勇気が出ない人はこのタイミングをねらってみるといいでしょう。

注意したいのは、6月と10 ～ 11月。6月は散財したり財布を落としたり、車をぶつけて修理費が発生するなどで出費がかさみそうです。10 ～ 11月も、**お金のトラブルに遭ったり、詐欺にひっかかったりしやすい**ので気をつけましょう。

多少の出費は覚悟しつつも、困ったときは素直に人を頼って

一方で、体調を崩して治療費がかさんだり、**回復までにお金も時間も費やすケース**がありそうです。そもそも、病気を予防できればお金も時間も無駄に使わずに済むので、早めに検査を受けたり、温泉に行くなどしてストレスを発散しましょう。2024年は、**心身の健康維持のために、ある程度はお金を使う計画**を立てておきましょう。今年は、体によさそうなことにはケチケチしないことが大事。旅行に出かけたり、おいしいものを食べに行ったりと、**無理のない範囲でならストレス解消のために贅沢をしてもいい**でしょう。

「リフレッシュの年だから」と十分注意していても、ケガや病気などによる予想外の出費や収入減もあり得る年。そうなってしまっても強がらず、素直に人を頼り甘えさせてもらいましょう。プライドを優先してもなんの解決にもなりません。感謝を忘れず、**助けてもらった恩はのちに返していくように**すればいいでしょう。

行動ポイント

- 2025年の収入アップを目指し勉強する
- 治療費を増やさないよう予防に努める
- ストレス発散にお金を使う

開運のつぶやき　自分を愛することが難しいなら、自分で自分のよろこぶことをするといい

心身ともに疲れやすく、体調を崩しやすい年。予想外に忙しくストレス過多になりやすいので、**休日に体を休ませる計画を立てたり、睡眠を8時間以上とる生活にする**などの工夫が必要です。テレビや動画を見るヒマがあるなら、ゆっくりお風呂に入り早めに寝ましょう。ストレスによる暴飲暴食や連日のお酒にも要注意。食事のバランスが悪いと糖尿病や肝臓の病気が見つかる場合も。運動不足の人は肩こりや四十肩、デスクワークの人は視力の低下や目の疲れ、腱鞘炎や首の痛み、寝違えにも悩まされそうです。

今年は、体を休ませながらも運動を忘れないこと。**ウォーキングや水泳、家での筋トレやストレッチもストレス発散になりそう。**体調がいいなら、球技のサークルに入ってみたり、本格的にゴルフを習うのもいいでしょう。

とくに注意が必要なのが4月。2〜3月は生活習慣を整えるようにし、体調の異変や、体に対する指摘があれば、人間ドックなどの検査を早めに受けましょう。診断に疑問を感じるならセカンドオピニオンも受けること。ストレス発散がうまくできても、**10月〜12月中旬は謎の湿疹が出るなど、肌の調子や体調を大きく崩してしまう**場合があるので油断は禁物です。

美意識を高めることとストレス発散が一緒にできるといいので、ヨガやストレッチ、ジムでパーソナルトレーナーをつけるのもオススメ。前向きな人や励ましてくれるトレーナーやコーチがいると、思った以上に頑張れそう。エステに通うのもいいですが、些細なことを気にしすぎて逆にストレスになる場合もあるので、「まあいいか」と楽観的な気持ちをもちましょう。**ダイエットは2025年まで1年かけて努力すること。**所作や姿勢が美しくなる習い事や芸術やアートに関わると、美意識が高まるうえ、いいストレス発散になるでしょう。ときにはサボったりゆっくりしてもいいので、**リラックスできる空間を大切にし、笑える友達と過ごす時間**を増やしましょう。

=== 行 動 ポ イ ン ト ===

- 体を休ませながらも運動は欠かさない
- 励ましてくれるトレーナーをつける
- 美意識向上とストレス発散を同時に行う

開運のつぶやき｜自分のことすら思い通りにならないのだから、他人に期待しても意味がない

家庭&親子運

体調を崩したときに助けてもらうなど、**家族の存在に感謝することが増える年**ですが、疲れから夫婦ゲンカになりやすいので要注意。「察してよ」などと言わずに、**疲れているのを早めに伝えること。**「疲れたから外食でいいかな」と甘えさせてもらったり、料理をつくってもらいましょう。**スキンシップも兼ねてマッサージしてもらいながら話をする**のもオススメ。仲がよくても愚痴や不満を言われるのは嫌なものです。前向きな話や失敗談で笑わせたり、逆に笑わせてもらいストレスを解消しましょう。一緒に温泉やスパに行き、おいしいものを食べて少し贅沢な時間を過ごすのもよさそうです。

親との関係ですが、親はワガママで甘えん坊なあなたを理解しているので、妙に気を使ってため込まず、素直に相談しましょう。話を聞いてもらうだけでも気持ちが楽になります。また、**家族の懐かしい話をしてみると、ガッカリなエピソードすらいい思い出**だと気づけそう。ときにはおいしいものを贈ったり、ストレス発散も兼ねて食事に誘うといいでしょう。

本来、家のことをキッチリしたいタイプですが、**今年は疲れから子どもとの関係がやや雑に**なってしまいそう。ワガママを言われてイライラしたり、部屋を散らかされて怒りが爆発してしまうかも。ルールや約束にも厳格なあなたですが、体調を崩して子どもとの約束が守れないことも。**素直に謝り、親がいつでも元気で絶好調ではないことを教えましょう。**

なによりも、あなたの体に対して本気で指摘してくれるのが家族なので、「些細なことでも気になったら正直に言ってほしい」と伝えておきましょう。**顔色が悪い、息が臭い、おならが臭い、太った痩せたなど、言われたことで病気を見つけられる**場合も。体調を崩しても、何かと助けられて家族の絆が強くなったり、子どもの教育や自立の一助にもなるので、クヨクヨしたりヘコみすぎたりしないように。

行動ポイント

- 笑いや少しの贅沢で疲れをとる
- 家族や親には素直に甘える
- 「体の異変は正直に指摘して」と伝えておく

年代別アドバイス

10代のあなたへ　ポジティブ思考で笑う時間をたくさんつくろう

マイナスの情報ばかり入れすぎず、できるだけプラスの情報に目を向けるようにしましょう。楽観的な人やポジティブな人、話がおもしろい人と一緒に過ごす時間を増やすと、余計なことを考えなくて済みそうです。思い浮かぶ人が周囲にいない場合は、お笑い芸人のネタやコメディー映画を観てたくさん笑うことで、気持ちがスッキリするでしょう。軽い運動をするなど、健康的な生活を送ることも大切です。

20代のあなたへ　恋の相手は、頼れる人よりやさしい人を選ぶのが正解

恋愛では、相手に合わせすぎると疲れてしまうので、あなたのペースに合わせてくれるやさしい人を選ぶようにしましょう。頼れると思って強引な人を選んでいると、振り回されることになりそうです。また、スタイル維持や健康のために、2024年から定期的な運動や筋トレをはじめておくことも大切です。仕事では、結果が出なくても焦らないように。いまが十分最高だと思っていれば、徐々に流れがよくなっていくでしょう。

30代のあなたへ　健康的な生活をし、心安まる時間をつくることが大切

周囲の人に共感や同情をしすぎても、くたびれてしまうだけ。ひとりの時間を楽しんだり、習い事をはじめて心を落ち着かせる時間をつくるといいでしょう。また、2024年はスタミナ切れや視力の低下など、体に異変が出てくることもありそうです。日ごろから健康的な食事を意識し、運動する習慣を身につけておきましょう。急に肩や首が痛み出すこともあるため、朝にストレッチやヨガをするのもオススメです。

人生のステージによって、運気のとらえ方も変わってきます。
年代別に異なる起こりやすいこと、気をつけることを頭に入れておきましょう。

40代のあなたへ　体力維持のために運動を。芸術系の習い事も吉

急に老いを感じてしまいそうな年。動画を見ながら筋トレをしたりスポーツジムに通うなどして、少しでも体を鍛え、汗を流すようにしましょう。芸術系の習い事などをスタートするにもいいタイミングなので、気になることがあればチャレンジを。お気に入りの音楽を聴いたり、好きなアーティストのライブやイベント、お芝居を観に行くのもオススメです。おいしいものを食べに行く趣味をつくってみるのもいいでしょう。

50代のあなたへ　筋トレやウォーキングなど続けられる方法で体力づくりを

少しずつでかまわないので、肉体改造をはじめるといい年。体調を崩したり病気が見つかることもある年ですが、元気なら体を鍛えてスタミナをつけておきましょう。時間のあるときは、ウォーキングやストレッチ、筋トレに挑戦してみて。定期的にスポーツジムや水泳に通うのもオススメです。最初は疲れるかもしれませんが、無理せずゆっくり長く続けられるペースでやってみましょう。また、ものづくり系の趣味をはじめてみるとストレス発散になりそうです。

60代以上のあなたへ　健康面で注意が必要な年。人間ドックで現状を把握しよう

もっとも体に注意が必要な1年。少しでも異変を感じたときは、早めに病院へ行き、適切な治療をするように。とくに異変を感じていなくても人間ドックを受けておくと、早い段階で問題を見つけられそうです。歩く距離と時間を増やすことも大切なので、朝と夜に散歩の時間をつくるといいでしょう。温泉旅行に出かけておいしいものを食べたり、気になっていた場所やお店を訪れるなど、いろいろな気分転換を試してみるとよさそうです。

SILVER PYXIS

銀の羅針盤座

毎月毎日の
運気
カレンダー

2023年9月～
2024年12月

占いを道具として使うには、

毎月の運気グラフ（P.94）で

月ごとの運気の流れを確認し、

運気カレンダー（P.96〜）で

日々の計画を立てることが重要です。

毎月の運気グラフ

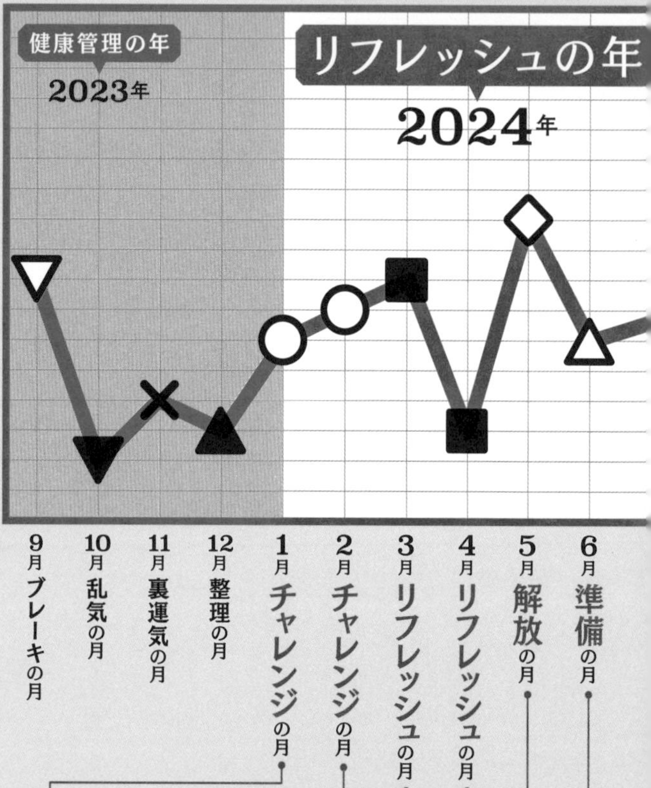

月の運気の概要

- ○ 素敵な出会いや体験がありそう。これまでのルールを変えていこう
- ○ はじめて会う人からいい刺激をもらえる
- ■ 現状維持に努めるのが吉。甘い言葉にはご用心
- ■ 心身に疲れがたまりやすい時期。笑わせてくれる友人に会おう
- ◇ あなたの味方が集まる月。力を抜いて気楽に取り組んでみて
- △ 掃除や片付けをすると自然とやる気が出てくる

※このページの記号の説明は、「月の運気」を示しています。P.72「年の運気記号の説明」とは、若干異なります

1年を通して、毎月の運気がどう変わるかを確認しておきましょう。
事前に知っておくことで、運気に沿った準備や心構えができます。

※「毎月の運気グラフ」は、その年の運気の影響を受けるため同じ記号でもグラフ上の高さは変わります

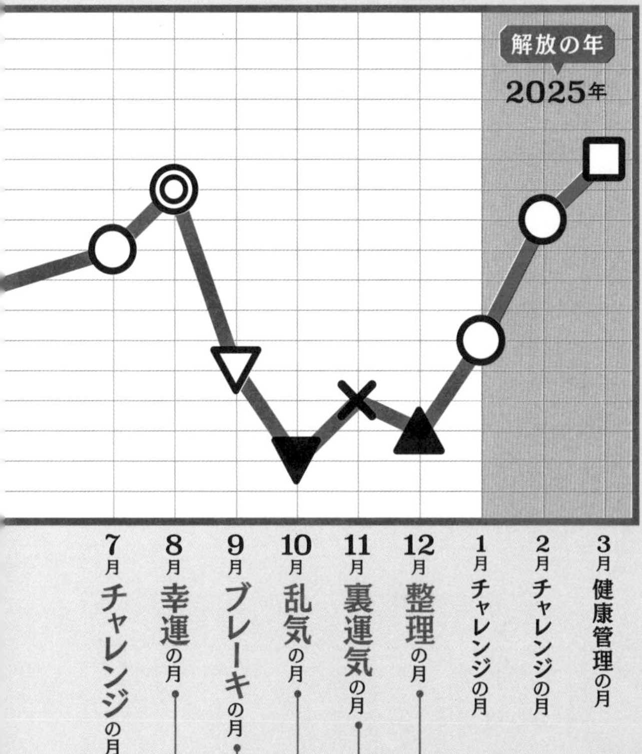

○ 過去の努力が報われる運気。何事もあいまいにせず自ら決断を

◎ 今月はじめたことがのちの収入アップにつながる

▽ 下旬は振り回され、疲れそう。無理せず、ストレス発散を

▼ 人から言われたことをマイナスに受け止めすぎない

× イライラがたまりやすい月。話を聞いてくれる人に連絡してみて

▲ 開き直りも大事。もっと「いま」を楽しもう

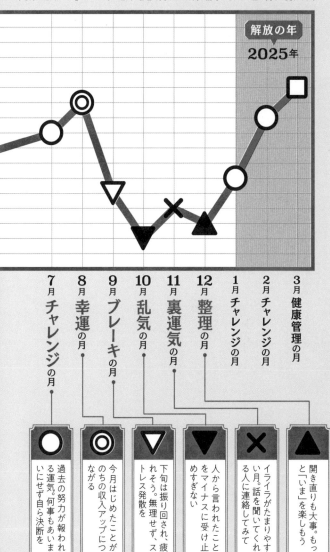

9月

▽ブレーキの月

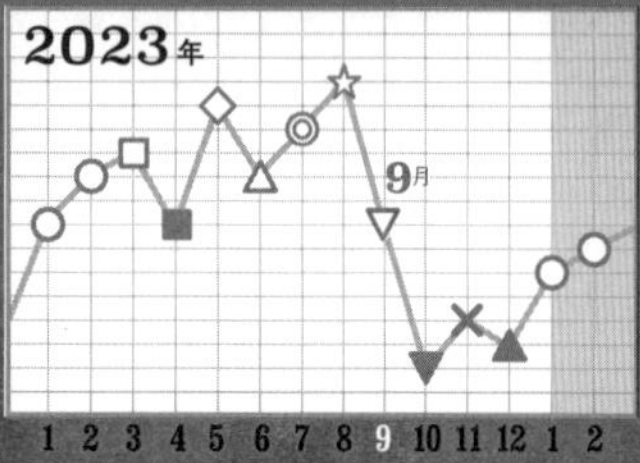

今月の開運3か条

- 興味のあることに素直に行動する
- 先月やり残したことに挑戦する
- 職場の付き合いを大切にする

総合運

気になっていることがあるなら今月中に行動を起こそう

ここ2、3年で気になっていることや、興味がわいたことがあるなら、今月中に挑戦するといいでしょう。後回しにしていると、運気の流れに乗れなくなってしまいます。とくに、先月踏み込めずに後悔していることがある場合は、中旬までに行動に移しましょう。大事な人脈もできる時期なので、誘われるまで待っていないで、自ら人を集めるなど、積極的に動くことが大切です。ただし、下旬は流れが変わってくるため、無理な行動は控えるようにしましょう。

開運のつぶやき｜お礼を忘れないことが大事。お礼をしないから、幸運が続かない

恋愛&結婚運

笑顔を増やすと関係が進展しやすい月

少しでも気になる人がいるなら、デートに誘ったり、告白してみましょう。中旬までに進展がない人とは縁もないので、諦めたほうがいいでしょう。中旬までは新しい出会い運もあります。出会いを求めて行動し、相手のいい部分を見つけてほめるようにしましょう。楽しい雰囲気やよく笑うことを意識すると、いい関係に発展しやすくなりそうです。勢いで交際をはじめるにもいいタイミング。結婚運は、先月に話が盛り上がっているなら、結婚してもいい時期です。

仕事運

指示待ちや受け身はNG。自ら動けば満足できる

人からの指示を待っているだけでは、いつまでも信用も信頼もされません。今月は、積極的に仕事に取り組む姿や、自ら指示を求める熱意を見せるといいでしょう。周囲ともうまく協力できて、大きな結果を出せたり、満足のいく流れにもなりそうです。職場の人たちや仕事関係者とも仲よくなれて、楽しく働けるようになるでしょう。下旬は、環境への飽きや不満が出てきそうです。疲れもたまってくるので、無謀な判断はしないように。

金運&買い物運

まとめ買いは中旬までに

服や靴など、欲しいものがあるなら、中旬までに購入するといいでしょう。少し先に使うものでも、この時期にまとめ買いしておくのがオススメです。気になる家具や家電を買ったり、スマホの買い替えにもいいタイミング。人付き合いが大事な時期でもあるので、ケチケチしないで飲み会や食事会に参加しましょう。投資では、少し強気に、「4、5年放置してもかまわない」くらいの姿勢で臨むといいでしょう。

美容&健康運

体力づくりをはじめよう

体調に問題がないうちに、基礎体力づくりや定期的な運動を行うといいでしょう。スポーツジムでパーソナルトレーナーをつけたり、運動系のサークルに入るのもオススメです。ダンスやボイトレ、ヨガ教室に通ってみるのもよさそう。下旬からは体調を崩したり、異変を感じることがありそうです。気になったら、早めに病院に行くように。美意識を高めるのはいいですが、下旬から肌が荒れやすくなるので、スキンケアはしっかりしておいて。

開運のつぶやき　ひとりで考えるよりも、他人から知恵を借りることが大切

9月

▽ブレーキの月

1（金）	▼	慌てると、さらに面倒なことになってしまう日。判断ミスをしやすいので、急いでいるときほど冷静に。「急がば回れ」を心がけて、落ち着いて行動しましょう。
2（土）	×	友人や知人に予定を乱されそうな日。のんびりするつもりだった人ほど、急な誘いがありそうです。愚痴や不満を聞くことになった場合は、うまく誘導して、前向きな話をするといいでしょう。
3（日）	▲	無駄な出費や行動がないか、冷静に判断するといい日。「お金を出してまでコーヒーを飲みたいのか?」「この課金に意味はあるのか?」「間食がいるほど栄養不足か?」など、些細なことでも一度立ち止まって考えてみて。
4（月）	○	新しい服を着たり、新しい道具を使いはじめると、気が引き締まりやる気になれそうです。文房具でもいいので、何か「新たなもの」を使ってみましょう。気になっている習い事をはじめてみるのもよさそうです。
5（火）	○	気になることが増える日。視野が広がるのはよいですが、安易に誰かに聞く前に、もっと自分で考えたり、調べてみるといいでしょう。それでも理解できないときは、詳しい人にたずねるようにしましょう。
6（水）	□	「言われる前に動く」を意識してみるといい日。思っている以上に力がついている実感や、いい結果を得られることがありそうです。誰かをうまくサポートできたり、チームで力を発揮することもあるでしょう。
7（木）	■	最後までキッチリ仕事をするのはいいですが、限界まで突き詰めないようにしましょう。こまめに休憩したり、気分転換をすることも大切です。頑張りすぎると疲れが出て、次の仕事に響いてしまうことも。
8（金）	◇	思った以上に人から頼りにされたり、注目される日。サボると悪い意味で目立ってしまいます。今日は、キッチリ仕事をして、笑顔で挨拶をするなど、みんなの見本になるような振る舞いを意識しましょう。
9（土）	△	頭のなかでは今日の予定を立てていたのに、ド忘れすることがありそう。出先で、「あれ? 何しに来たんだろう」となったり、用事をすっかり忘れて帰ってくることも。やるべきことや買いたいものをメモしてから出かけましょう。
10（日）	◎	遊ぶ予定のなかった友人と会うことがあるでしょう。良くも悪くも思い出話で盛り上がりそうです。「昔の自分がいまの自分になんと言うのか」を想像して、ほめてくれるのか、もっと頑張れと言うのか考えてみるといいでしょう。
11（月）	☆	仕事に真剣に取り組むと、おもしろさに気がつける日。手を抜いたり、指示を待っていると、つまらなくなってしまうだけ。今日の努力はのちに必ずプラスになるので、頑張りましょう。
12（火）	▽	日中は、物事が順調に進む運気です。大事な仕事や面倒なことほど、先に手をつけておきましょう。仕事が終わる間際に、トラブルや周囲のミスのシワ寄せがくることがありそうです。
13（水）	▼	周囲の意見が、自分の考えと違っていても、あえて流れに身を任せておきましょう。逆らったり反論しても、相手に押し負けてしまいそうです。不本意な結果になっても、そこから学べることを見つけるようにしましょう。
14（木）	×	せっかくの時間を、スマホやネットサーフィンで無駄にしてしまいそう。「時間とは命そのもの」であることを忘れないように。時間ができたときは、ダラダラしないで、読書や身の回りの片付けをするといいでしょう。
15（金）	▲	使わないものを処分するといい日。使っていないアプリや不要な写真を消去したり、夏に着なかった服なども捨てましょう。職場にある使い古したものや、置きっぱなしのものも片付けておきましょう。

開運のつぶやき　相手の思いやりを敏感に感じとれる人に、幸運はやってくる

16 （土）	○	いままで関わりが薄かった人や、遊んだことがない人と会うことになりそうな日。今日は、いつもと違うリズムを楽しんでみるといいでしょう。好奇心の赴くままに行動すると、いい発見がたくさんありそうです。
17 （日）	○	おしゃれなお店でごはんを食べたり、ホテルのラウンジでお茶をするなど、少し贅沢な時間を過ごしてみましょう。ストレス発散や、気分のいい体験ができそうです。一流のサービスから学べることを探してみるのもいいでしょう。
18 （月）	□	生活習慣を少し変えるといい日。いつもよりも10分早く動きはじめるなど、ふだんのリズムを意識的に変えてみると、これまでの無駄に気づけそうです。夜は疲れがたまりやすいので、早めに帰宅してのんびりしましょう。
19 （火）	■	寝不足や体のだるさを感じそうな日。朝からストレッチをしておくと、少しはスッキリできそうです。肌荒れや髪のダメージなどが気になってしまうこともあるので、しっかりとケアしておきましょう。
20 （水）	◇	何事ももっとポジティブに受け止めてみるといい日。期待以上を求めるよりも、「いまが最高」と思ってみると、気持ちが楽になり、人生も楽しくなってくるでしょう。まずは、「まあ、これでいいか」とつぶやいてみて。
21 （木）	△	リラックスして過ごすのはいいですが、今日は気持ちが緩みすぎてしまうかも。判断ミスもしやすい日のため、注意が必要です。聞き逃しや、ドジなミスもしがちなので、気を引き締めておきましょう。
22 （金）	◎	あなたの実力をしっかり発揮できる日。力を惜しみなく出し切るといいでしょう。自分のためではなく、相手や周囲の笑顔のために力を注ぐと、結果的に自分のためになるでしょう。
23 （土）	☆	買い物をするにはいい日。長く使えるものを選ぶといいので、家電や家具、仕事に使うものを優先して購入しましょう。お世話になった人にご馳走をするにもいい日です。
24 （日）	▽	ランチデートなど、日中に遊びに出かけるにはいい日。夕方以降は、相手に振り回されたり、渋滞などで無駄な時間を過ごしてしまうかも。予想外を楽しめるといいですが、疲れやすいので、早めに帰宅すること。
25 （月）	▼	やる気がなくなることを言われたり、相手の不機嫌に振り回されてしまいそうな日。イライラしたりガッカリしないで、「そんな日もある」と思って気持ちを切り替えましょう。
26 （火）	×	仲のよかった人と離れたり、少し苦手だと感じる人と一緒になる時間が増えてしまいそうです。苦手な人に会ったときほど、「相手のいいところを探す練習にうってつけ」だと思いましょう。
27 （水）	▲	余計な情報は頭に入れないように。使うこともないネットの情報はカットして、いまの自分に関わってくれる人の気持ちや考えを、もっと想像して行動しましょう。「外国の天気よりも上司の機嫌」が重要です。
28 （木）	○	自分の勘を信じて行動することが大切。じっと待っていないで、「失敗してもいい」と思って動きはじめてみましょう。うまくいかないときは、その理由を考えて、己の至らない部分は認めて学ぶようにしましょう。
29 （金）	○	前向きな話をしてくれる人に出会えそう。「そんな考え方はできない」と嘆くより、少しでも真似してみることが大事です。「誰かができるなら、自分にもできる」と思って、ゆっくりでいいのではじめてみましょう。
30 （土）	□	計画的に行動するといい日。油断すると無駄な動きが増えて、夜や次の日に響いてしまいそうです。日ごろの疲れをとるために、温泉やスパ、マッサージに行くのもいいでしょう。

☆開運の日　◎幸運の日　◇解放の日　○チャレンジの日　□健康管理の日　△準備の日
▽ブレーキの日　■リフレッシュの日　▲整理の日　×裏運気の日　▼乱気の日　＝運気の影響がない日

10月

▼乱気の月

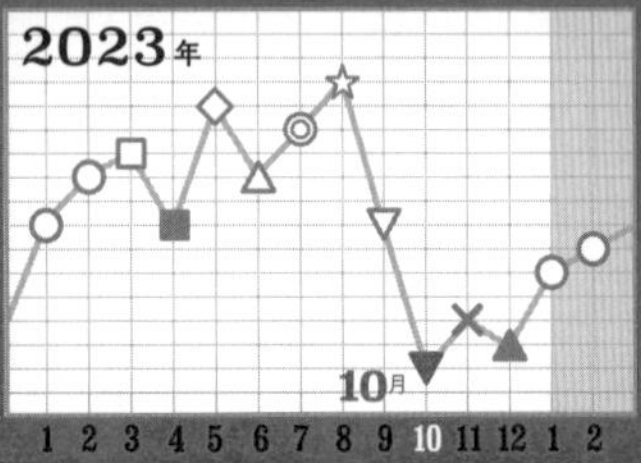

今月の開運3か条

- 過度な期待をしない
- 「困ったときはお互いさま」と思う
- しっかり入浴して、睡眠時間を長くとる

総合運

他人の雑なところが見えたら「自分事」として受け止めて

自分に合わないことが見えてくる時期。他人のダメな部分や雑なところが目についたり、期待外れな結果が多くなって、ガッカリすることも増えそうです。「相手が悪い」と責めてばかりいても、問題は解決しません。自分の見る目のなさや、過度に期待したことを反省し、今後繰り返さないようにしましょう。また、これまでサボっていた部分を突っ込まれたり、トラブルの原因をつくってしまうことも。至らない点は受け止めて、今後の課題にしましょう。

開運のつぶやき　傷つきヘコむことを恐れる前に、何もできなくなることを恐れたほうがいい

恋愛&結婚運

楽しむことを優先すると いい恋ができる

恋人がいる人は、相手の浮気が発覚することがありそうです。また、あなたが浮気相手だったり、不倫関係であったことがわかる場合も。浮気未遂くらいなら、ラッキーだと思うように。「正しい」よりも「楽しい」を優先すると、いい恋愛ができるでしょう。新しい出会い運は、素敵な人に会える可能性が低いので、期待せず、友人と遊ぶくらいにしておくのがオススメ。結婚も進展する運気ではないので、現状に満足して、楽しむようにするといいでしょう。

仕事運

チームで協力したり 助け合う大切さを学ぶ時期

いい感じで進んでいた仕事にトラブルが発生したり、急ブレーキがかかってしまいそうな月。発注先での問題や、大きなミスが見つかることもありそうです。取引先の急な変更やワガママに振り回されることも。あなたの実力不足を突っ込まれる場合もあるので、指摘を受けたら今後に活かすようにしましょう。「自分だけが頑張っている」と思うと苦しくなるだけ。いまはチームで頑張ることや、助け合いの大切さを学ぶ時期だと思っておきましょう。

金運&買い物運

カードでの 買い物に注意

故障や修理で出費が増えそうです。電子マネーやクレジットカードで買い物をするのはいいですが、請求額を見てゾッとすることになるかも。「安い」と思ったら、だまされていることもありそうです。とくに、ネットショッピングでは気をつけること。契約先などを軽はずみに変えてしまうと、手間がかかって結果的に損をする場合もあるので要注意。投資にも不向きな時期ですが、勉強しておくのはいいでしょう。

美容&健康運

裏目に 出やすくなる

体調を崩したり、体調不良の原因になることが起きそうな時期。スポーツをはじめたらケガをすることや、自分へのご褒美で出かけた先でガッカリする出来事があるなど、ストレス発散のためにしたことが、逆にストレスになってしまう場合も。サプリを飲むのもいいですが、効果が薄いおそれもありそうです。美意識が低下してしまう時期なので、入浴や睡眠をふだんより少しでも長くできるように工夫して、生活習慣を改善するといいでしょう。

開運のつぶやき　努力が足りないのではなく、工夫が足りないだけ

10月

▼乱気の月

1（日）	■	予定通りに進まずにイライラしたり、疲れがたまりそうな日。不機嫌な気持ちを周囲に伝えても、その不機嫌な空気を広めてしまうだけ。自分で気分転換する工夫をしましょう。
2（月）	◇	意見を求められたり、目立ってしまうことがある日。余計なことまで言ってしまいそうなので、発言するタイミングや言葉選びには慎重になりましょう。正しいことや真面目であることが、必ずしもいいとは限らないでしょう。
3（火）	△	小さなミスが多くなる日。時間を見間違えたり、計算違いや誤字脱字を見落としたままメールを送ってしまうことがあるので、しっかり確認するように。今日は、少し早めに仕事に取りかかって、時間にゆとりをもっておきましょう。
4（水）	＝	目的を果たすためには、少し遠回りをする必要がある日。時間がかかってもいいので、キッチリ仕事をしたり、基本に忠実に取り組むようにしましょう。雑な仕事をしないように、気をつけること。
5（木）	＝	便利なことや簡単にできることほど、いろいろな人の知恵と工夫のおかげで生まれたのだと、忘れないように。世の中は、あなたを楽しませたり、よろこばせてくれることであふれています。そのことに気づけると、1日を楽しめるでしょう。
6（金）	▽	真面目なフリをしているだけでは、周囲に実力がバレてしまうでしょう。ふだんの仕事に加えて、仕事に役立つ勉強をするのが「努力」です。言われたことだけやっているのは、努力とは言えないでしょう。
7（土）	▼	連休を楽しむのはいいですが、予想外の展開があることを覚悟しておくといいでしょう。ゆとりをもって行動するのがオススメです。多少のトラブルに巻き込まれて、疲れてしまう場合のことも想定しておきましょう。
8（日）	×	人に過度な期待をすると、残念な気持ちになってしまいそうです。反面教師を見つけたと切り替えて、「自分が同じようなことをしなければいい」と思いましょう。マイナスな出来事を、プラスに変える工夫を忘れないように。
9（月）	▲	身の回りを片付けたり、しばらく着ていない服を処分しましょう。幼稚な趣味は今日で終わりにするといいでしょう。無駄な時間を使うスマホアプリも消しておくこと。動画を簡単に見られないような設定にしておくのもオススメです。
10（火）	＝	正論を言うのはいいですが、それによって困る人や、被害を受ける人がいることも想像するように。正しい考え方をしたいなら、「相手が思う正義」にも考えをめぐらせることが大事です。
11（水）	＝	流行っていることを周囲から教えてもらえそうな日。おもしろい映画や漫画、本などを紹介されたら、メモをしてすぐに観たり読むようにしましょう。教えてくれた人にはお礼を伝え、感想を言うことも忘れずに。
12（木）	■	何事も学ぼうとする気持ちが大切な日。世の中には、あなたが知らないことが、まだまだたくさんあります。「学んで理解すると、おもしろいことだらけ」ということを忘れないように。夜は疲れやすいので要注意。食べすぎにも気をつけて。
13（金）	■	急に忙しくなったり、いつもと違うペースになって疲れてしまいそうな日。体力を温存しながら、こまめに休憩をとるようにしましょう。ランチの食べすぎで集中力が落ちることもあるので注意しましょう。
14（土）	◇	気になっていた人と仲よくなれたり、急に遊びに誘われそうですが、もてあそばれて後悔することがあるかも。疑問に感じる部分があるなら、深入りしないように。
15（日）	△	自分でも「やってしまった」と反省するようなミスをしやすい日。財布を忘れて出かけてしまい、取りに戻ったことで予定が乱れる、なんてことも。周囲に迷惑をかけてしまう場合もあるので気をつけて。

開運のつぶやき　恥をかけるくらいの度胸は必要

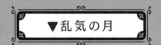

ずっと

まだまだ運気をUP したいあなたへ……

New!

ゲッターズ飯田の 運めくり カレンダー

大好評!

ゲッターズ飯田の
言葉が刺さりまくる
「日めくりカレンダー」第3弾!
言葉&イラストともに、新規描き下ろし。
1年中使えて、めくるたびに幸せ近づく!

通常版:
1760円(税込)

特別版:
2200円(税込)

特別版には特製手ぬぐいとポストカードのおまけ付き

特製手ぬぐい➡

↓ポストカードは、全5種類のうち1枚が入っています。

言葉ひとつで人生は変わることがある

朝日新聞出版

Webアンケートでもらえる！

応募締切：2024年1月31日

アンケートに回答いただいた方の中から抽選で

30名様に
図書カード1000円分を
プレゼント！

スマホで
簡単アクセス！

アンケート回答＆メルマガ登録は
←こちらから

※当選の発表は、発送をもってかえさせていただきます。

さらに!!
最新＆お得な情報を
お届けする
メルマガも
登場予定！

『五星三心占い2024』のもうひとつの楽しみ方

未収録ページを お見せします！

いますぐ
CHECK！

購入者限定で、
本編には未収録の
ページを公開中！
見るも見ないもあなた次第!?
QRコードを読み取って、
もっと占いを味方にしよう！

16（月）	＝	親友や付き合いが長い人の存在に、感謝の気持ちがわく日。悩みや不安を相談してみると、いい言葉を教えてくれたり、励ましてもらえることが。家族の存在に感謝するような出来事もありそうです。
17（火）	＝	余計なものを買ってしまいそうな日。「これは必要!」と思って勢いで購入しても、結局使わないかも。もっと先のことまで考えて判断するようにしましょう。営業トークのうまい人にも気をつけて。
18（水）	▽	良くも悪くも一区切りつけられる日。気持ちは楽になりそうですが、やる気も一緒に失ってしまうことがあるでしょう。人から求められることの大切さを忘れずに、自分の得意なことをアピールしておくといいでしょう。
19（木）	▼	小さな壁に直面してやる気を失ったり、苦手だと思って逃げてしまいそうな日。避けていても同じことを繰り返すだけ。乗り越える覚悟を決めましょう。自分が苦手なことや不慣れなことを知るのは、いい自己分析になります。
20（金）	×	面倒見がよいのはいいですが、親切にしたつもりが、お節介に思われてしまうことも。それでもあなたに善意があるなら、押し通してみましょう。些細なことで怯まないように。
21（土）	▲	大掃除や片付けをするにはいい日。窓の拭き掃除をしたり、ピカピカになるものはドンドン磨いて光らせましょう。便利グッズを使うのもいいですが、ぞうきんがけをして、いい汗を流すのもオススメです。
22（日）	＝	「新しい」と思うことに飛びついてみるといい日。多少の失敗は、おもしろがるくらいの気持ちでいるほうがいいでしょう。なんとなく気になった食べ物を選んでみると、「え〜」と驚いて笑えることがありそうです。
23（月）	＝	周囲と協力することを楽しんでみるといい日。相手を信用することで、あなたも信頼されるようになるものです。疑わない心や、相手を尊敬する気持ちを忘れないようにしましょう。
24（火）	■	「なんのために働いているのか」と考えるよりも、頑張ったあとの明るい未来を想像したり、自分の仕事の先で笑顔になっている人のことを想像しましょう。自分も他人も幸せにするために、仕事をしていることを忘れないように。
25（水）	■	頑張りすぎて疲れてしまいそうな日。今日は、少しペースを落としたり、最低限の仕事ができていればいいと思っておきましょう。ただ、いっときのペースダウンとサボりは違うので、癖にならないように気をつけること。
26（木）	◇	皮肉を言う人にショックを受ける前に、「冗談がすべっているだけ」と思っておきましょう。世の中には、おもしろいことを言っているつもりでも、実際はすべっている人がたくさんいるものです。「自分も気をつけよう」と思いましょう。
27（金）	△	「あれ?」と思うような忘れ物やミスをしやすい日。初歩的なミスをして恥ずかしい思いをすることもありますが、本気で注意していれば避けられるでしょう。大事なものの置き忘れにも気をつけましょう。
28（土）	＝	「久しぶりにあの店に!」と張り切って行ってみると、潰れていてガッカリすることがありそう。出かける前にネットで調べておくといいでしょう。友人からの情報も大切にしましょう。
29（日）	＝	映画館や美術館に足を運んだり、芝居を観に行くといい日。気になるものがあるか、調べてみるといいでしょう。地域のイベントなどに行ってみると、いろいろと素敵な発見がありそう。頑張っている人からもパワーをもらえるでしょう。
30（月）	▽	日中は、いい流れで仕事ができそうです。仲間の存在にも感謝して「ありがとうございます」を伝えるといいでしょう。夕方以降は、言動が空回りしたり、変なウワサに振り回されてしまうかも。
31（火）	▼	相手にとってはたわいのない冗談でも、あなたはショックを受けてしまうかも。適当なことを言う人もいるので、気にしないように。前向きないい言葉を、自ら発するように努めましょう。

☆開運の日　◎幸運の日　◇解放の日　○チャレンジの日　□健康管理の日　△準備の日
▽ブレーキの日　■リフレッシュの日　▲整理の日　×裏運気の日　▼乱気の日　＝運気の影響がない日

11月

×裏運気の月

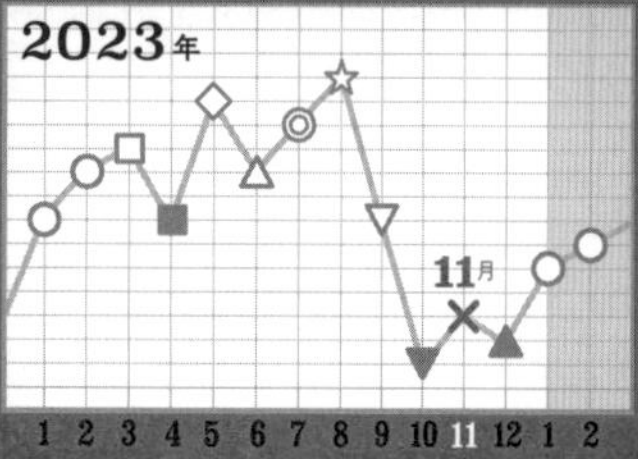

今月の開運3か条

- 「裏目に出るかも」と思っておく
- 信頼できる人に相談する
- 一生懸命に掃除をする

総合運

やさしさが空回りしても善意があるなら押し通して

ふだんなら興味をもたない人や、関わりが薄い人のことが気になったり、情に流されてしまいやすい時期。やさしくしても相手から感謝されないことや、余計なお世話に思われてしまう場合もありますが、あなたに善意があるなら押し通してみるといいでしょう。夢を追いかけている人や、頑張っている人の応援をしたくなったり、これまでとは違う人脈もできるタイミングです。変化を楽しむといいですが、心身ともに疲れやすい時期でもあるので、注意は必要です。

開運のつぶやき｜理解できないのではなく「わかろうとしていない」だけ

恋愛&結婚運

予想外の人が気になっても無謀な告白は避けて

思い通りに恋が進展しない時期。予想外の人に、恋をしたり興味がわいてしまいそうです。手の届かないような人や、年齢の離れた相手を好きになって、「これは違う」と思いながらハマってしまうことも。恋をするのはいいですが、無謀な告白は失恋に終わるだけなので気をつけましょう。すでに知り合っていて評判のいい人でも、デートをするなどして、どんな人かをよく知る必要はありそうです。結婚運は、進展しそうにないので、気にしないように。

仕事運

現状維持や流れに身を任せることが大切な月

苦しい状況に立たされたり、仕事に不満がたまってしまう時期。マイナス面が気になったり、他人の粗い仕事ぶりにイライラしたり、苦手な人と関わる時間が増えることも。今月は、結果を求めるよりも現状維持に努めて、流れに身を任せることが大切です。判断ミスで周囲に迷惑をかけてしまうこともあるので、よく確認すること。何かをする際は「裏目に出るかも」と覚悟しておきましょう。相談することは大事ですが、話す相手は間違えないように。

金運&買い物運

即決せずに後日判断を

一生懸命頑張っている人を応援するために、いらないものを買ったり、不要な契約をしてしまいそうな時期。本当に必要なのかしっかり考えて、断り切れないときはその場で決めず、後日返事をしましょう。ネットでの買い物も、よく調べないと高いものを選んでしまいそう。送料の確認や、ほかの商品との比較も忘れずに。投資などには不向きな時期ですが、ポイントでできるものならはじめてもよさそうです。ポイ活を楽しんでみましょう。

美容&健康運

明るさを意識して過ごそう

心が乱されやすく、ストレスがたまったり、落ち込むことがありそうです。ウソでも明るく振る舞うように努めていれば、自然と元気になれるでしょう。おもしろい人に会っていろいろ話してみると、悩みや不安を吹き飛ばしてもらえそうです。親友に連絡をしてみるのもオススメ。体調も崩しやすいので、ゆとりをもった行動や、健康的な食事を意識すること。運動を兼ねて部屋の掃除を一生懸命してみると、心も体も、身の回りもスッキリしそうです。

開運のつぶやき　傷ついても、一歩前に進むことに価値がある

11月　×裏運気の月

1（水）	×	今月は体調を崩したり、異変を感じやすい時期。調子の悪さを感じたらそのままにしないで、早めに病院に行くようにしましょう。ストレスがたまっていると感じたときは、家でゆっくりお風呂に入ってのんびりしましょう。
2（木）	▲	しばらく歯医者に行っていないなら、時間を見つけて予約を入れましょう。虫歯ができていないかをチェックして、歯石をとってもらうといいでしょう。ただし、うっかりミスをしやすい日なので、日付や時間を間違えないように。
3（金）	＝	誰かの誘いを待って時間を無駄にするよりも、自ら気になる場所に行ったり、友人を誘ってみるといい日。自分でも意外と思える人に連絡してみると、予想よりもあっさり返事がきて、会えることになるかも。
4（土）	＝	はじめての経験を楽しんでみるといい日。予想と違って少しガッカリする場合もありますが、今日の経験はのちにプラスになります。些細なマイナスは気にしないようにしましょう。
5（日）	■	「生活習慣を整えたい」と少しでも思っているなら、身の回りを片付けて、不要なものや自分を誘惑するものは見えないところにしまいましょう。お菓子やお酒は、隠すなり人にあげるなどして、冷蔵庫に常備しないように。
6（月）	■	真面目に取り組むのはいいですが、考えすぎたり、頑張りすぎて疲れてしまいそう。休憩など、一息入れる時間をつくるのも仕事の一部です。休むときは、スマホなど見ず、しっかりと体や目を休ませるようにしましょう。
7（火）	◇	ダメ元で提案した意見や企画が通りそうな日ですが、そのぶん忙しくなったり、責任を背負うことにもなりそうです。発言する前に、その後の負担をしっかり考えておくといいでしょう。
8（水）	△	今日は、集中力が欠けやすい日です。慌てて行動するとケガをしたり、体をぶつけてしまうので気をつけましょう。思わぬものを忘れて焦ってしまう場合もあるので、確認作業をしっかりと行うこと。
9（木）	＝	押しと粘りが必要な日。ダメ元でも自分の考えを押し通してみたり、いろいろな表現や言葉で交渉してみるといいでしょう。語彙力が足りないと感じたなら、本を読むなどして勉強しましょう。
10（金）	＝	頑張りを認めてもらえそうな日。今日は「余計なことかも」と思っても、気になったことは、自らすすんで行動するといいでしょう。苦手な先輩からほめられて、驚くようなこともあるかも。
11（土）	▽	日中は運気がいいので、自分の用事は早めに片付けておきましょう。また、家族やお世話になった人に、些細なものでもプレゼントをしてみるといいでしょう。おいしいお菓子やパンを買って渡すのもオススメです。
12（日）	▼	残念な思いや、空回りをしやすい日。ジタバタするとさらに面倒なことになったり、疲れるだけです。今日は流れに身を任せて無理をしないこと。ひとりの時間を楽しんだほうがよさそうです。
13（月）	×	疲れをためてしまいそうな日。無理しないで少しペースを落としたり、頑張りすぎないことが大事です。ウワサや陰口を耳にしてガッカリすることもありますが、余計な人に心を乱されないようにしましょう。
14（火）	▲	無駄な動きを減らすように意識するといい日。ダラダラしないで、短時間で仕事を終わらせたり、無駄をショートカットする工夫をしてみましょう。身の回りで邪魔になっているものがあるなら、片付けて。
15（水）	＝	気持ちと体がうまく噛み合わない日。やる気はあるのに体が重たく感じられて、なかなか挑戦できなくなってしまうことも。ストレッチをしたり、少し体を動かしてみるとよさそうです。

開運のつぶやき　「運が悪い」と言わない、思わないことが幸運への近道

16（木）	＝	今日は、自分も含め、人の弱点や欠点はそっとしておきましょう。誰しも得意分野や強みを活かして、世の中を渡っていけばいいだけ。不慣れなことや苦手なことを鍛えるのは、もう少し先でもいいでしょう。
17（金）	■	「なんでもいい」「どちらでもいい」を口癖にしないようにしましょう。とくに、「どうでもいい」と思うことほど、即決断するように。「何食べたい?」と聞かれたときは、すぐに自分の気持ちを言いましょう。
18（土）	■	今日は、しっかり体を休ませるといい日。思ったよりも疲れがたまっていて、集中力が低下しそうです。時間やスケジュールにはゆとりをもっておくといいでしょう。昼寝をしたり、マッサージを受けるのもオススメです。
19（日）	◇	楽しい時間を過ごせる日。気になった場所に行ってみたり、映画館や美術館、イベントなどへ足を運んでみるといいでしょう。神社仏閣でのんびりすると、気持ちが落ち着きそうです。渋い感じの喫茶店に行くのもいいかも。
20（月）	△	些細なことでも確認することが大事です。持ち物や数字、日付などもしっかりチェックするようにしましょう。また、冗談のつもりでも、余計なことを言わないように気をつけること。
21（火）	＝	購入しただけで読んでいない本を読んだり、つい先送りにしてしまっていた筋トレやダイエットをはじめるにはいい日。後回しにしている仕事があるなら、先に手をつけておくといいでしょう。
22（水）	＝	余計な出費がないか、チェックするといい日。家計簿アプリを使いはじめるなどして、無駄な固定費を削るようにしましょう。お金に関する本を読んだり、動画で勉強するのもオススメです。
23（木）	▽	突然遊びに誘われるなど、人とのつながりが強くなる日。面倒で断りたいときほど行ってみると、想像よりもいい思い出ができたり、いい話が聞けそうです。夜は疲れやすいので、お酒はほどほどにして、早めに帰るようにしましょう。
24（金）	▼	人間関係で問題が起きたり、厳しいことを言われてヘコんでしまいそうな日。何を言われても、マイナスに受け止めすぎないことが大切です。人との距離感も間違えないように気をつけましょう。
25（土）	×	予想外の出来事が多い日。ダメ元で気になる人に連絡してみると、デートができたり、仲よくなれたりしそう。「おもしろい」と思ったときは素直に笑うなど、楽しい空気を出すよう意識するといいでしょう。
26（日）	▲	身の回りを片付けるにはいいタイミングですが、間違って大事なものを捨ててしまうことがありそう。しまった場所を忘れてしまうこともあるので、写真を撮ったり、メモを残しておきましょう。
27（月）	＝	若い人や後輩と関わってみるといい日。何気ない雑談からおもしろい話を聞けたり、前向きな気持ちになれそうです。ふだん関わりが少ない人にも、遠慮しないようにしましょう。
28（火）	＝	憧れの人や尊敬できる人の話を聞いてみるといい日。相手と同じ苦労をしていなくても、いまがとても恵まれていることに気づけそうです。「自分には、やるべきことがたくさんある」ということも見えてくるかも。
29（水）	■	予定の詰め込みすぎには要注意。安請け合いをすると、慌ただしくなりすぎて、苦しくなるだけです。少しゆとりをもっておくか、ギリギリで行動しないで済むように工夫しておきましょう。
30（木）	■	苦手な人と一緒になる時間が増えることや、実力以上のことを任されてしまいそうな日。頑張るのはいいですが、限界を感じる前に助けを求めたり、仕事のやり方について、アドバイスをもらうようにしましょう。

☆開運の日　◎幸運の日　◇解放の日　○チャレンジの日　□健康管理の日　△準備の日
▽ブレーキの日　■リフレッシュの日　▲整理の日　×裏運気の日　▼乱気の日　＝運気の影響がない日

12月

▲整理の月

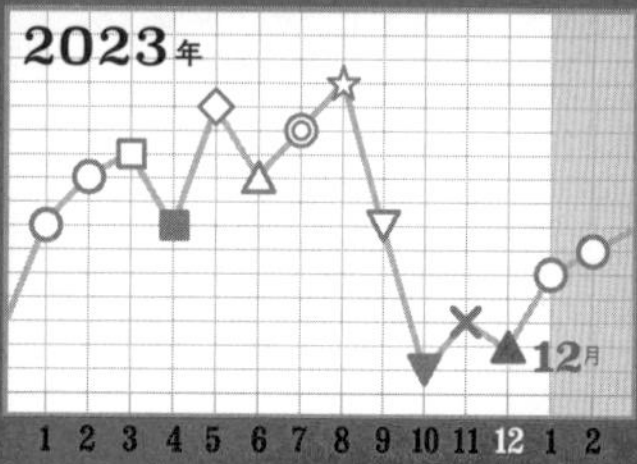

今月の開運3か条

- 去る者は追わない
- 年齢に見合わないものは処分する
- 整理整頓を心がける

総合運

人間関係の整理が必要な月。切れる縁には執着しないこと

良くも悪くも区切りをつけるのにいいタイミングです。身の回りにあるいらないものや、年齢に見合わないものはドンドン処分しましょう。悪友やあなたを振り回す人とは距離をおくなど、人間関係の整理も必要でしょう。ここで我慢したり、無理に関係を続けてしまうと、悩みの原因になってしまうことも。簡単に縁が切れなければ、ほどよく離れるようにするといいでしょう。相手から距離をおかれた場合は、「去る者は追わず」と思って、執着しないように。

開運のつぶやき　苦労ではなく、感謝の気持ちを試されている

恋愛&結婚運

惰性で付き合っている人とはキッパリ別れる

中旬までは失恋する流れや、恋人と噛み合わない感じがありそうです。クリスマスあたりからはいい感じに戻る運気なので、意識して明るい話をしたり、ポジティブな言葉を発するようにしましょう。「縁を切りたい」と思いながらもズルズル付き合っている相手とは、今月のうちにキッパリ別れたほうが、運命の人との出会いにつながるでしょう。結婚運は、下旬に少し動きがありそう。1年後を目標にすると前向きな話ができるでしょう。

仕事運

多くを求めすぎないこと。転職はもう少し待って

やる気が出ず、心身ともに疲れを感じ、突然仕事をやめたくなることがありそう。中旬を過ぎると気持ちが復活してきて「まあ、来年も頑張ろうかな」と思えてくるでしょう。仕事道具や職場をきれいにするなど、身の回りを整えることで前向きにもなれそうです。多くを望みすぎないようにすることも大事。転職を考えている場合は、今月決めると後悔することになるので、2024年の夏ごろに検討するのがオススメです。

金運&買い物運

いらないものを売ってみて

着ない服や使わないもの、いらないものを処分するといい時期。置きっぱなしにしていないで、フリマで売ったり、人に譲りましょう。読み終わった本をネットで売ってみると、思わぬ値段になる場合もありそうです。欲しいものは、下旬や来月に購入するのがオススメです。中旬までは値段の比較をしておくといいでしょう。投資などの資産運用は、ようすを見ておいたほうがいいので、情報集めと勉強に専念しましょう。

美容&健康運

調子を取り戻していこう

ここ1、2か月で体調を崩してしまった人も、中旬からは調子がよくなってきそうです。とくに肌荒れが気になっていた人は、体調とともに落ち着いてくるでしょう。激しい運動はオススメできませんが、軽いダイエットをはじめるにはいいタイミングです。まずは、お菓子や間食などを控えるところからはじめてみましょう。歯のホワイトニングや脱毛などにもオススメの時期です。知り合いにいい病院やサロンを紹介してもらいましょう。

開運のつぶやき　過度な期待をする前に、うまくいかないことすら楽しんでみるといい

12月

▲整理の月

1（金）	◇	求められることが増えますが、押しつけられているように感じてしまいそうな日。いまできる最善をつくしてみると、感謝されるようになるでしょう。誰かに必要とされている状況を、もっと前向きにとらえましょう。
2（土）	△	油断しているとケガをしたり、段差で転んでしまうことがあるので気をつけましょう。食事のバランスの悪さが、ニキビなどの肌トラブルにつながりやすい日でもあります。今日は、体によさそうなものを意識して選びましょう。
3（日）	＝	一緒にいると楽しい友人や先輩、後輩に連絡してみるといい日。相手からの誘いを待っていても何も変わらないので、自らメッセージを送ってみるといいでしょう。夜は出費が増えてしまうかも。
4（月）	＝	今日の経験は、のちに役立ちます。結果をすぐに求めずに、どんなことにも真剣に取り組みましょう。言われた以上のことをすすんで行う意識も大切です。「余計なことを……」と言われても、何もしないよりはいいでしょう。
5（火）	▽	何事も「苦手だ」と思い込まないように。苦手と感じるにはそれなりの原因があるはずなので、自分に足りない部分をしっかり分析するといいでしょう。コミュニケーション力を上げたいなら、笑顔で挨拶をすることからはじめてみて。
6（水）	▼	ほめてほしいと思うなら、まずはあなたが相手のいいところをほめることが大切。ただし、今日は不思議とズレたほめ方をしてしまいそう。相手をしっかり観察することを忘れないようにしましょう。
7（木）	×	自分では「真面目でしっかりしている」と思っていても、そもそも空気が読めていないタイプのあなた。無理をしないで、空気が読めないなりに周囲がよろこびそうな話をしてみると、うまく気持ちが伝わるでしょう。
8（金）	▲	大掃除とまでいかなくても、徐々に身の回りを片付けはじめるといいでしょう。使わないものや置きっぱなしのものは処分すること。ただし、間違って他人のものまで捨ててしまわないよう注意が必要です。
9（土）	＝	ふだんは行かないお店でごはんを食べたり、少し遠出をするといい日。小旅行をするといい気分転換になりそうです。ゆとりがあれば1泊するといいかも。少しの勇気が、人生を変えるきっかけになるでしょう。
10（日）	＝	ふだん自分から遊びに誘うことがないなら、そのルールを壊すといい日。気になる人にはドンドン連絡してみましょう。小さな挑戦がいい流れをつくってくれそうです。気になる習い事の体験教室に申し込むのもいいかも。
11（月）	□	「なんとかなる」と言うことが大切。何事も試しにやってみないとわからないもの。マイナス思考になったり、真面目に考えすぎたりしないで、「人生は実験」と思い、もっと前向きに挑戦してみましょう。
12（火）	■	頑張りすぎると疲れるだけ。ときどきの無茶はいいですが、無理は続かないでしょう。今日は少しペースを落としてもよさそうです。ただし、サボっていいわけではないので、自分に都合のいい解釈はしないように。
13（水）	◇	肩の力が抜けて、いい感じで仕事ができたり、周囲と話せたりしそうです。少しくらい雑な部分があるほうが、人生でいいことが多いもの。神経質になりすぎないで、「グレーなところがあって当然」だと思っておきましょう。
14（木）	△	失くし物に注意が必要な日。書類や鍵が見つからず、「たしかにカバンに入れたはずなのに……」と焦ることがありそう。トイレにものを置き忘れてしまうことも。席を立つときは、持ち物の確認を忘れずに行いましょう。
15（金）	○	付き合いの長い人からの一言が、心にズシッときそうな日。厳しい言葉をかけられたり、図星を指されてもヘコまないように。「自分の学びが足りていなかった」と認めて、ゆっくりでもいいので成長につなげましょう。

開運のつぶやき　頭に響く言葉があり、心に響く言葉もある

16（土）	○	クリスマスプレゼントや、年末年始に使うものを買いに行くといい日。出費が多くなりそうですが、ストレス発散にもなっていいでしょう。少し大きめのショッピングモールに行ってみるのがオススメです。
17（日）	▽	日中は、スポーツや体操をするなど、少し体を動かすのがオススメ。ストレッチや、買い物がてら散歩をしてみると、1日をスッキリした気持ちで過ごせるでしょう。夜は、家族や身内に振り回されてしまうことがあるかも。
18（月）	▼	「あちらを立てれば、こちらが立たず」と、板挟みになって困ってしまいそうな日。自分で決めるより、先輩や上司など信頼できる人のアドバイスを大事にするといいでしょう。
19（火）	×	物事が裏目に出やすい日。それでも、何もしないままよりも、よかれと思って行動したうえで失敗するほうがいいので、自分を信じて動いてみましょう。うまくいかなかった場合は、その原因をしっかり考えること。
20（水）	▲	何事もシンプルに考えるといい日。無駄な動きや不要な考えをなくすよう心がけましょう。ダラダラしてしまう原因がスマホにあるなら、手の届かないところに置いたり、設定を変えるようにしましょう。
21（木）	＝	「今日はどんなことが起きるかな?」と、できるだけ前向きな想像をしてみましょう。「今日も楽しい1日になる」とつぶやく癖をつけると、本当に楽しい出来事が起きるようになるでしょう。
22（金）	＝	いい出会いやいい経験ができる日。ただし、あなたは面倒に感じてしまうかも。「面倒を乗り越えた先に、楽しい思い出や成長があるもの」と思って、厄介に感じたときほど思い切って飛び込んでみましょう。
23（土）	□	計画的に行動して、疲れをためないようにしましょう。今日の疲れは明日に響く場合もあるので、ゆとりをもって動いておくこと。夜は早めに寝て、翌日に備えましょう。
24（日）	■	暴飲暴食に注意が必要な日。おいしいからといって食べすぎたり、お酒を飲みすぎて大失敗することがあるので気をつけましょう。疲れを感じたときは、無理せず家でゆっくりしましょう。
25（月）	◇	急にクリスマスパーティーに誘われたり、予定が変わることがありそう。今日は、ノリや勢いを大切にしてみるといいでしょう。自ら誰かを誘ってみたり、みんながよろこびそうなことをやってみると、楽しい思い出もできそうです。
26（火）	△	仕事を納めたと思って家でのんびりしていたら、「今日が仕事納めですよ」と言われるなど、うっかり予定を勘違いして焦ってしまうことがありそう。仕事関係者への挨拶も忘れないように。
27（水）	○	よく考えたら今年は会っていなかったり、「今度飲みましょう」と約束したままになっている人に連絡してみるといい日。忘年会や同窓会などの集まりに参加すると、今後頑張る力をもらえそうです。
28（木）	○	買い物をするには最適な日。年末年始に使うものや、服を購入するといいでしょう。見栄を張って高いものを買うのではなく、「高そうに見えるもの」を選んで、出費を抑えるのがオススメです。
29（金）	▽	片付けや年賀状づくり、買い物などの用事は日中に終わらせて、夜はのんびりするといい日。ダラダラしていると、何もしないで1日が終わってしまいそう。好きな音楽をかけて掃除をするのもいいでしょう。
30（土）	▼	期待外れな出来事があったり、外出先で人混みに巻き込まれてヘトヘトになってしまいそう。今日は、家でゆっくりする時間を増やしましょう。映画を観てのんびり過ごすのもオススメです。
31（日）	×	予想と違う1日になりそうな日。のんびりした大晦日のつもりが、急に遊びに誘われることも。突然、予定がキャンセルになりさみしい大晦日になりそうなときは、自ら友人を誘ってみると、楽しい時間を過ごせるでしょう。

☆開運の日　◎幸運の日　◇解放の日　○チャレンジの日　□健康管理の日　△準備の日
▽ブレーキの日　■リフレッシュの日　▲整理の日　×裏運気の日　▼乱気の日　＝運気の影響がない日

1月

○ チャレンジの月

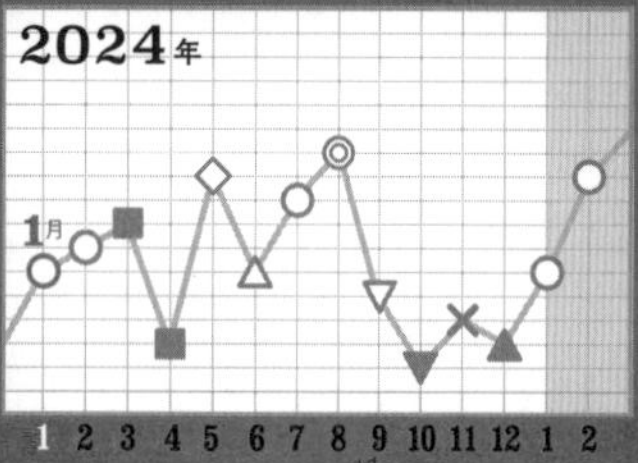

今月の開運3か条

- 新しいことに目を向ける
- はじめて行く美容室でイメチェンする
- 生活リズムを変える

総合運

素敵な出会いや体験がありそう。これまでのルールを変えていこう

興味をもつことが増えて、気持ちが前向きになってくる月。自然と視野も広がるでしょう。好奇心がわいたときに即行動してみると、さらに興味のあることを見つけられそうです。素敵な出会いがあったり、いい体験ができることもあるでしょう。受け身で待つのではなく、少しでも行動に移すことが大切です。これまでのルールや生活リズムを変えるのにもいいタイミング。ネガティブなことばかり言う人とは、距離をおくか、付き合い方を変えてみるといいでしょう。

開運のつぶやき　朝起きて「今日も楽しい1日になるぞ」と言うと、本当に楽しい1日になる

恋愛&結婚運

新しい出会いは慎重に判断を。好きな人にはアプローチを変えて

新たな出会いが増える月。これまでとは違うタイプの人や、少し変わった才能・個性をもった人が現れそう。ただし、あなたを振り回す人が出てくる時期でもあるので、相手選びは慎重に。積極的な人が誠実とは限りません。押し切られると弱いところがあるため周囲の評判などもしっかり聞くこと。すでに気になっている人がいるなら、これまでとは違うアプローチを試すのがオススメです。結婚運は、前向きな将来の話をしてみると、ゆっくりと動き出しそうです。

仕事運

やる気がわいてくる時期。文句の多い人とは距離をおくこと

じんわり忙しくなる時期。求められることが増えてしまいますが、そのぶんやる気もわいてくるでしょう。前向きに仕事に取り組めたり、いい方法や工夫できることを見つけられそうです。役立ちそうな情報を集め、詳しい人や結果を出している人からアドバイスをもらうと、さらにいい環境になるでしょう。一方で、愚痴や不満、文句が多い人とは距離をおくこと。相手に影響されて不満をためないように気をつけましょう。

金運&買い物運

「新しいもの」を集めよう

新商品や新しいお店などに目がいくようになる時期。買い替えを考えているものがあるなら、今月購入するといいでしょう。日用品も発売されたばかりの商品に変えてみると、お気に入りを見つけられそうです。お金の勉強を真剣にはじめるにもいいタイミング。詳しい人に相談したり、本やネットで学んでみましょう。少額の投資やNISAなどをスタートしておくと、1年後にやっておいてよかったと思えるかも。

美容&健康運

健康的な生活リズムを

「リフレッシュの年」は、体調に注意が必要な年です。今月から睡眠時間を増やしたり、日ごろ口にするものの栄養バランスを意識して、健康的な生活を心がけましょう。「少し体力をつける」くらいの気持ちで軽い運動をはじめてみると、長く続けられそうです。少し高価なフェイスパックを使うなど、評判のいいものやこれまでとは違う方法で美意識を高めるのもいいでしょう。歯列矯正をはじめるのにもいい月です。

1月

○チャレンジの月

1（月）	▲	新年早々、忘れ物や失くし物をしやすい日。「あれ？　ここに置いたのに」と焦ってしまうようなことがありそう。今日は、ふだんよりもていねいに行動するよう心がけておきましょう。
2（火）	○	家族や身近な人との会話のなかで、急にいいアイデアが思い浮かびそう。前向きになるきっかけをつかめることも。はじめて会う人から学べることも多いでしょう。
3（水）	○	興味のある場所に行ってみるといい日。気になるお店やイベントなどを調べてみましょう。少し遠い場所でも思い切って行ってみると、いい発見や出会いがありそうです。
4（木）	□	健康的な食事を心がけたり、ストレス発散に時間を使うといい日。少し汗を流す程度の運動やストレッチをするのもオススメです。
5（金）	■	疲れを感じたり、肩や首などに痛みが出ることがあるかも。今日は、無理をしないでのんびり過ごしましょう。暴飲暴食にも気をつけること。
6（土）	◇	小さなラッキーがある日。クジが当たって景品をもらえることや、ポイントアップのサービスを受けられることがありそう。いい出会いもあるので、外出したり、気になる人がいるなら連絡してみるといいでしょう。
7（日）	△	忘れ物や遅刻をするなど、いろいろなところに抜けが見つかりそうな日。今日は慎重に行動し、いつもより時間を気にしながら過ごすとよさそうです。
8（月）	◎	頭の回転が速くなり、実力をうまく発揮できそうな日。自分がレベルアップしていることを実感できたり、これまでの経験が役立つことがあるでしょう。付き合いの長い人との縁を感じられることも。
9（火）	☆	真剣に仕事に取り組むことで高く評価されたり、いい結果を残せる日。どんな仕事でも感謝を忘れず、一生懸命さをアピールしてみるといいでしょう。周りからも応援してもらえそう。
10（水）	▽	日中は、仕事が完璧にできたり、計画通りに進められそう。ただし、夕方あたりからは集中力が途切れて、中途半端な感じで終わってしまうかも。大事な用事は早めに片付けておきましょう。
11（木）	▼	人に会うのはいいですが、今日は予想外に振り回されたり、面倒なことに巻き込まれてしまいそう。ソリの合わない人がいても、ガッカリしないように。
12（金）	×	信頼していた相手にだまされたり、冗談半分でもウソをつかれたりと、人の嫌な部分を見てしまいそう。気にしすぎると疲れてしまうので、今日は適度な距離感を心がけるといいでしょう。
13（土）	▲	掃除や片付けをするにはいい日。ただし、間違って使えるものまで処分してしまうこともあるので、捨てるときはしっかりチェックをするように。拭き掃除をして身の回りをピカピカに磨くと、運気も気分も上がるでしょう。
14（日）	○	知り合いや友人の集まりに顔を出してみましょう。素敵な人と仲よくなれたり、うれしい出会いがありそうです。誘いを待っていないで、気になる人には自ら連絡してみましょう。
15（月）	○	新しい方法を試したり、気になることに挑戦してみるといい日。多少の失敗は気にせず、とりあえずトライすることが大切です。失敗しても、そこから学んで成長できるでしょう。

開運のつぶやき　他人を励ます人に運は味方する

16（火）	□	今日は、時間を決めて行動しましょう。何事も早めに終わらせて、ゆとりをもってみるといいでしょう。「15分前行動」をするのもオススメ。もっと時間を意識して過ごしてみて。
17（水）	■	疲れから集中力が続かなくなってしまいそうな日。休憩時間はしっかり体を休ませましょう。目を閉じる時間をつくったり、目の周りをマッサージするのもオススメです。
18（木）	◇	突然遊びに誘われたり、片思いの相手といい関係に進みそう。物事をネガティブにとらえていると、チャンスを逃してしまいます。今日は思い切って行動してみるといいでしょう。
19（金）	△	小さなミスが増えてしまいそうな日。見落としをしやすいので、何事もしっかり確認するようにしましょう。失言や操作ミスにも気をつけて。
20（土）	◎	親友に会うことになったり、旧友から突然連絡がきそうな日。しばらく会っていなかった人を集めて新年会をしてみるといいでしょう。出かけた先で偶然出会った人と仲よくなれることも。
21（日）	☆	買い物をするにはいい日。セールに行ったり気になるお店に入ってみると、お得なものを見つけられそう。少しいい美容室で髪を切ってイメチェンをすると、モテを感じられるかも。
22（月）	▽	午前中は、思った以上にいい仕事ができたり、うれしい結果を出せそう。午後からは徐々に疲れを感じることや、集中力が低下することも。夜は、予想外の人に振り回されてしまいそうです。
23（火）	▼	苦手な人や面倒な人との関わりが増えそうな日。無理に関わるより、距離をおいたほうが気持ちも楽になりそうです。悪口やマイナスな発言はあなたの評価を下げるので、言葉選びに注意しましょう。
24（水）	×	慌てるとケガや大きなミスにつながりやすい日。急いでいるときほど落ち着いて冷静に行動することで、問題は簡単に避けられそうです。ふだんとは違う考えにも走りやすいので、気をつけておきましょう。
25（木）	▲	周囲に迷惑をかけてしまいそうな日。大事な書類を置き忘れたり失くすことや、操作ミスでデータを消してしまうことがあるかも。今日は落ち着いて冷静な行動を心がけましょう。
26（金）	○	今日は知らない世界を知ることで視野が広がるでしょう。いつもは聴かない曲を選んだり、避けていたドラマや映画を観てみると、いい刺激になりそうです。
27（土）	○	はじめての場所で、いい出会いやおもしろい体験があるかも。周囲からオススメされたお店に行ってみるなど、フットワークを軽くするとよさそうです。
28（日）	□	計画的に行動するといい日。予定の詰め込みすぎや、遅くまでの外出は避けましょう。体調を崩したり、次の日に響いてしまうことがありそうです。今日は消化のいい食べ物を選んでおくといいでしょう。
29（月）	■	疲れが顔に出たり、パワーダウンを感じそうな日。無理をしないで、自分のペースを保つよう意識してみて。仕事も、ややゆっくり進めるようにしましょう。夜は、急な誘いがありそうです。
30（火）	◇	いろいろなことをタイミングよく進められそう。自分の勘を信じて思い切って行動してみるといいので、今日は遠慮しないようにしましょう。恋のチャンスもつかめるかも。
31（水）	△	珍しいミスをしやすい日。周囲に笑われてしまうこともありそうですが、ときには失敗することも大切。恥ずかしい思いをするからこそ、今後気をつけられるようになりそうです。

☆開運の日 ◎幸運の日 ◇解放の日 ○チャレンジの日 □健康管理の日 △準備の日
▽ブレーキの日 ■リフレッシュの日 ▲整理の日 ×裏運気の日 ▼乱気の日 ＝運気の影響がない日

2月

○チャレンジの月

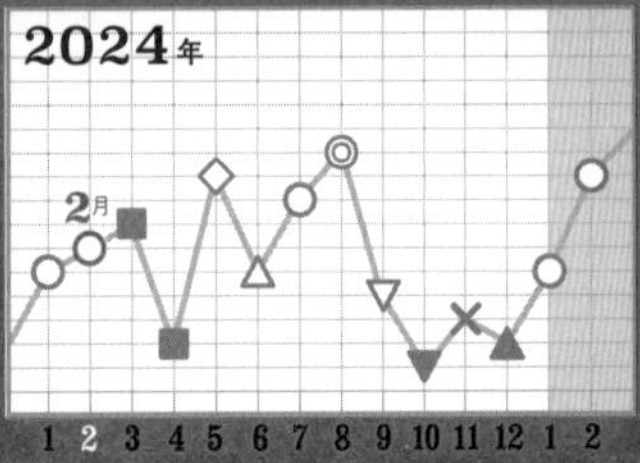

今月の開運3か条

- 初対面の人の話を聞く
- 知り合いや友人を遊びに誘う
- いつもより30分早く寝る

総合運

はじめて会う人から いい刺激をもらえる

思った以上に忙しくなったり、求められることが増えてしまう時期。新しい出会いや経験が増えて楽しくなりそうです。ただし、予定を詰め込みすぎるとバタバタする日々が続き、睡眠時間も減ってしまうのでほどほどに。はじめて会う人からこれまでにない発想やアイデアを聞けて、いい刺激をもらえたり、勉強になることもありそう。あなたの考え方を大きく変えるきっかけになる場合もあるでしょう。

開運のつぶやき　成長を望んで行動する人が、人生を変えていく

恋愛＆結婚運

誘いを待たないで
自分からアクションを起こそう

新しい出会い運がいい月です。フットワークを軽くするのはいいですが、誘われるまで待っているのではなく、自分から行動しましょう。今月は自ら気になる人を誘ったり、人脈のある人と遊んでみると、いい縁ができそうです。すでに恋人がいる人は、相手のペースに合わせすぎるとヘトヘトになる場合があるので、まったりデートがオススメ。結婚運は、今月は前向きな話ができそうです。ただし、相手に多くを求めすぎないよう気をつけましょう。

仕事運

求められることが増える月。
効率的な方法を探して

やるべき仕事が増えて、忙しくなる時期。求められることが多くなったり、これまでよりもレベルの高い仕事を任されることがありそうです。チェックの厳しい上司や取引先と仕事をすることになる場合も。残業が増えて疲れがたまりやすくなる時期なので、効率よく働く方法をもっと考えてみることが大切です。多少難しそうに感じても、新しい方法にチャレンジしてみると、のちに役立つようになるでしょう。

金運＆買い物運

経験や体験に
お金を使おう

新商品や、これまで興味のなかったものに目がいきそうです。人付き合いで出費が増えることも。新しい体験や経験にお金を使うといいので、気になる習い事があればはじめてみましょう。スポーツジムに通うなど、健康的な趣味をつくるのもよさそうです。将来に役立ちそうな資格の勉強や、スキルアップのための準備をするのもいいでしょう。金運は、投資をするなら少額で新しいものをはじめるのがオススメです。

美容＆健康運

よく眠り
疲れをとって

徐々に疲れがたまってくる時期ですが、今月は多少の無理をしても問題はなさそう。ただし、日々の疲れはこまめにとっておきましょう。しっかり湯船に浸かったり、睡眠時間を30分でも長くできるように生活リズムを変えてみて。また、ストレス発散になる運動や気分転換をするのもオススメです。やってみたかったことにはチャレンジを。美容面でも、新しいやり方や商品を試してみるといいでしょう。

開運のつぶやき　いい人や、やさしい人が多いことに気がつけば、人間関係をつくることは簡単

2月

○チャレンジの月

1（木）	◎	「不向きだ」「苦手だ」と勝手に思い込んでいることに、思い切ってチャレンジしてみて。意外と簡単にできたりスムーズに進められそう。自分のレベルが上がっていることを実感できるでしょう。
2（金）	☆	真剣に取り組むと楽しくなる日。サボったりダラダラすると苦しくなってしまうので、与えられた仕事や目の前の作業に集中しましょう。いい結果が出て、ほめられることもありそうです。
3（土）	▽	午前中から活動的になるといい日。買い物や用事は早めに終わらせておくと、気分もスッキリするでしょう。ダラダラしていると1日を無駄に過ごしてしまうことになるので要注意。
4（日）	▼	遊ぶ予定が急にキャンセルになったり、相手に振り回されてガッカリする出来事がありそう。今日は、何事も過度に期待しないで、「自分の機嫌をうまくコントロールする練習の日だ」と思っておきましょう。
5（月）	×	失敗したり、間違いが起きやすい日。どんな人でもミスはあるものなので、ヘコまないで挽回する方法を考えましょう。失敗や間違いから学べることはないか探してみて。
6（火）	▲	身の回りを整えてきれいにすると、失くしたと思っていたものが出てきそう。何に使うかわからないものが出てきたら、処分する前にしっかり確認すること。
7（水）	○	結果も大切ですが、今日は努力をしたり、勉強することが重要になる日。目標に向かって、いまからできることをはじめてみましょう。自分の気持ちに素直になると、何をすべきか見えてくるはずです。
8（木）	○	自分の伝えたいことを素直に言葉にするのはいいですが、言い方ひとつで人は変わることを忘れないように。一番伝えたいことは先に言うようにしてみましょう。
9（金）	□	よかれと思ってアドバイスしてくれる先輩や上司には、素直に従ってみましょう。うまくいかないときはすぐに報告して、次のアドバイスを仰ぐように。
10（土）	■	疲れを感じやすい日。予定を詰め込まないで、休憩時間をきちんと確保しておきましょう。食事面でも、体によさそうなものや温まるものを選ぶように。家でストレッチをするのもオススメです。
11（日）	◇	急に異性から連絡がきたり、遊びに誘われそうな日。告白されて交際がスタートする可能性も。気になる人がいるなら連絡して、あなたから告白してみると、いい結果につながりそうです。
12（月）	△	小さなミスや忘れ物をしやすい日。些細なことでもしっかり確認しておきましょう。余計なことを考えてボーッとしないよう気をつけること。相手の話も最後までしっかり聞くように。
13（火）	◎	難しいと思っていたことに挑戦するといい日。勝手に無理だと決めつけないでチャレンジしてみましょう。思ったよりも手応えを感じられたり、学びがあって、いい経験になりそうです。
14（水）	☆	これまでの努力がいいかたちで実を結んだり、実力を発揮できそうな日。今日は、遠慮せず自分の力を出し切るつもりで、何事も真剣に取り組んでみましょう。バレンタインのチョコも素直に渡すと交際につながりそうです。
15（木）	▽	日中は、あなたのセンスやアイデアをうまく活かせるでしょう。周囲からも信頼を得られそうです。夕方以降は、期待外れな出来事があるかも。意外性を楽しむようにするといいでしょう。

開運のつぶやき　仲間をつなぎ止めるには、己の成長も必要。人は成長する人を好きになる

16 （金）	▼	人間関係で苦労をしたり、残念な思いをしそうな日。人にはいろいろな事情があるものです。察するのが難しいときはそっとしておいて、相手の成長を見守りましょう。
17 （土）	×	思い通りに進みにくい日ですが、自分の想像と違った展開をもっと楽しんでみましょう。ふだん読まないジャンルの本を買ってみたり、あえて中身を見ずに表紙だけで選んで、どんな本かを楽しんでみるのもオススメ。
18 （日）	▲	部屋の大掃除をしたり、ふだん片付けないところをきれいにするといい日。浴室やトイレをピカピカにしてみましょう。クローゼットのなかにある不要なものも処分するといいでしょう。
19 （月）	○	新たな発想や方法を入手できそう。いろいろな人の話を聞いてみたり、考え方の違いを楽しんでみるといいでしょう。立場や状況で考えが変わることを楽しんでみて。
20 （火）	○	自分のことばかり考えていると、うまくいかなくなってしまう日。もっと全体を見てみたり、「相手のよろこぶことは何か?」を考えて行動しましょう。
21 （水）	□	人の個性をもっと認めるといい日。マイナス面ばかり気にして、自分や他人のダメなところばかり見ないで、長所に注目してみましょう。「ここがいいんじゃないかな?」と視点や考え方を変えてみて。
22 （木）	■	目の疲れや片頭痛、肩こりなどに悩みそうな日。無理をしないで、ストレス発散をしたり軽く体を動かしておくといいでしょう。今日は早めに帰宅したほうがよさそうです。
23 （金）	◇	自分の願いや想いを強くもちすぎないように。「いい結果が出たらいいな」くらいの気持ちで気楽に取り組んでみると、いい方向に進んで、思った以上の結果が出せそうです。周囲への感謝の気持ちも忘れずに。
24 （土）	△	ふだんならしないようなミスをしやすい日。約束をすっかり忘れて待ち合わせに遅刻したり、買ったものをそのままお店に忘れることなどがありそう。今日は1日、気を引き締めて過ごしましょう。
25 （日）	◎	久しぶりに懐かしい人と会えそうな日。偶然再会したり、突然連絡がくることがあるかも。少しの時間でも話をして、互いの近況を報告してみるといいでしょう。
26 （月）	☆	本気で取り組んでいることに、うれしい結果が出る日。努力したことや学んだことが役立ったり、周囲から求められる場面もあるでしょう。予想外に忙しくなりますが、充実した1日を過ごせそうです。
27 （火）	▽	午前中は、多少苦手なことでも思い切って挑戦すると、いい結果が出たり、いい流れに変えられそう。たまには開き直ってみることも大事です。夕方あたりからは、周りのミスの対応に追われてしまうかも。
28 （水）	▼	否定的な人や、ネガティブな情報を伝えてくる人と一緒に過ごすことになりそうな日。「まあ、そんな考え方もあるかな」と上手に流すようにするといいでしょう。
29 （木）	×	損得や結果ばかりにとらわれないで、仕事に対する美学をしっかりもつように。どんなふうに仕事をすれば、周囲から憧れられたり尊敬されるのか、考えて取り組んでみましょう。

3月

■リフレッシュの月

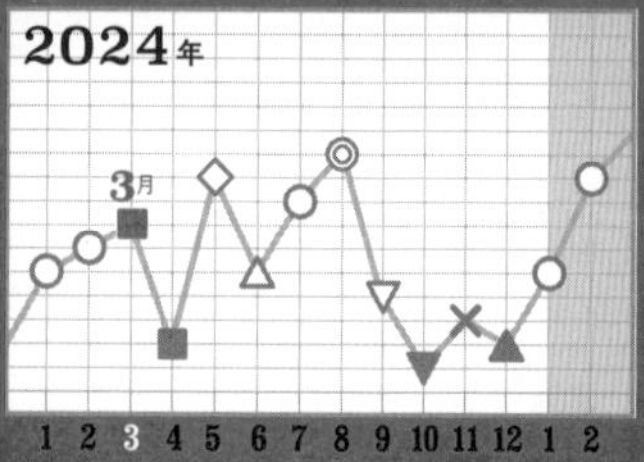

今月の開運3か条

- 現状への感謝を忘れない
- 軽い運動をする
- 食事のバランスを整える

総合運

現状維持に努めるのが吉。甘い言葉にはご用心

判断ミスや後悔するような選択をしてしまう可能性が高い時期。ないものねだりをすると不満や不安がたまるだけなので、今月は現状維持に努め、いまの状況にもっと感謝しましょう。誘惑にも負けやすくなるため気をつけること。とくに口のうまい人に振り回されそうなので、甘い言葉を投げかける人や営業上手な人と関わるときは、用心深くなっておいたほうがいいでしょう。

開運のつぶやき　なんとなく続ける力も大切

恋愛&結婚運

ドロ沼化に要注意。結婚はポジティブマインドがカギ

ふだんなら上手に避けられるような相手に引っかかりやすいタイミング。寂しいからといって安易に関係を深めることのないようにしましょう。言葉のうまい人にもてあそばれたり、三角関係や不倫などにハマってなかなか抜け出せなくなってしまうこともあるので気をつけること。結婚運は、将来の不安を口に出すと、相手も不安になって話が進みづらくなりそうです。意識して前向きな言葉や話題を選んでみるといいでしょう。

仕事運

成長するためには自分で工夫して取り組むこと

大事な仕事を任せてもらえるものの、やるべきことも増えてしまう時期。いまの実力以上の仕事を引き受けることは、成長につながります。言われたことだけをするのではなく、自ら工夫して取り組むといいでしょう。転職を決める運気ではないので、いまは求められることにできるだけ応える姿勢を大切にすること。仕事があることへの感謝を忘れないようにしましょう。下旬は、ストレスや疲れがたまりやすくなるので、無理はほどほどに。

金運&買い物運

支出のスリム化を

お金の使い方を真剣に考えるにはいい運気。不要なサブスクは解約して、課金が必要なアプリもできるだけ削除しましょう。ただし保険関連は、年内は解約せずそのままにしておいたほうがよさそうです。今月は出費をする前に、本当にお金をかける価値があるのか考えてみると、いろいろなことに気づけるでしょう。投資などの儲け話に乗るのも危険なので、簡単に手を出さないように。ポイ活を楽しむくらいがオススメです。

美容&健康運

無理せずできる範囲で

下旬に向かって徐々に美意識が低下しやすい時期。これまでダイエットや筋トレを頑張ってきた人ほど、今月はサボり癖が出て、「今日くらいはいいかな」と怠けてしまいそう。1、2日サボったときに、そのぶんをまとめて取り返そうとすると挫折してしまいます。今月は、何事も継続できる範囲で頑張るようにしましょう。下旬は、疲れやすくなったり体調を崩しやすくなるので、手洗いうがいはしっかり行うこと。

開運のつぶやき　「自分で考える力」をもっと身につけるといい

3月

■リフレッシュの月

1（金）	▲	「やります」と自らすすんで仕事に取り組んでみるといい日。最初は面倒でも自分から動き出してみることで、楽しくなったりおもしろくなったりするでしょう。職場の掃除や片付けも率先して行うように。
2（土）	○	いい出会いや体験が期待できる日。気になる場所に行ったり、調べて興味がわいたことがあるなら即試してみましょう。今日が難しい場合は、明日行動に移すといいでしょう。
3（日）	○	フットワークを軽くすることで、いい出会いやいい経験に恵まれるでしょう。誘いを待っていないで、自分の気持ちに素直に行動することが大切です。はじめて行った場所でラッキーな出来事もあるかも。
4（月）	□	周囲の意見に振り回されやすくなる日。声が大きいだけで正しくないことを言っている人もいるので、冷静に判断するように。夜は疲れやすくなるため、早めに帰宅してゆっくりする時間をつくっておきましょう。
5（火）	■	ストレスがたまるような出来事が起きやすい日。ムッとしたときは心のなかで10秒数えてみると、落ち着きを取り戻せそうです。「自分が正しい」と思い込まず、相手の立場や状況も考えてみるといいでしょう。
6（水）	◇	うれしい知らせやお得な情報を入手できそう。なんでもマイナスに受け止めているとチャンスを逃してしまいます。今日は視点を変えて物事をプラスに転換してみましょう。
7（木）	△	小さなミスをしやすい日。ふだんならやらないような間違いが多くなるので、何事もしっかり確認して、ていねいに行動するよう心がけましょう。数字や時間などにはとくに気をつけておくこと。
8（金）	◎	これまでの苦労や経験をうまく活かせる日。嫌な思い出に感謝できるようにもなりそうです。過去の出来事すべてに「おかげさま」と思えると、大きく成長できるでしょう。
9（土）	☆	買い物をするにはいい日。店員さんのオススメを購入するのではなく、自分が欲しいと思ったものを選ぶようにするといいでしょう。靴を見に行くと、いいものに出会えそうです。
10（日）	▽	日中は運気がいいので、友人や仲間、気になる人をランチに誘って、おいしいものを食べに行ってみましょう。サービスを受けられたり、贅沢な時間を楽しめそうです。夜は予定通りに進まないことがあるかも。
11（月）	▼	遅刻や寝坊、珍しいミスをしやすい日。ていねいに確認しながら取り組むようにすれば、問題は避けられそうです。周囲の人の気分にも振り回されやすくなるので、不機嫌な人とは距離をとっておくといいでしょう。
12（火）	×	間違った方向に進んだり、周囲の意見に振り回されそうな日。今日は裏目に出やすい運気ですが、予想外の出来事から学べることもあります。「いい体験ができた」と受け止めるようにしましょう。
13（水）	▲	失くし物に注意が必要な日。大事なものを預かったときは、慎重に扱うようにしましょう。忘れてはいけないと思っていたことを忘れたり、時間を間違える場合もあるので、しっかりチェックすること。
14（木）	○	小さな変化を楽しむといい日。いつもと少しでも違うことに挑戦してみましょう。飲んだことのないドリンクを選んでみると、お気に入りを見つけられて楽しめそうです。
15（金）	○	新しい仕事やポジションを任されることがありそう。自らすすんで新たな経験を積むことで、いい勉強になって成長できそうです。受け身で待ってばかりいないようにしましょう。

開運のつぶやき　頼りにされる、頼りにすることは、生きるうえで非常に大切なこと

16（土）	□	今日は軽い運動やストレッチなどをするのがオススメ。ただし、頑張りすぎてケガをしないよう気をつけましょう。食事は腹八分目を心がけたり、野菜を多めに摂るようにするといいでしょう。
17（日）	■	しっかり体を休ませるといい日。ストレス発散をするのもオススメです。少し贅沢な食事をゆっくり時間をかけて味わってみると、いい気分転換になるでしょう。
18（月）	◇	自分の気持ちに素直になることが大切です。意見を伝えるのはいいですが、言葉選びとタイミングは間違えないように。ときには「叱られてもいい」と開き直る勇気も必要です。
19（火）	△	小さな判断ミスや、うっかりミスをしがちな日。名前を間違えたり、入力ミスで無駄な作業が増えてしまう場合もあるので気をつけましょう。ドジなケガにも注意すること。
20（水）	◎	付き合いの長い人や仲間との関係がよくなる日。自分で思っている以上に、あなたのことを評価していたり理解している人はいるものです。そんな人への感謝の気持ちを忘れないようにしましょう。
21（木）	◎	「仕事をしながら、いろいろなことを勉強できている」ととらえて、つねに「得している」と思えると、仕事も人生も楽しくなってくるでしょう。考え方を少し変えるだけで、人生はおもしろくなることを忘れないように。
22（金）	▽	日中は順調に物事が進むので、積極的に仕事に取り組みましょう。夕方あたりからは、周りのワガママに振り回されてしまうことがあるかも。用事がある場合は早めに済ませておきましょう。
23（土）	▼	ガッカリするような出来事が起きやすい日。問題を他人のせいにしていると、同じことを繰り返すハメになります。「自分が100%悪かった」としっかり反省して、次に活かすようにしましょう。
24（日）	×	予定が突然キャンセルになったり、逆にあなたが約束を忘れて、相手に迷惑をかけてしまうことがあるかも。お笑い芸人のネタやコメディー映画などを観てたくさん笑うと、スッキリできそうです。
25（月）	▲	掃除をしたり、身の回りを整理整頓するといいでしょう。しばらく使っていないものや置きっぱなしになっているものは片付けて。ただし、間違って大事なものまで処分しないように気をつけること。
26（火）	＝	小さなことでもかまわないので、「なんとなく続けられる努力」をはじめるといい日。腹筋10回、スクワット10回など、思い出したときにすぐにできるくらいの運動や勉強をはじめてみましょう。
27（水）	＝	フットワークを軽くすることで楽しく過ごせる日。今日はノリのいい人になってみると楽しめそう。うれしいときはしっかりよろこぶと、さらにうれしいことがやってくるでしょう。
28（木）	□	何をするにも「順序」をしっかり守るように。上下関係も意識しておくと、評価されたり扱いが変わることもありそうです。関係が浅い人には敬語を使って話すようにしましょう。
29（金）	■	待ってばかりでは疲れるだけ。自分で決めて自分で動くようにすると、やる気もわいてきて、楽しく仕事ができるでしょう。疲れを感じたときほど行動するよう意識してみて。
30（土）	◇	注目されやすい日。自然にしていても目立ってしまいそうです。重要な仕事を任されたら、やる気を出して取り組んでみるといい結果につながるでしょう。
31（日）	△	遊園地や楽しそうなイベントに行ってみると、おもしろい体験や経験ができそうです。友人や仲間を誘ってお花見をするのもオススメ。思った以上に楽しい時間を過ごせるでしょう。

☆開運の日　◎幸運の日　◇解放の日　○チャレンジの日　□健康管理の日　△準備の日
▽ブレーキの日　■リフレッシュの日　▲整理の日　×裏運気の日　▼乱気の日　＝運気の影響がない日

4月

■リフレッシュの月

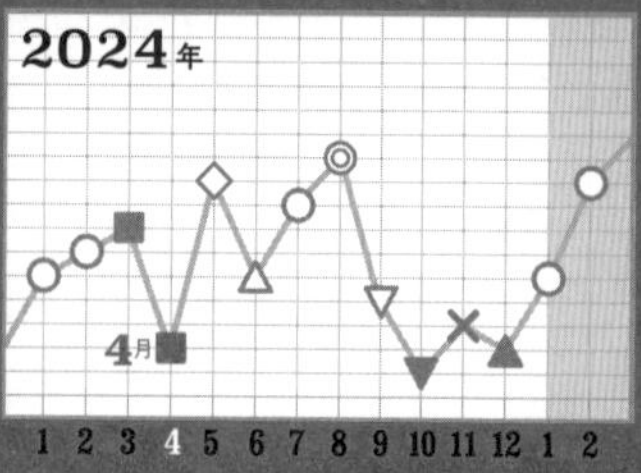

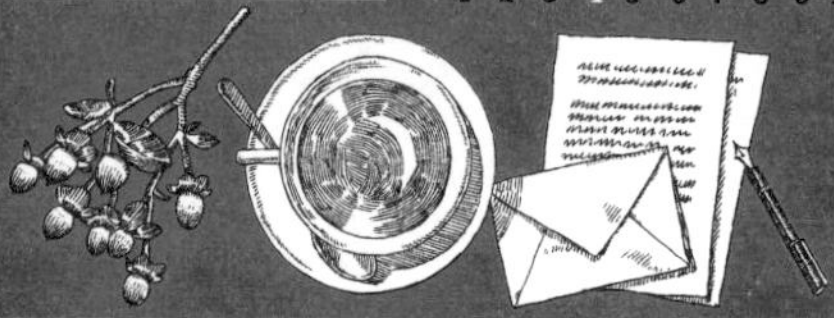

今月の開運3か条

- 睡眠時間を長くする
- ポジティブな発言をする
- 少し贅沢な休みを過ごす

総合運

心身に疲れがたまりやすい時期。笑わせてくれる友人に会おう

周囲のネガティブな情報に振り回されたり、仕事や人間関係のストレスがたまってしまうなど、心身ともに疲れを感じやすい月。しっかり仕事をしてしっかり休むことが重要になるので、今月は、休みの予定を先に決めるようにしましょう。気弱になったときほどポジティブな発言をしたり、一緒にいると笑わせてくれる友人に会ってみるといいでしょう。どんなことにもプラス面とマイナス面があることを忘れないように。

開運のつぶやき　寝る前に自分をほめられる人には幸運がやってくる

恋愛&結婚運

デートは下旬まで待って。前日はしっかり疲れをとっておくこと

疲れが顔に出やすい時期。気になる人とデートや遊びに行く前日は、8時間以上寝て、疲れをとってから会うようにしましょう。相手の前では、ネガティブな受け答えはせず、ポジティブな言葉を使うようにすると気持ちをつかめそうです。中旬までは噛み合わない感じがあっても、下旬からはいい関係に進みそうなので、デートの約束は下旬か来月にするのがオススメ。結婚運は、来月までは現状維持に努めておきましょう。

仕事運

しっかり休むことも仕事のうち。ときには周囲を頼って

予想外に忙しくなったり、周囲から結果を期待されてプレッシャーを感じてしまいそうです。ひとりで背負わずに、人を信頼して任せることも大事だと心に留めておきましょう。疲れをためないことも仕事のひとつです。限界を感じる前に、休暇をとってしっかりと体を休ませることも必要でしょう。下旬になると状況が変わりはじめ、気持ちも少し楽になりそう。周りの人への感謝を忘れないようにしましょう。

金運&買い物運

癒やしと気分転換を

気分転換に、休日に少し贅沢なランチを食べたり、ショッピングを楽しんでみるといいでしょう。マッサージやエステなどで日ごろの疲れを癒やす時間も大切に。旅行に行くなら、温泉やスパのある場所がオススメです。また、海でのんびり過ごしたり、美しい風景やきれいな空気を満喫しに行くのもいいでしょう。投資は判断ミスをしやすいので、今月は避けておきましょう。すでに投資をしている場合も、値動きを気にしすぎないように。

美容&健康運

不調は即検査へ

ここ数年でもっともパワーダウンしやすい時期。疲れが全面に出たり、病気が見つかる場合もありそうです。無理をせずに、異変を感じたら即病院に行って検査を受けましょう。謎の肌荒れが出たり、ストレスが原因で体調を崩すこともあるため、息抜きはこまめにしておくこと。少し贅沢をしてもいいので、リラックスできる時間をつくるのもオススメ。愚痴や不満よりも、前向きな言葉を発するよう意識しましょう。

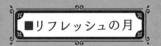

4月 ■リフレッシュの月

1（月）	＝	気の合う人と一緒にいられたり、付き合いの長い人と楽しい時間を過ごせそう。人とのつながりを大切にすると、さらにいい縁がつながってくるでしょう。
2（火）	＝	忙しくなりすぎて、気持ちに余裕がもてなくなりそうな日。人から頼りにされるのはいいですが、実力以上の仕事を任されたり、時間に追われたりすることもあるので注意が必要です。
3（水）	▽	日中は勢いに乗って過ごせても、夕方あたりから疲れを感じたり、集中力が低下してしまうかも。無理は避けて早めに帰宅し、湯船にしっかり浸かってから寝るようにしましょう。
4（木）	▼	流れが突然変わったかのようにやる気を失ったり、疲れて些細なことでイライラしてしまいそう。これまでとくに問題がなかった人と、距離があいてしまうこともあるかも。
5（金）	×	心身ともに疲れを感じたり、判断ミスをしやすい日。今日は、無理せず少しペースを落として、周りに甘えてみましょう。休憩時間に昼寝をしておくと、夜まで乗り切れそうです。
6（土）	▲	散らかったままの部屋では、気分も運気もよくならないもの。少しの時間でかまわないので、片付けをしましょう。ただし、間違って今後も使うものを処分しないよう、気をつけること。
7（日）	＝	誘われるまで待っていないで、気になる人に連絡してみるといい日。これまであなたから誘ったことのない相手ほど、今日はいい話を聞けたり、距離を縮められそうです。ふと思い浮かんだ人にメッセージを送ってみましょう。
8（月）	＝	情報に振り回されそうな日ですが、なんでも勝手にマイナスに変換しないように。相手が何を言いたいのかよく考え、プラスに受け止めるよう意識してみましょう。
9（火）	■	少し間違った判断をしやすい日。大きな問題にはならなくても、のちに思い返して、正しかったのか悩んでしまうような選択をしてしまうかも。何事もひとりで決めず、周囲に相談することが大切です。
10（水）	■	疲れを感じたり、体調を崩したりしやすい日。今日は暴飲暴食やお酒は控えて、健康的な食事を心がけましょう。無理しない程度に軽く体を動かすのもオススメです。
11（木）	◇	一生懸命頑張る姿に注目されるのがいいのか、やる気のない姿を見られるのがいいのか、考えてみて。今日は自然と人から注目されることになる日です。頑張っている姿を見せられるよう、意識しましょう。
12（金）	△	うっかりだまされたり確認ミスをして、損をするハメになりそうな日。お得だと思ったときほど、慎重に判断するようにしましょう。甘い話や誘惑にも気をつけること。
13（土）	＝	お気に入りのお店や場所に行ってのんびりするといい日。好きなサロンで髪を切ったり、気の合う人と何気ない話をすると、気持ちがスッキリするでしょう。
14（日）	＝	日用品や消耗品を買いに行くのはいいですが、長時間になるほど余計な出費が増えてしまうので気をつけましょう。ランチや夕食は、少し贅沢にするのがオススメです。
15（月）	▽	午前中は少しダラダラしそうな日。気を引き締めて目の前のことに集中するようにしましょう。夕方あたりから集中力が低下してミスが増えたり、慣れた仕事にも時間がかかってしまいそうなので、要注意。

開運のつぶやき　人間は、不運から大きく進歩するもの。苦労や困難は進歩するきっかけ

16（火）	▼	厳しいことを言う人と一緒になりそうな日。「向かい風のほうが鍛えられる」と思って、前向きにとらえるようにしましょう。叱ってくれる人への感謝を忘れないこと。
17（水）	×	物事のマイナス面ばかり考えていても、ドンドン疲れてしまうだけ。「今日も元気」とつぶやいてみると、1日を頑張って乗り切れそうです。小さなことでヘコまず、いまある幸せを見逃さないようにしましょう。
18（木）	▲	問題を誰かのせいにしていると、いつまでも同じような壁にぶつかってしまいます。問題は自分にあると思って、成長するきっかけにしましょう。自分の至らないところはしっかり認めるように。
19（金）	＝	気疲れしてしまいそうな日。不慣れなことや新しいことを任されたり、これまで関わる機会が少なかった人と一緒にいる時間が増えることがあるでしょう。「勉強になる日」だと思って、何事もポジティブに受け止めましょう。
20（土）	＝	急な誘いや予定変更がありそうな日。1日のんびりしようと思っていたとしても、友人や知人の誘いがあったら、顔を出してみましょう。いい出会いや経験につながりそうです。
21（日）	■	人生は、簡単で単純なことが楽しいのではなく、思い通りにならなかったり、予想外なことがあるからおもしろいもの。今日は、振り回されることもありますが、上手に振り回されておきましょう。
22（月）	■	「疲れた」と言えば言うほど、ドンドン疲れてしまうだけ。疲れを感じたときは、「元気で楽しく過ごせている」と心で思ってみたり、「昨日よりも調子がいい」と口に出してみるといいでしょう。
23（火）	◇	気になる人がいるなら話しかけたり、笑顔で挨拶をしてみましょう。今日は、あなたの味方になってくれる人や、いいアドバイスをしてくれる人が集まってきそうです。
24（水）	△	段差に気づかず転んでしまうなど、うっかりミスでケガをしやすい日。ふだんはしっかりしている人も、忘れ物や遅刻をしやすいので、気をつけておきましょう。
25（木）	＝	良くも悪くも、現状はすべて自分が選んだ結果です。不満や文句があるなら、いまから生き方や考え方、日々の習慣を変えましょう。いまに満足しているなら、もっと人に感謝し、恩返しの気持ちを忘れないように。
26（金）	＝	出費が増えてしまいそうですが、今日はストレス発散になることなら、多少お金を使ってもいいと思っておきましょう。少し贅沢に感じても素直に食べたいものを食べてみて。ただし、飲みすぎには要注意です。
27（土）	▽	午前中は、いいリズムで過ごせそう。家の用事は早めに済ませて、掃除もドンドン進めましょう。午後からは、ペースを落としてゆっくりしたり、15分でも昼寝をしておくといいでしょう。
28（日）	▼	今日と明日は、体に負担をかけないように。時間を見つけてマッサージに行ったり、リラックスタイムを過ごすといいでしょう。スパやエステに行くのもよさそうです。
29（月）	×	無理をすると体調を崩したり、ケガをすることがあるので気をつけましょう。時間に追われて慌てないよう、「10分前行動」を意識して過ごしてみて。
30（火）	▲	ゆっくりでもいいので、身の回りをきれいにしましょう。ふだん手をつけられていないところを掃除したり、拭き掃除をするものオススメです。鏡や窓ガラスなども磨いておくように。

5月

◇解放の月

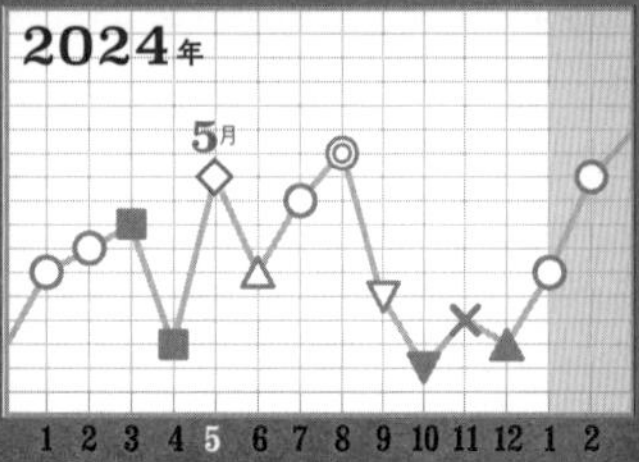

今月の開運3か条

- 笑顔で挨拶する
- 周囲の人をほめる
- うれしいときは人一倍よろこぶ

総合運

あなたの味方が集まる月。力を抜いて気楽に取り組んでみて

肩の力が抜けて楽しく過ごせる時期。思った以上にチャンスに恵まれたり、いい方向に流れが進みそうです。あなたの背中を押してくれる人や、ポジションを引き上げてくれる人、味方が集まって、充実した時間を過ごせるでしょう。その一方で、期待に応えたいという気持ちがプレッシャーになり、実力を出し切れなくなる場合もありそう。何事も力まず楽な気持ちで取り組み、マイナスな情報に振り回されないようにしましょう。

開運のつぶやき｜己の言動に感謝があるのか、本気で考えてみると生き方が変わる

ストレートによろこびを伝えれば チャンスをつかめる

あなたのいいところを見つけてくれる人や、やさしく接してくれる人が現れる時期。ほめられたら素直によろこぶと、好意を寄せられたり、相手の気持ちを上手につかめそうです。恥ずかしがってしまうとチャンスを逃すので、素直になりましょう。新しい出会い運もいいですが、マイナスな発言をして、相手の気持ちが冷めてしまう場合も。自分が正しいと思っても、言葉を選んで話すようにしましょう。結婚運は、自信をもって前向きな話をしてみて。

頑張りが評価されるとき。他人のことを認めよう

あなたの頑張りを評価してくれる人が現れたり、大きなチャンスをもらえることがあるでしょう。実力以上の仕事を任されて困る場合もありますが、求められた以上の結果を出せるよう頑張ると、いい勉強になりそうです。周囲の人をほめて認めることで、協力してもらえるようにもなるので、自分とは違う分野で頑張っている人を、もっと認めてみましょう。ポジティブな発言で周囲を元気づけるのもいいでしょう。

行動次第で 収入増の予感

今月の頑張りがのちの収入アップにつながります。真剣に仕事に取り組み、支出の見直しやお金の勉強をしっかり行っておきましょう。リスクを気にしてばかりいないで、投資信託やNISAなどを少額でもはじめたり、ポイント運用をスタートしてみてもいいでしょう。買い物では、少し派手なものや目立つものを選ぶのがオススメです。仕事道具の買い替えをするにもいい運気でしょう。

少し奮発して 美意識を高めて

先月体調を崩した場合は、無理をしないように生活リズムを整え、健康的な暮らしを心がけましょう。とくに問題がなければ、今月から定期的な運動をはじめたり、スタミナをつけておくといいでしょう。パーソナルトレーナーのいるジムで、相談してみるのもよさそうです。美意識を高めるにもいいタイミング。高級エステに行ったり、いつもよりいいパックや化粧品を使ってみましょう。

開運のつぶやき | いい言葉を発すると、あなたに味方が集まってくる

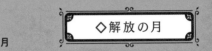

5月

◇解放の月

1（水）	＝	指示や誘いを待っていないで、今日はできるだけすぐに行動を起こすようにしましょう。気になる人がいるなら、勇気を出してデートに誘ってみて。
2（木）	＝	「ありがとう」を、もっとたくさん言うように意識して過ごしてみましょう。「ありがとう」が増えると、いい縁や素敵な出会いも増えてくるものです。
3（金）	■	日中は、計画的に行動できそう。時間をうまく使えて、いいリズムで過ごせるでしょう。夜は、予定通りに進まなくなったり、急な誘いや周囲に振り回されることがあったりして疲れてしまいそうです。
4（土）	■	ゆっくり過ごすといい日。温泉やスパ、マッサージに行くなどして、日ごろの疲れをしっかりとりましょう。予定を詰め込むとヘトヘトになってしまいそう。
5（日）	◇	急な誘いや、友人からの連絡が増えそうな日。とくに予定がないなら、遊ぶ約束をするといいでしょう。気になる人がいれば、あなたから連絡してみて。あまり知られていない映画やイベントに誘ってみると、いい返事がくるかも。
6（月）	△	油断しやすい日。小さなケガやうっかりミスをしやすいため、気をつけて過ごしましょう。つい食べすぎて胃腸の調子を崩してしまう場合もあるので、注意が必要です。
7（火）	○	嫌な予感がするときは一度立ち止まって、不安なところをしっかりチェックしたり、念入りに準備しておきましょう。過去に似たような出来事があった場合は、その経験を思い出すと、うまく対応できそうです。
8（水）	◎	出費が自然と増えてしまいそうな日。ネットでの買い物にはとくに注意が必要です。お金を使うなら、飲み物やお菓子を職場の人にご馳走してみると、思った以上によろこんでもらえて、有意義な出費になるでしょう。
9（木）	▽	日中は、周囲からの注目を集められたり、交渉事がうまくいきそう。自信をもって行動するといいでしょう。夜は、集中力が欠けてしまうかも。無理せず早めに帰宅して、のんびり過ごすのがオススメです。
10（金）	▼	これまで甘えてばかりいた人は、厳しい結果を突きつけられそうな日。不運ではなく、「甘えていた結果や、実力不足が表に出てきただけ」と思って、考え方を変えるようにしましょう。
11（土）	×	過度な期待は、ガッカリやイライラの原因になるのでほどほどに。人生は思い通りにならないからこそ、いろいろな出会いがあったり、経験ができておもしろいのだと思っておきましょう。
12（日）	▲	今日は、少しの時間でもいいので、掃除や片付けをしてみましょう。階段や足元など、ケガの原因になりそうなところにものを置いている場合は、先に片付けておくこと。
13（月）	○	気分で仕事をせず、気持ちを込めて働くように。仕事があることに感謝し、自分がしている仕事の先で、笑顔になっている人がいることを想像してみるといいでしょう。
14（火）	○	仕事の準備と振り返りは、しっかり行いましょう。子どものころにしていた「予習・復習」は、大人になってからも大事だということを忘れないように。
15（水）	□	気になる人がいるなら連絡して、週末に会えるか聞いてみましょう。とくに今週の日曜日は、人との縁がつながりやすい運気です。運気のよい日をねらって計画を立ててみると、いい流れに乗れるでしょう。

開運のつぶやき　運気のいい日は、ふだん遊びに誘わない人に連絡してみるといい

16（木）	■	頑張りすぎてヘトヘトになりそうな日。たとえ人からお願いされたことだとしても、限界まで頑張りすぎると体調を崩してしまいそうです。朝から調子が悪い人は、少しペースを落とし、ゆっくり仕事をするようにしましょう。
17（金）	◇	笑顔で挨拶をするだけで不思議と人気者になれたり、場の雰囲気をよくすることができるでしょう。あなたの魅力が輝く日でもあるので、気になる人に連絡すると、いい関係に進めそうです。
18（土）	△	遊ぶのはいいですが、予想以上に出費が増えそうなので気をつけて。買い物に行くときは、あらかじめ欲しいものを決めておいたほうがいいかも。忘れ物やうっかりミスにも注意しましょう。
19（日）	○	小さな約束でもしっかり守ることが大事です。「今度ごはんでも」と口約束したままの人がいるなら、連絡して食事に誘ってみましょう。行きつけのお店に行くと、話が盛り上がりそうです。
20（月）	◎	思ったよりもいい仕事ができる日。実力以上の結果を残せたり、突然責任のある仕事を任されることがありそう。遠慮せずに、力を出し切るつもりで頑張ってみるといいでしょう。
21（火）	▽	歩きスマホをして人や柱にぶつかってしまうことや、ドジなミスをしがちな日。仕事でも周囲に迷惑をかけるような大失敗をしやすいので、注意して過ごしましょう。
22（水）	▼	言われた通りに行動するのはいいですが、指示が間違っている可能性もあるので、しっかり確認してから作業を進めましょう。受け身で従っているだけでは、問題が発生したときに、あなたの責任になってしまうことがありそうです。
23（木）	×	予想外の出来事が多くて疲れてしまいそう。「自分を鍛える日」だと覚悟しておけば、簡単に乗り越えられるでしょう。今日の出来事は苦労ではなく、実力不足の結果だと思って、レベルアップのきっかけにしましょう。
24（金）	▲	自分には、思っている以上に雑な部分があるとわかる日。うっかりミスは、「自分はここが雑だったのか」と知るきっかけになると思って、他人の失敗も許せるようになりましょう。
25（土）	○	興味のわくことが増える日。気になった場所やイベントなどをチェックしたり、ライブチケットの予約をしてみるといいでしょう。直感を信じると、さらにおもしろい発見があるかも。
26（日）	○	友人や知人に誘われたら、遊びに行ってみましょう。待っていても連絡がないなら、「ランチしない?」と気楽にメッセージを送ってみて。今日は、はじめて会う人とも楽しく話せて、いい情報交換ができそうです。
27（月）	□	「今週中」と、「今日中」に達成できそうな目標を考えてみるといいでしょう。とくに思いつかない場合は、時間を決めて物事に取り組むと、やる気がわいてきそうです。
28（火）	■	疲れが顔に出そうな日。肌の調子が悪くなったり、目の下にクマができてしまうことも。スマホの見すぎにも気をつけておきましょう。時間をつくってヘッドスパに行ってみるといいでしょう。
29（水）	◇	周囲からの視線を感じそうな日。あなたに好意を寄せている人と、何度か目が合うことがあるかも。あなたも相手のことが気になっているなら、挨拶や何気ない話をしてみると、いいきっかけをつかめそうです。
30（木）	△	華やかな服を着て出かけるといい日。思った以上に注目されそうです。目立つことで、いい出会いやうれしい出来事もあるでしょう。ただし、忘れ物や勘違いをしやすい日でもあるので、注意しておくこと。
31（金）	○	経験をうまく活かせる日。これまでの苦労や知恵が役立つことがありそうです。困ったときは、付き合いの長い人に相談すると、気持ちがスッキリするでしょう。

☆開運の日　◎幸運の日　◇解放の日　○チャレンジの日　□健康管理の日　△準備の日
▽ブレーキの日　■リフレッシュの日　▲整理の日　×裏運気の日　▼乱気の日　＝運気の影響がない日

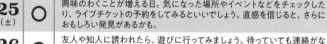

6月

△準備の月

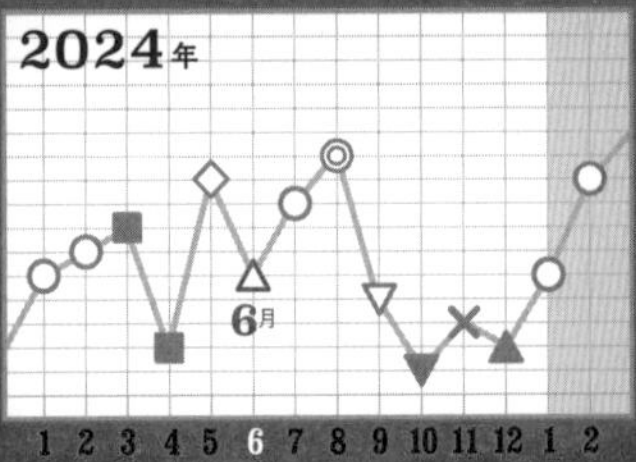

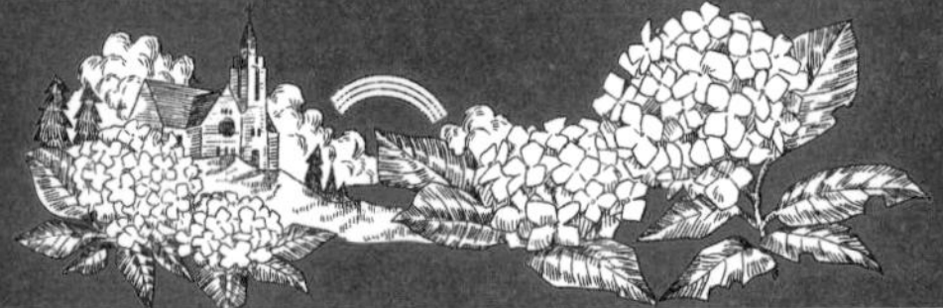

今月の開運3か条

- 「15分前行動」をする
- 確認作業を怠らない
- 運動でストレス発散をする

総合運

掃除や片付けをすると自然とやる気が出てくる

気持ちが緩んであらゆる行動が雑になったり、確認を怠ってしまいそうな時期。やる気が出ないからといって動かずにいると、いつまでもダラダラしてしまいます。目の前のことにすぐ取りかかったり、朝から少しでも掃除や片付けをする習慣をつけることで、自然とやる気も出てくるでしょう。忘れ物や遅刻など、これまでしなかったようなミスやドジな行動をしやすいタイミングでもあるので、気をつけて過ごしましょう。

開運のつぶやき　楽しいから本気になれるのではなく、本気で取り組むから楽しくなる

恋の機会が増える月。相手選びには気をつけること

異性との関わりが多くなり、恋のチャンスは増えそうです。ただし、相手の些細な言葉やマイナス情報が原因で、一歩前に進めなくなったり気持ちが乗らなくなってしまうことが。新しい出会いは、相性が微妙な人が多そうなので期待は薄いでしょう。ストレスを発散しようと飲みに行った先で出会った人と、一気に進展する可能性もありますが、相手選びは間違えないよう気をつけましょう。結婚運は、話がまとまりにくい時期です。

仕事運

大事なことはダブルチェックを。自業自得のミスを避けよう

寝坊や遅刻をしたり、雑な仕事をして突っ込まれるなど、自業自得と思われてしまうような出来事が多くなる時期。慣れた仕事でも確認を怠らないようにしましょう。何事もダブルチェックするくらい慎重に取り組み、「15分前行動」を意識すると、忘れ物などのミスに気づけて問題を避けられそうです。ストレスに感じるようなことを言われてやる気を失う場合もありますが、上手に流したり、プラスに受け止めるようにしましょう。

金運＆買い物運

ローンでの購入は避ける

ストレス発散のつもりで不必要に買い物をしたり、「ポイントアップ」などの情報につられて爆買いしてしまいそう。本当に必要なものだけを購入するよう、心がけておきましょう。強気な営業の人に売り込まれたとしても、ハッキリ断るように。また、今月ローンを組むと、のちに苦しい生活を送るハメになってしまいそうです。投資も、判断を誤ってだまされる場合があるので、簡単に大きな額を動かさないようにしましょう。

美容＆健康運

急ぐときほど慎重に

ついつい間食が増えたり、食べすぎやお酒の飲みすぎで太ってしまうかも。体調を崩すこともある時期です。ドジなケガもしやすいため、急いでいるときほど十分に注意しましょう。酔って転んで擦り傷をつくったり、階段で滑って尾てい骨を打ったり、足をひねってしまうこともあるので気をつけて。油断して美意識も低下しそうですが、しっかり湯船に浸かるようにし、定期的な運動をすると、ストレス発散にもなってよさそうです。

開運のつぶやき｜もっと他人や世の中のことを考える時間をつくってみると、運も味方する

6月

△準備の月

1（土）	◎	予想外の出費があったり、誘惑に負けて買い物をしすぎてしまいそうな日。とくに、カードでの支払いやローンの契約には十分注意しておきましょう。お世話になっている人にプレゼントを贈るのはオススメです。
2（日）	▽	気の合う仲間と一緒に過ごせたり、いい思い出ができそうな日。遊びに誘われるまで待っていないで、少しでも気になる人に自ら連絡してみましょう。
3（月）	▼	今週は、やる気がなかなか出ない感じになりそうです。こまめに掃除をすると集中できるようになるかも。ちょっとしたところでも、時間があるときはきれいに整えてみましょう。
4（火）	×	よかれと思って伝えてみたのに、相手から「ネガティブな情報はいらない」と言われてしまいそう。発言する前にマイナスに受けとられないか確認するようにしましょう。
5（水）	▲	失くし物や忘れ物に注意が必要な日。大事な資料を置き忘れたり、「今日中に」と頼まれていたことを忘れている場合もあるので気をつけましょう。1日の予定をしっかり確認しておくこと。
6（木）	＝	自分から笑顔で、元気に挨拶することが大切な日。「挨拶されたから自分もする」という姿勢では、いつまでもいい人生は送れないでしょう。「相手より先に笑顔で挨拶したら運気がアップするゲーム」だと思ってやってみましょう。
7（金）	＝	肩の力を抜いて取り組むといい日。はじめてのことを任されても、できるだけリラックスして進めるようにしましょう。多少の失敗も、いい経験ができたと思っておくこと。
8（土）	□	自分の計画の甘さを勝手に反省しないで、「これまでなんとかなっているなら大丈夫」と思っておきましょう。夜は、疲れやすくなりそう。暴飲暴食に走らないよう気をつけましょう。
9（日）	■	日ごろの疲れをしっかりとるといい日。予定を詰め込まず、のんびり過ごしましょう。マッサージに行ったり、15分くらいの昼寝をするのもオススメです。
10（月）	◇	肩の力が抜けて、リラックスして仕事ができそう。今日は、自信をもって行動するといいでしょう。気になる相手がいるなら連絡してみると、いい関係に進めそうです。
11（火）	△	油断しやすい日。これまでにないミスを連発して、周囲に迷惑をかけたり、恥ずかしい思いをする場合がありそう。今日は、いつも以上にていねいに行動しましょう。
12（水）	○	不思議な縁がつながりそうな日。しばらく会っていなかった人と偶然再会したり、知り合いが新しい取引先やお客さんになる場合もありそう。共通の知り合いがいる人と話が盛り上がることもあるでしょう。
13（木）	○	ていねいに仕事をすると評価される日。お礼を伝えるときも、しっかり「ありがとうございました」と言うようにしましょう。どんな仕事も細部までこだわってみると、高く評価してもらえそうです。
14（金）	▽	周囲の人といい感じで過ごせたり、意外な人と楽しく話せそう。夜は、急な誘いやお願いをされてしまうこともあるので、自分の用事は早めに片付けておくといいでしょう。
15（土）	▼	予定を乱されそうな日。約束が急にキャンセルになったり、予想と違う流れになるかも。よかれと思ってしたことが、結果的に残念な気持ちになってしまうケースもありそうなので、慎重に行動するようにしましょう。

開運のつぶやき　なんでも真面目に頑張ればいいのではなく、ていねいに取り組むことが大切

16（日）	×	「自分が正しい」と思い込むよりも、「どこか間違っているのでは」と疑うくらいがちょうどいいでしょう。「自分は間違っていない」「悪いのは相手や周囲」と思っていると、いつまでも苦しくなってしまいます。
17（月）	▲	時間を見つけて身の回りを整えたり、磨いてきれいになる場所をピカピカにしてみましょう。爪を切ったり整えるのもいいでしょう。
18（火）	＝	変わらない日々だと思っていても、周囲はいろいろ変化しているもの。ちょっとした違いに気づけると、世の中がもっとおもしろく見えるようになり、楽しくなってくるでしょう。
19（水）	＝	やるべきことが増えてしまいそうな日。ゆっくり進めるのもいいですが、スピードを上げたほうが相手によろこばれる場合も。今日は、「ていねいに速く」を心がけてみましょう。
20（木）	□	情報を少しマイナスにとらえたり、ネガティブに変換する癖が自分にあることに気がつくといいでしょう。物事のプラス面を見ることを意識して、ポジティブに受け止めるようにしましょう。
21（金）	■	うっかりでケガをしやすい日。打撲をしたり、引き出しに指をはさんだりしそうなので気をつけましょう。慌てると足をひねってしまうこともあるので、注意が必要です。
22（土）	◇	うれしい連絡がありそうな日。遊びに誘われたり、デートの約束ができるかも。気になる人がいるなら、あなたから連絡してみるといいきっかけになりそうです。髪を切るにもいい運気でしょう。
23（日）	△	ボーッとしやすい日。忘れ物をすることもありそうです。油断していると、ケガや事故につながる場合もあるので気をつけましょう。約束の時間を間違えて焦ったとしても、慌てないように。
24（月）	○	過去を振り返るなら、いい思い出や頑張っていたことを思い出してみましょう。やる気になれる音楽を聴いてみると、いいテンションで1日を過ごせそうです。友人との不思議な縁を感じられることもあるかも。
25（火）	○	仕事運はいい日ですが、予想外に忙しくなりそう。求められることに素直に応えながら、経営者目線で数字や金額を考えて仕事をしてみると、考え方も変わってくるでしょう。
26（水）	▽	日中は運気の流れがよく、物事が順調に進んだり、満足する結果が出そう。夕方あたりからは、部下や後輩のミスに巻き込まれることや、周囲の人に仕事を押しつけられてしまう場合もあるので気をつけて。
27（木）	▼	頑張りが空回りしやすい日。「最終的にどうなるか」をもっと考えてから行動に移すようにしましょう。面倒な人と一緒になる時間も増えますが、事前に覚悟をしておくとダメージは少なくなりそうです。
28（金）	×	他人のミスがあなたの責任になってしまったり、仕事のシワ寄せがくることがありそう。「困ったときはお互いさま」と思って手伝いましょう。感謝のない人がいても、イライラしないように。
29（土）	▲	マイナスな思い出があるものや、しばらく使っていないものがあるなら、一気に処分しましょう。年齢に見合わない幼稚なものも片付けておくこと。
30（日）	＝	親友から急な誘いがありそうな日。遊びに行ってみると、いい話を聞けたり、楽しい時間を過ごせそう。紹介から素敵な恋がはじまる場合もあるので、服装と髪型をしっかり整えておきましょう。

☆開運の日　◎幸運の日　◇解放の日　○チャレンジの日　□健康管理の日　△準備の日
▽ブレーキの日　■リフレッシュの日　▲整理の日　×裏運気の日　▼乱気の日　＝運気の影響がない日

7月

○チャレンジの月

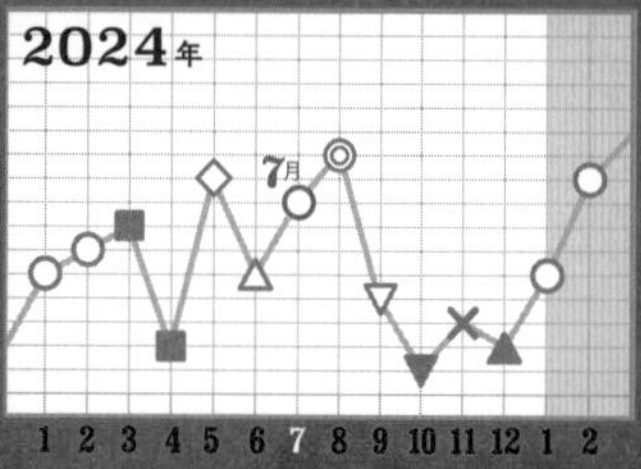

今月の開運3か条

- 自分の気持ちを素直に伝える
- 保守的にならない
- 親友と語る

総合運

過去の努力が報われる運気。何事もあいまいにせず自ら決断を

力を発揮でき、自ら流れを引き戻せる時期。ここ数年の頑張りが、いい人脈づくりや実力アップにつながっていることにも気づけそう。現状に納得できないなら、自分の意見や考えを素直に伝えたり、リーダー的な立場を引き受けて、周囲を引っ張っていくくらいの気持ちを見せることが大切です。白黒ハッキリさせることも重要なので、悪友やあなたを振り回す人との縁を切る、といった決断も必要になるでしょう。

開運のつぶやき　小さなことを積み重ねた人だけが、大きな勝利を得られる

恋愛＆結婚運

積極的な姿勢が大事。少し強引になると進展がありそう

片思いの相手や少しでも気になっている人がいるなら、待っていないで自分から積極的に連絡するといいでしょう。恋のライバルに先を越されている場合でも少し強引になってみると、いい関係に発展しそうです。自分の気持ちに素直になることを大切に。今月新しく出会った人とは、話せる間柄くらいの距離感でいるのがいいかも。結婚運は、前にも一度真剣に結婚を考えたことがある相手なら、今月は進展させられるでしょう。

仕事運

変化のある月。自信をもって全力で取り組もう

なかなか動かなかった案件が一気に進展したり、急に大事な仕事を任せてもらえたりと、変化の多い1か月になりそうです。自分が思っている以上に実力がついているので、自信をもって一生懸命取り組みましょう。いい結果が出たり、周囲の人に協力してもらえそう。付き合いの長い人から信頼を得られることや、一緒に仕事をする機会もあるでしょう。待っていないで自ら話をもちかけてみると、いいチームをつくれそうです。

金運＆買い物運

欲しかったものが買えるかも

値段が高くて購入を見送ったものが値引きされていたり、品切れで入手を諦めていたものを偶然見つけることがありそうです。本気で欲しいなら、もう一度探してみて。いますぐ収入がアップする期待は薄いですが、今月の仕事に対する頑張りや姿勢が、のちの収入につながってくるため、本気で取り組むようにしましょう。投資は、下旬になるといい流れになりそうです。気になる銘柄を選んでみるといいでしょう。

美容＆健康運

ケガの再発とお酒に注意

気力や体力が戻ってくる時期なので、健康面は問題なさそうです。ただ、過去に痛めたところと同じ場所をケガすることがあるかも。嫌な予感がしたら慎重に行動しましょう。二日酔いで大失敗した経験がある人も、「もうお酒は飲まない」と反省するような出来事が起きそうなので気をつけること。美容運は、筋トレやダイエットをしばらく休んでいたなら、今月から再開すると、思った以上にいい結果が出るでしょう。

開運のつぶやき　「運気がいい時期」とは、努力と積み重ねが評価される時期

7月

○チャレンジの月

1（月）	＝	やるべきことが増えてしまいそうな日。面倒に思って後回しにしていると、さらに面倒になるだけです。早めに手をつけて終わらせるようにしましょう。
2（火）	□	自分の気持ちにもっと素直になってみるといい日。気になる相手がいるなら、メッセージを送っておきましょう。仕事でも、自分が正しいと思ったら、言葉を選んで伝えてみるとよさそうです。
3（水）	■	疲れもストレスもたまりやすい日。こまめに休んだり、好きなドリンクを飲んで一息つく時間をつくっておきましょう。時間に追われても、焦らずじっくり仕事を進めるように。
4（木）	◇	周囲からの期待が集まりそうな日。受け身で待っていないで、積極的に仕事に取り組んだり、自分の意見を伝えてみるといいでしょう。ただし、自分の発言に責任をもつことも忘れずに。
5（金）	△	冗談のつもりで言ったことがうまく伝わらず、嫌みや悪口に聞こえてしまうことがありそう。相手の気持ちをもっと考えてから発言しましょう。
6（土）	○	おもしろい縁がつながる日。しばらく会っていなかった人と偶然再会することがありそう。縁を感じたら、食事に誘ってみるといいでしょう。また、片思いの恋にも進展があるかも。
7（日）	◎	一度行って、おいしかったお店を再訪するといい日。試しに予約の電話をしてみると、運よく席がとれるかも。いい思い出のある場所に行くと、やる気がわいたり、前向きになれそうです。
8（月）	▽	大事な決断や行動をするなら日中がいいでしょう。後回しにしていると、タイミングを逃してしまいそうです。夜は、急な仕事を任されたり、予想外の残業があったりと、忙しくなりすぎる場合も。
9（火）	▼	正論を言うのはいいですが、「正しいこと」だけを主張していると、周りの人と気まずくなってしまいそう。相手にも立場や状況があるので、伝え方や言葉選びをもっと工夫するといいでしょう。
10（水）	×	心身ともに疲れてしまいそうな日。無駄に気を使いすぎたり、緊張してしまう出来事もあるかも。ソリの合わない人とは、上手に距離をとっておくといいでしょう。
11（木）	▲	大事なものを失くしたり、間違ってデータを消してしまうことがありそうです。操作ミスをする可能性も。しっかり確認してから行動するようにしましょう。
12（金）	○	新たな考え方を取り入れられそう。これまでと同じことでも、以前とは違う視点でとらえることができるでしょう。「言葉ひとつで気持ちは変わるもの」だと学べる場面も。角度を変えて物事を見てみましょう。
13（土）	○	はじめて行く場所で、いい発見と経験ができる日。今日は、見知らぬ土地に足を運んだり、遊びに出かけてみましょう。ふだんなら選ばないようなドリンクやアイスなどを注文してみるのもオススメ。
14（日）	□	「ポジティブな発言をする日」と決めて、上手に言葉を変換してみると、楽しい1日を過ごせるでしょう。ネガティブな言葉を発すると、自分の気持ちも運気も下がってしまうので気をつけること。
15（月）	■	今日は予定を詰め込まず、しっかり体を休ませましょう。スタミナがつきそうなものを食べたり、暑さ対策をいつも以上にしっかり行うように。

開運のつぶやき　笑顔で歯磨きをする人は、運気が自然と上がるもの

16（火）	◇	あなたの魅力が輝く日。意外な人から好意を寄せられたり、気になる人とデートの約束ができることも。多少難しそうなことでも笑顔でお願いしてみると、すんなりOKしてもらえそうです。
17（水）	△	誤解やミスが増えてしまいそうな日。ボーッとして話を聞き逃したり、進む方向を間違えてしまうことがあるでしょう。相手の話をしっかり聞いて、冷静に判断するようにしましょう。
18（木）	○	実力をうまく発揮できたり、いままでの経験が活かせる日。経験が足りない場合でも、学べることがありそうです。長い付き合いの人から、いいアドバイスをもらえることもあるでしょう。
19（金）	◎	やりたかった仕事ができたり、これまでの仕事に手応えを感じられそう。サボるとかえって疲れるだけなので、何事にも本気で取り組むといいでしょう。
20（土）	▽	のんびりしたいなら、午前中に掃除や洗濯などを済ませて、午後からゆっくりしましょう。夜は、急な誘いがありそうです。体力がもたなそうなら、断ってもいいでしょう。
21（日）	▼	今日はしっかり体を休ませて、ストレス発散に時間を使うのがよさそうです。面倒な人と関わる場面が増えてしまう運気なので、ひとりでのんびりする時間を楽しんでおきましょう。
22（月）	×	朝からスッキリしない感じがしたり、遅刻や寝坊、判断ミスをしてしまいそう。今日は、ていねいに仕事をして、しっかり確認することを忘れないようにしましょう。
23（火）	▲	身の回りをきれいに掃除しておきましょう。少しでも時間があいたら、身近なところの整理整頓を。不要なものも処分すること。
24（水）	○	些細なことでも積極的に行動することが大事な日。あなたから笑顔で挨拶することで、周囲の空気を変えられたり、人間関係がよくなりそうです。あいまいな返事はしないように気をつけましょう。
25（木）	○	新たな体験をしたり、変化を受け入れてみるといい日。多少疲れや緊張を感じることもありそうですが、「しっかり仕事をしてしっかり休む」リズムを大切にするようにしましょう。
26（金）	□	日中は、物事が順調に進み、いい流れで仕事ができそう。夕方あたりからは、不安なことや心配な出来事が起こったり、周囲に振り回されてしまうかも。信頼できる人と話す時間をつくって、相談してみるといいでしょう。
27（土）	■	体調に少しでも異変を感じたら、病院で検査を受けるようにしましょう。しばらく歯医者を受診していないなら、メンテナンスに行くのもオススメです。
28（日）	◇	今日は「誘い」が多くなりそうです。デートに誘われることもあるかも。ノリと勢いを大切にすると、いい1日を過ごせるでしょう。ただし、もてあそばれてしまう場合もあるので、評判が悪い人には気をつけましょう。
29（月）	△	珍しいものを忘れてしまったり、小さなミスをしやすい日。「15分前行動」を意識しておくと、うまくカバーできそうです。少し早めに行動して、できた時間でしっかり確認しておきましょう。
30（火）	○	昔のことを振り返るなら、楽しかったことやうれしかったことを思い出すようにしましょう。過去の反省や、恥ずかしかった出来事を思い出して、ひとりでヘコまないように。
31（水）	◎	仕事運のいい日。目標を達成できたり、満足のいく仕事ができそう。周囲とうまく協力できる運気でもあるので、助けてもらったときは、感謝とねぎらいを忘れないように。頑張っている人を認めることも大切にしましょう。

☆開運の日　◎幸運の日　◇解放の日　○チャレンジの日　□健康管理の日　△準備の日
▽ブレーキの日　■リフレッシュの日　▲整理の日　×裏運気の日　▼乱気の日　＝運気の影響がない日

8月

◎幸運の月

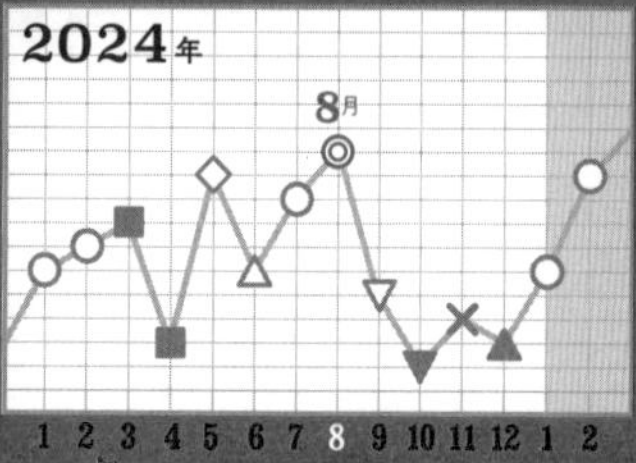

今月の開運3か条

- 仕事は細部までこだわる
- 休日はしっかり休むようにする
- お金の勉強をする

総合運

今月はじめたことが のちの収入アップにつながる

忙しくも充実した時間を過ごせる時期ですが、求められることが増えすぎてしまうことがあるでしょう。しっかり休めるよう、休日のスケジュールを先に組んでおくとよさそうです。評価が上がるときなので多少予定を詰め込むのはいいですが、限界を感じるほど頑張りすぎないように。今月の出会いや新しくはじめたことが、のちの収入アップにつながる可能性もあります。資格やお金に関する勉強をスタートするにもいいタイミングです。

開運のつぶやき　感謝に敵なし

恋愛&結婚運

忙しくても相手と食事に行き チャンスをつかんで

周囲から注目される運気ですが、仕事などが忙しすぎて恋のチャンスを逃すおそれも。気になる人がいるなら、多忙でも食事に行って、仲よくなっておきましょう。あなたを振り回す相手の場合は、冷静に距離をおく判断も必要です。新しい出会い運はいいですが、慎重になりすぎてしまうかも。結婚運は、将来住みたいところや式を挙げたい場所について語り合ってみると、話が進みそうです。

仕事運

力を発揮できる月。 すぐに結果が出なくても気にせず集中を

重要な仕事を任されるなど、仕事運に恵まれる時期。あなたの能力や実力を発揮できそうです。ただ、予定を詰め込んだり仕事を引き受けすぎたりすると、限界を感じてしまう場合もあるので要注意。今月の頑張りは、すぐには実を結ばずとも、のちの評価や実力アップにつながることがあるでしょう。満足できない結果が出ても気にせず、目の前の仕事に集中するようにしましょう。

金運&買い物運

お金の知識を 蓄えるとき

今月お金に関わる勉強をしっかりすることで、来年以降の収入に変化があるでしょう。投資や資産運用、貯金など、先のことを少し考えておく必要があります。 NISAをはじめるにもいいタイミングです。買い物運は問題ないですが、買い替えをするなら、もう1年待つほうがオススメ。ストレス発散や気分転換にお金を使うのもいいので、少し高級なお店で食事をしたり、贅沢な旅行をするといいでしょう。

美容&健康運

上手に休んで ストレス発散を

予想外に忙しくなる時期。急な予定変更で、ヘトヘトになってしまうことも。こまめに休んだり、休日はのんびりすると決めておくといいでしょう。リラックスできる時間や、少し贅沢なひとときを過ごしてみると、ストレス発散になりそうです。美容にいいものを意識して食べたり、肌によさそうなクリームやフェイスパックを使ってみるのもオススメ。

開運のつぶやき　面倒なことをすすんでやるから成長できる

8月

◎幸運の月

1（木）	▽	やり残したと思うことがあるなら、できるだけ午前中にやっておきましょう。片思いの相手がいるなら、メッセージを送ってみるとよさそう。大事な仕事の連絡も早めにすること。
2（金）	▼	厳しい指摘を受けてしまいそうな日ですが、ハッキリ言ってもらえることへの感謝がないと、その言葉から何も学べません。しっかり受け止め、成長につなげましょう。
3（土）	×	今日と明日は予定を詰め込まず、できるだけのんびりできるようスケジュールを調整しましょう。すでに約束がある場合は、こまめに休憩をはさむように。リラックスできる場所に行くのもオススメです。
4（日）	▲	日中は無理をしないように。調子に乗りすぎると、ケガをしたり体調を崩してしまうことになるかも。動きはじめるなら、夕方以降の涼しい時間帯がよさそうです。
5（月）	○	新しい情報など、「新しいこと」が気になりそうな日。いろいろ調べるのはいいですが、余計な時間を使いすぎてしまうことがあるので、ほどほどにしておきましょう。
6（火）	○	求められることや、やるべきことが増える日。完璧を目指すのはいいですが、スピードが遅いと評価につながらない場合があるので、今日は合理的に進められるように工夫してみましょう。
7（水）	□	相手からの連絡や指示を待ってばかりいないで、自ら連絡してみましょう。受け身でいる限り人生は楽しくならないことに、早く気づくといいでしょう。
8（木）	■	寝不足になったり寝起きから体が重いなど、夏バテを感じてしまいそう。軽く体を動かして、ストレッチをするといいでしょう。レモン水をつくって飲んでみるのもよさそうです。
9（金）	◇	実力が評価されて満足できる日。頑張りすぎると精神的に疲れてしまうので、肩の力を抜いて取り組むようにすると、いい感じにできそうです。味方や協力してくれる人も現れるでしょう。
10（土）	△	財布を持たずに出かけてしまうなど、ドジな行動をしやすい日。準備は完璧だと思っていても、遊びに行った先で忘れ物をする場合もあるので気をつけましょう。
11（日）	◎	親友や懐かしい人、家族との縁が強くなる日。会う予定がなくても、偶然会うことがありそうです。夜は、少し贅沢な食事をすると、いいストレス発散になるでしょう。ただし、見栄は張りすぎないように。
12（月）	◎	買い物をするにはいい日。長く使うものよりも、1年くらいで買い替えるものを購入するのがいいでしょう。夏を楽しむためにお金を使ったり、イベントやライブに行くのもオススメです。
13（火）	▽	日中は運気がいいため、気になったことがあれば積極的に行動するといいでしょう。夜は、知り合いに予定を乱されて、疲れやすいので気をつけましょう。
14（水）	▼	無計画な行動は面倒を引き起こすだけ。今日はできるだけ慎重に動きましょう。疲れをためないように、こまめに休むことも忘れずに。
15（木）	×	意外な人から遊びに誘われたり、連絡がきそうな日。体力に余裕があるなら誘いに乗ってもいいでしょう。ただし予想以上に出費がかさみそう。余計な買い物もしないよう気をつけること。

開運のつぶやき　占いは「行動ありき」。行動するきっかけや行動する言い訳に使うもの

16（金）	▲	お気に入りの服やものが傷ついたり壊れてしまうことがありそう。気づいたらピアスの片方がなくなっている、なんてことも。今日は、高価なものは持ち歩かないほうがよさそうです。
17（土）	○	少しでも気になったことはネットで調べてみると、さらに興味深いことを見つけられそうです。お得な情報や話のネタになるようなことも発見できるかも。
18（日）	○	はじめて行く場所で、いい刺激と学びがありそうな日。いつもなら入らないお店や気になったスポットに、足を運んでみましょう。新しい服を着て行くと、よい出会いもありそうです。
19（月）	□	「今週の計画や目標」を立てるといい日。今日から1週間で達成できそうなことは何か、いろいろと考えてみましょう。ダイエットや禁酒など、体によさそうなことにトライするのがオススメです。
20（火）	■	夏の疲れが一気に出てしまいそう。集中力が欠けてしまうこともあるので、確認作業はしっかり行いましょう。精神的に疲れる出来事も増えるかも。好きな音楽を聴く時間をつくると、気持ちが晴れそうです。
21（水）	◇	一生懸命取り組んできたことに運が味方する日。待っていても何も変わらないので、積極的に行動することが大切です。多少責任をともなうようなことにも、思い切って挑戦してみるといいでしょう。
22（木）	△	遊び心を忘れないことが大事な日。ついつい真面目に取り組んでしまうタイプですが、周囲の人を笑顔にしたり、みんなで楽しめることは何かを考えて行動に移してみましょう。
23（金）	◎	「今週の計画や目標」がどのくらい達成できているか、確認してみましょう。すでに達成できていれば、ご褒美に食事や買い物をするといいでしょう。まだ達成できていない場合は、原因をしっかり探り、あと2日頑張りましょう。
24（土）	◎	経験や体験にお金を使うといい日。映画や舞台、ライブを観たり、日帰り旅行をするのもオススメです。気になった場所に行ってみて。
25（日）	▽	午前中はのんびりしないで、家の用事や片付けなどをドンドン終わらせましょう。午後からは、ゆっくりするのがいいでしょう。夜は、早めにお風呂に入り、いつもより早く寝るようにしましょう。
26（月）	▼	頭では理解できても体がついてこなかったり、テンションが上がらない感じになってしまいそう。ダラダラするとかえって疲れるので、「短時間で集中する」を心がけましょう。
27（火）	×	良くも悪くも区切りがつきそうな日。何かを諦めたり、やる気を失ってしまうこともあるかも。無駄な時間を使うことから離れると、スッキリしそうです。
28（水）	▲	この夏に使っていないものや、置きっぱなしのものは処分しましょう。出かけるときは、カバンや財布に不要なものが入っていないかチェックするのも忘れずに。
29（木）	○	前向きになれる言葉を耳にしたり、素敵な歌詞を見つけることができそう。ポジティブになれる言葉に出会えたら「運がいい」と思って、もっと楽しむといいでしょう。
30（金）	○	フットワークを軽くすることで、いい体験や経験ができそうな日。ノリをよくしておくといいでしょう。ただし、体力的な無理はほどほどに。
31（土）	□	1日を計画的に過ごすといいでしょう。多少うまく進まなくても、終わりの時間はしっかり守るように。時間にゆとりがあれば、軽い運動をしておくのもよさそうです。

9月

▽ ブレーキの月

2024年

| 1 | 2 | 3 | 4 | 5 | 6 | 7 | 8 | **9** | 10 | 11 | 12 | 1 | 2 |

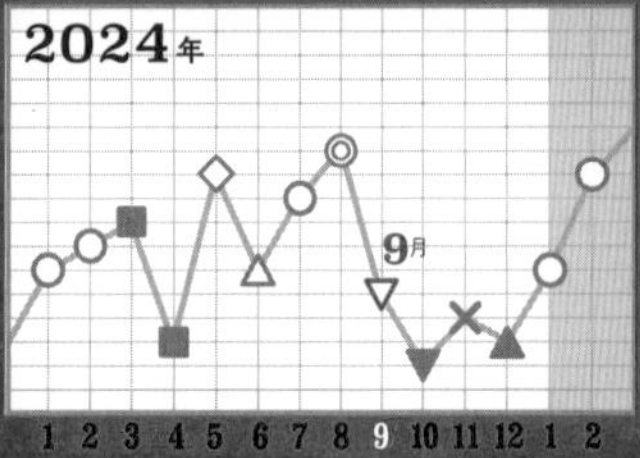

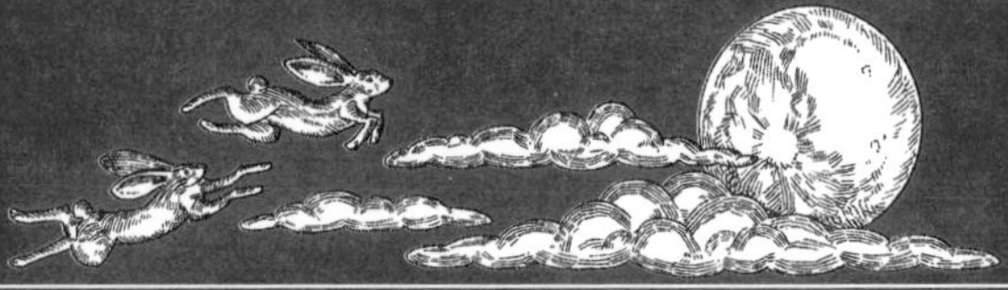

今月の開運3か条

- ◆ 前向きな話をたくさんする
- ◆ 頑張っている人を認める
- ◆ おいしいものを食べに行く

総合運

下旬は振り回され、疲れそう。無理せず、ストレス発散を

中旬までは、思った以上に順調な流れに乗れたり、周囲の人のやさしさに触れられて、楽しい時間を過ごせるでしょう。身近な人のいいところを素直にほめて才能や個性を認めてみると、いい関係も築けそう。下旬になると、ネガティブな発言をする人に振り回されてしまうなど、心身ともに疲れを感じることがあるので、無理をしないように。こまめにストレスを発散して、健康的な生活リズムに整えておくといいでしょう。

開運のつぶやき | お礼と感謝と礼儀を大切にする人に、幸運はやってくる

相性のいい相手なら年末に「プロポーズの予約」を

やさしい言葉遣いの人や、品のある人といい関係に進めそうです。ただし、中旬までに進展がない場合は、縁がない可能性が高いでしょう。下旬からは、あなたの心を乱す人が出てくるので、軽はずみに近づかないように。三角関係になったり、急に既婚者からモテはじめることもあるかも。結婚運は、食の好みが同じで、些細なことで揉めない相手なら問題なさそうです。真面目に将来について話し合い、年末に「プロポーズの予約」をしておきましょう。

何をするにも「ネガポジ変換」が成長につながる

職場の人とうまくコミュニケーションがとれて、問題なく過ごせる時期。後輩や部下、頑張っている人を応援したり、まだ結果の出ていない人の努力を認めることで、のちに味方になってもらえそうです。下旬になると、ネガティブなことを言う人に振り回されることや、不慣れな仕事を押しつけられる場合が。「利用された」と思うのではなく、「自分には利用するほどの価値があるんだ」と前向きに受け止めるようにすると、成長できるでしょう。

「ラッキー」が舞い込む予感

趣味にお金を使いすぎたり、贅沢な食事をする機会が増える一方で、ご馳走してもらえることや、ラッキーなサービスを受けられることもあるでしょう。下旬以降は、急に節約に目覚めたり、目先の小銭が気になりはじめるかも。効率よくポイントがたまるよう工夫してみると、楽しめそうです。投資は、中旬までに無理のない金額ではじめるのがいいでしょう。下旬はうまくいかないので、無理に動かさないように。

肌のケアとビタミン摂取を

友人から勧められたエステや美容法、ダイエットなどを試してみるといい時期。あなたに合った情報を入手できそうです。中旬までに、ストレス解消法や軽い運動を習慣づけておくことも大切。下旬からは、人間関係の悩みや心配事が原因で、ストレスを抱えてしまったり、体調も崩しやすくなるので気をつけましょう。美意識が低下して肌が荒れてしまうことも。念入りなスキンケアと、ビタミン豊富な食事を心がけておきましょう。

開運のつぶやき　人に短所はない。短所に見える部分も、考え方次第で必ず長所になるもの

9月 ▽ブレーキの月

1（日）	■	たくさん笑わせてくれる人と、食事や遊びに行くといい日。思い浮かぶ人に自ら連絡してみましょう。お笑いライブを観たり、芸人さんのネタや落語を動画で楽しむのもオススメです。
2（月）	◇	仕事に集中できて、時間があっという間に過ぎそうです。自分の得意なことで周囲の役に立てたり、いいアイデアがいろいろと浮かんできたりするので、遠慮せずに発言してみましょう。
3（火）	△	ふだんなら気にならないようなことに、気を取られてしまいそうな日。余計なことを考えすぎてしまうことも。小さなミスもしやすいので、しっかり確認するようにしましょう。
4（水）	◎	自分で思っている以上に、実力がついていることに気づけるかも。少し難しいと感じることでも勇気を出して挑戦してみると、いい結果を残せるでしょう。
5（木）	◎	仕事が増えて忙しくなってしまいそうな日ですが、仕事があることへの感謝を忘れないようにしましょう。満足できる結果を出せたり、人との交流を深めることもできそうです。
6（金）	▽	午前中は物事が順調に進み、いい流れで仕事ができそうです。夕方あたりからは、トラブルに巻き込まれたり無駄な待ち時間ができたりして、疲れてしまうかも。
7（土）	▼	友人や知人から、愚痴や自慢話を聞かされて疲れたり、テンションが下がることを言われてしまいそう。今日と明日は家でゆっくりするなど、のんびりできる時間をつくっておきましょう。
8（日）	×	余計なことを考えてクヨクヨしないようにしましょう。いま手にしている幸せや、与えてもらっていることの多さを見逃さないように。好きな音楽を聴いてゆっくりとした時間を過ごすといいでしょう。
9（月）	▲	やる気は待っていてもやってきません。掃除をしたり手を動かしてみると、自然とやる気になってくるでしょう。背中を押してもらえるような、前向きな言葉を探してみるのもオススメです。
10（火）	○	新たな挑戦をするといい日。少しでも気になったことがあれば調べてみたり、詳しい人に教えてもらうといいでしょう。ただし、情報が間違っている場合もあるので、鵜呑みにして振り回されないよう気をつけること。
11（水）	○	1日の終わりには自分をほめたり、多少つらいときでも自分を励ますようにしましょう。聞くと頑張れる言葉をつぶやいてみると、前向きになれそうです。
12（木）	□	自分が正しいと思うなら、思い切って突き進んでみるといい日。間違った努力をしていたり、違う方向に進んでいたとしても、指摘してくれる人が現れるでしょう。
13（金）	■	肌の調子が悪くなったり、疲れが顔に出てしまいそう。今日はこまめに休憩をとって、無理はしないように。ドジなケガもしやすいので、気をつけて過ごしましょう。
14（土）	◇	楽しい時間を過ごせる日。気になる人から連絡がきたり、友人から遊びに誘われることも。前向きな話ができて、おもしろい情報も入手できそうです。
15（日）	△	ダラダラ過ごしてしまいそうですが、たまにはゆっくりするのもいいでしょう。慌てて行動すると、ドジなミスをしやすくなるので要注意。忘れ物にも気をつけて。

開運のつぶやき　大切なのは、相手の想像をはるかに超えるサービス精神

16（月）	◎	頑張っている友人に会うといい日。パワーをもらえて、やる気になれそうです。思い浮かぶ人がいないときは、舞台やライブを観に行くのがオススメ。
17（火）	◎	時間をかけてきたことに運が味方する日。頑張ってきた人には、うれしいほめ言葉をもらえたり、さらにいい仕事につながるチャンスがやってくるでしょう。仕事をサボってきた人には厳しい結果が出てしまいそう。
18（水）	▽	日中は周囲とうまく協力でき、コミュニケーションも楽しめるでしょう。夕方以降は、後輩や部下に振り回されて自分の時間が減ってしまうことがあるかも。「困ったときはお互いさま」だと思っておきましょう。
19（木）	▼	やる気を失ってしまいそうな日。自分の夢や目指したいところを見失いやすいタイミングです。数年後の明るい未来を想像して、もうひと踏ん張りしてみましょう。
20（金）	×	ダラダラ仕事をしている人より、どんな仕事でも一生懸命取り組んでいる人のほうが、輝いて見えて素敵に思われるもの。不満を言ったり思い通りにならないことを考えるよりも、いまの仕事にもっと一生懸命になってみましょう。
21（土）	▲	身の回りをきれいにするといい日。いらないものや、年齢に見合わないものは処分しましょう。スマホにある不要なアプリや写真も消去し、スッキリさせるといいでしょう。
22（日）	＝	今日と明日は、好奇心がわいた場所に行ってみたり、気になる人に連絡をして遊んでみるといいでしょう。相手からの連絡を待つのではなく、勇気を出して自分から誘うこと。
23（月）	＝	「また今度でいいや」などと思わずに、いまできることはすぐ行動に移しましょう。後回しにしていると、楽しい時間も逃してしまいます。ダイエットや運動をしようと思っているなら、今日からはじめましょう。
24（火）	□	計画をしっかり立てて行動することが大事な日。もっと時間に厳しくなるといいでしょう。ダラダラ仕事をしないよう、自分なりの目標を立ててみて。
25（水）	■	体調に異変を感じたり、疲れが出やすい日。変な痛みがあるなら、早めに病院へ行くこと。しばらく歯医者に行っていない人は、予約を入れておくといいでしょう。
26（木）	◇	ただ時間をかけて仕事をするのではなく、結果を出すことや、相手の満足度を上げることをもっと考えて取り組みましょう。細部までこだわることで、評価にもつながるでしょう。
27（金）	△	珍しいミスをしやすい日。忘れ物や確認漏れ、周囲から心配されるような失敗をしてしまうことも。事前準備と確認をしっかり行っておきましょう。
28（土）	○	「なぜこうなったのか」を考えるだけではなく、「なぜできなかったのか」「もっとやるべきことがあったのでは」と過去を振り返るように。いまやるべきことが見えてくるはずです。
29（日）	○	日用品などの消耗品を買いに行くといい日。つい余計なものまで買いたくなってしまうので、必要なものをメモしてから出かけるようにしましょう。ポイントがたくさんついたり、お得に買い物ができることもありそうです。
30（月）	▽	日中は、直感を信じて行動してみましょう。多少うまくいかなくても、学びのある経験になるでしょう。夜は勘が外れやすいので、慎重に行動すること。

☆開運の日　◎幸運の日　◇解放の日　○チャレンジの日　□健康管理の日　△準備の日
▽ブレーキの日　■リフレッシュの日　▲整理の日　×裏運気の日　▼乱気の日　＝運気の影響がない日

10月

▼乱気の月

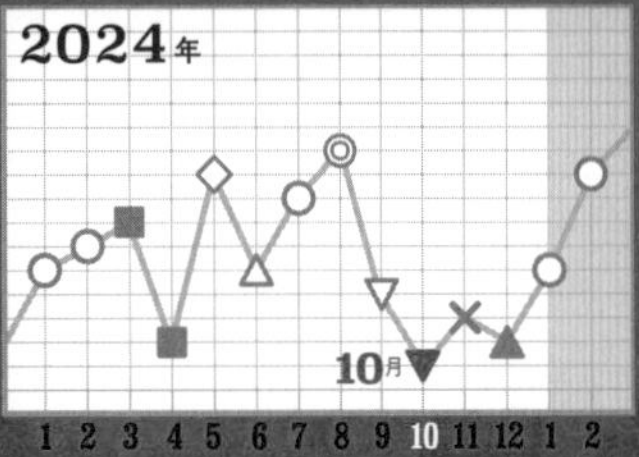

今月の開運3か条

- 休みの予定を先に立てる
- 「ポジティブ変換」して遊ぶ
- おいしいお店の予約をする

総合運
人から言われたことを
マイナスに受け止めすぎない

気分が落ち込んだときは、おいしいレストランを予約するなど、自ら楽しみをつくるといいでしょう。「乱気の月」に入ると、気持ちの浮き沈みが激しくなったり、心がブレて目標を見失いがちになります。ネガティブになったときほど、もっと気楽に考えるよう意識しましょう。傷つくことを言われたように感じても、実際は自分で勝手に傷ついている場合もあるので、相手を恨んだりマイナスに受け止めすぎないようにしましょう。

開運のつぶやき　自分も不完全、相手も不完全

恋愛&結婚運

焦りは禁物。いい人に会えるよう自分磨きを

恋はひとまず休憩して、焦らずに自分のいいところを探して伸ばすといい時期。今月は自分磨きや習い事をはじめたり、レベルの高い相手に出会えるよう知識を増やし教養を高めましょう。いい人を紹介してもらえるよう、信頼できる友人や先輩とも仲よくしておくこと。新しい出会い運は、噛み合わない感じの人が多かったり、苦手なタイプから好かれてしまいそう。結婚運は頑張りが伝わりづらいので、期待しないほうが気持ちも楽になるでしょう。

仕事運

思い込みをしやすい月。もっと気楽に考えてOK

「上司や周囲からの評価が下がっている」「自分は役立っていない」などと勝手に思い込んで自らやる気を失くしてしまいそうです。周りはなんとも思っていないものなので、目の前の仕事に楽しく取り組んでいきましょう。嫌々働いていると、その空気が周りにも伝わってしまいます。誰かの笑顔やよろこびのために仕事をするよう意識しましょう。期待外れのことが多くガッカリしやすい時期ですが、「乱気の月だから」と気楽に受け止めるように。

金運&買い物運

一流のスキルを味わいに行こう

服や靴などのかたちに残るものよりも、おいしいものを食べるなど体験や経験になることにお金を使うといい月。予約しないと入れないお店やホテルのレストランに足を運んで「一流のサービス」を受けてみるといいでしょう。家族や身近な人にご馳走するのもよさそうです。美術館に行ってアートをじっくり楽しんだり、神社仏閣を目当てに旅行するのもオススメ。投資は、無理にお金を動かさず、そのままにしておきましょう。

美容&健康運

少し贅沢をしてもいい月

余裕と自信を失いやすい時期なので、こまめにストレスを発散しておきましょう。油断していると肌荒れや体調を崩す場合がありそうです。少し贅沢なエステに行ったり、高級な化粧水やパックを試してみるといいでしょう。いつもよりいい美容室に行くのもオススメ。服装や髪型は、エレガントな雰囲気を意識すると、気持ちが一気に上がって調子もよくなりそうです。

10月

▼乱気の月

1（火）	▼	人間関係で悩んだり、余計なことを考えすぎてしまいそうな日。相手がよかれと思って言った言葉にヘコんでしまうことも。「伝え方が下手な人もいる」と思って、前向きに切り替えるようにしましょう。
2（水）	×	頭の回転が鈍くなることや、余計なことまで考えすぎることがありそう。調子の悪い日は誰にでもあるものです。油断しているとケガをする場合もあるので、気を引き締めて1日を過ごしましょう。
3（木）	▲	集中を妨げる原因になりそうなものは、片付けておきましょう。無駄なアプリや写真も消去しておくといいでしょう。身の回りをスッキリさせると、気持ちが楽になるでしょう。
4（金）	＝	ここ数日の出来事を引きずらないように。気持ちを切り替えて、周囲によろこんでもらえるよう仕事をしたり、あなたに感謝してくれる人のことを想像しながら過ごしてみて。
5（土）	＝	気になった場所へ試しに行ってみると、おもしろい発見がありそうです。期待外れだったとしても、想像との違いを楽しんでみて。今日は、好奇心に素直に従って行動しましょう。
6（日）	■	悩みや不安を素直に言えることが大事です。今日は友人や仲のいい人に連絡をしてみましょう。話を聞いてもらえることへの感謝は忘れず、お礼をしっかり伝えるように。
7（月）	■	疲れを感じたり、体調を崩しやすい日。ストレスを感じる相手と一緒にいる時間も増えてしまいそう。無理はせず、休憩時間に好きな音楽を聴くといいでしょう。
8（火）	◇	笑顔で挨拶し、元気に振る舞ってみましょう。テンションが上がって、モチベーションも高まってきそうです。やる気は待っていてもやってこないので、やる気になるよう自ら仕向けることが大切です。
9（水）	△	失敗は誰にでもあり、失敗しない人は成功もしないもの。何かを試して失敗するのは、「前向きな失敗」です。確認漏れやうっかりミスなどのただの失敗はしないよう気をつけて行動しましょう。
10（木）	＝	新しいことをはじめるよりも、自分の得意なことをもっと伸ばすようにしましょう。それが単純で簡単なことであっても飽きることなく続けましょう。自分の能力を発揮できることで、周囲を笑顔にするといいでしょう。
11（金）	＝	出費が増えてしまいそうな日。ただし些細なものでもいいので、後輩や部下、お世話になっている人にご馳走すると、いい1日になるでしょう。自分のことだけで頭をいっぱいにしないように。
12（土）	▽	一緒に楽しく食事ができる人に連絡するといい日。少し高級なランチを楽しんでみるといいでしょう。きれいな写真を撮るなどして、時間を贅沢に使うとよさそうです。
13（日）	▼	言い訳するのはラクですが、そんな日々の積み重ねでは人生はむしろ苦しくなってしまいます。一度や二度ならいいですが、言い訳している人を見て自分がどう思うかを考えてみましょう。
14（月）	×	ダラダラと1日を過ごしてしまいそうです。気になるイベントやライブの情報を調べて、足を運んでみましょう。おいしそうなスイーツのお店に行ってみるのもオススメです。出費が増えても、「楽しめたらOK」と思っておきましょう。
15（火）	▲	朝からドンドン手を動かすといい日。まずは目の前のものを片付けましょう。ダラダラしていると1日を無駄にしてしまいます。掃除や片付けをするとよろこんでくれる人がいると思って、前向きに取りかかって。

開運のつぶやき　素敵な言葉を使えば、素敵な人生を送れるもの

16（水）	＝	「すみません」よりも「ありがとうございます」を意識して言うようにすると、人生はいい方向にゆっくり変わっていくものです。笑顔で言えるようになると、さらにそのスピードは速くなるでしょう。
17（木）	＝	いい勉強ができる運気ですが、面倒に感じることもありそうです。考え方の合わない人や価値観の違う人からたくさん学ぶことが、視野を広げるいいきっかけになる、と思っておきましょう。
18（金）	■	あなたが思っているほど、人は小さなことを気にしていないもの。もっと気楽に仕事に取り組んでみましょう。夜は、疲れさせるタイプの人に振り回されてしまいそう。
19（土）	■	今日はしっかり体を休ませたり、のんびりする時間をつくっておきましょう。時間があればエステやマッサージに行って、日ごろの疲れをとるようにしましょう。
20（日）	◇	意外な人から遊びの誘いや連絡があるかも。予定が変わりそうですが、思ったよりも楽しい時間を過ごせたり、いい経験ができそうです。物事のプラス面を見るようにすることも忘れずに。
21（月）	△	油断しやすい日。遅刻や寝坊、忘れ物に注意して。報告を忘れて焦ってしまうこともありそうです。慌てて転ぶなど、ドジな行動もしやすくなるので、気をつけて過ごしましょう。
22（火）	＝	頑張った経験をうまく活かせそう。経験が足りていない場合は、苦労したり困難な出来事が起きるかも。今日は何事も「自分にプラスになること」だと思って受け止めましょう。
23（水）	＝	新しいことに挑戦するといい日。間違いや不慣れなこと、自分の不勉強なところが見えてきそうです。何かにチャレンジするということは、己の至らない点が見えることだと思って、取り組むといいでしょう。
24（木）	▽	午前中は物事が順調に進みそうですが、順調だと学べることは少ないもの。午後からは手間がかかることや面倒な出来事が起きそうですが、学べることがたくさんあると気づけるでしょう。
25（金）	▼	文句を言う時間があるなら学ぶといい日。人間関係のつくり方や話し方、言葉遣いなど、学ぶべきことはたくさんあると忘れないように。
26（土）	×	友人や知人を元気にすると、あなたも元気になれそう。自分のことをクヨクヨと考えていないで、相手のことを考えて行動してみましょう。人によろこばれたり感謝されることが、いいパワーになるでしょう。
27（日）	▲	失恋や、縁が切れるようなことが起きやすい日。大切にしているものを壊したり失くしてしまう場合もあるので、気をつけて扱いましょう。人間関係でも、相手の言葉をマイナスに受け止めすぎないように。
28（月）	＝	勝手に限界をつくらずに、考え方をいろいろと変えてみたり、もっと仕事を楽しめるように工夫しましょう。試したうえでの失敗は、いい勉強になり、今後の参考データにもなるでしょう。
29（火）	＝	求められたことに一生懸命応えてみるといい日。あなたを頼りにしてくれる人のために頑張ると、仕事が楽しくなったり、おもしろいアイデアも浮かんできそうです。
30（水）	■	自分の目標や夢を見失わないようにしましょう。ゆっくりでもいいので、努力を続けることが大切です。結果につなげるのではなく、努力を積み重ねた日々が、将来あなたの味方になると信じて、頑張ってみましょう。
31（木）	■	今日は「急がば回れ」の精神で、無駄だと思っても遠回りの方法を試してみましょう。そのぶん疲れたり時間がかかる場合もありますが、いい経験と学びになるでしょう。

11月

×裏運気の月

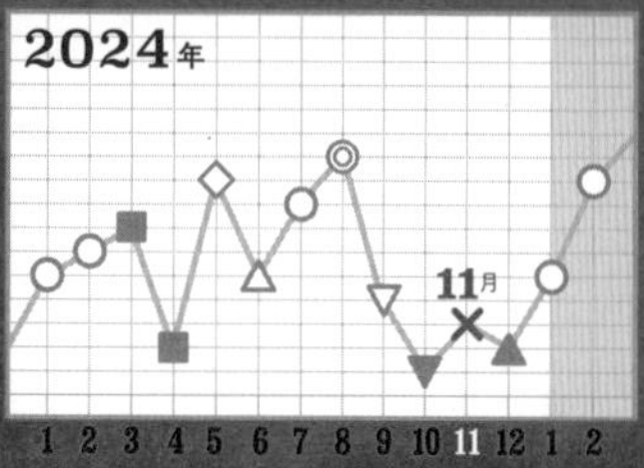

今月の開運3か条

- 「10分前行動」をする
- 他人に過度な期待をしない
- 睡眠を8時間以上とる

総合運

イライラがたまりやすい月。話を聞いてくれる人に連絡してみて

心身ともに疲れを感じたり、人間関係の問題がいろいろと出てきそうな時期。「言わなくてもいいかな」と思って流していたことが積み重なり、イライラや不満の原因になってしまう場合も。感情的になったり落ち込みすぎたりもしやすいので、話を聞いてくれる友人や笑わせてくれる人に連絡してみるといいでしょう。面倒見がよくなる運気ですが、感謝を感じられない人には深入りしないように。

開運のつぶやき　「こんな人がいたらいい」と思うなら、自分がそうなればいい

恋愛&結婚運

相手への不満が爆発しそう。言葉選びは慎重に

デートの予定を急にキャンセルされてガッカリしたり、「好きだから」と目をつぶってきた相手への不満が爆発してしまうかも。恋人だからといって、あなたの気持ちや考えをすべて理解しているわけではないので、言いたいことは言葉を選んでていねいに伝えましょう。新しい出会い運は、トラブルのもとになる相手と会う可能性があるため、無理に出会いを広げなくてもいいでしょう。結婚運は、不機嫌な態度が原因で白紙に戻ってしまうことも。

仕事運

早めに取り組むことでトラブルを避けられる

無理なことを押しつけられたり、急な仕事、不慣れなことを任されて、追い詰められた気持ちになりそうな時期。疲れもたまりやすく、体調を崩して予定が大きく乱れてしまう場合も。周囲に迷惑をかけないよう、体調管理はしっかりしておきましょう。何事も早めに片付けるために、早めに手をつけておくと、トラブルを避けることができそうです。後輩や部下の指導で苦労する可能性もありますが、学べることも多くなるでしょう。

金運&買い物運

それは本当に必要なのか

無計画な買い物や出費に注意しましょう。知り合いからお願いされて不要なものを購入したり契約して、後悔する場合もありそうです。いらないと思ったときはハッキリ断るようにしましょう。今月は、芝居やライブを観に行くと、パワーがもらえそうです。頑張っている若者からいい影響を受けたり、これまで知らなかった世界を知ることもできるでしょう。投資は判断ミスをしやすいので、ようすを見るだけに留めましょう。

美容&健康運

急な体調不良に要注意

先月問題がなかった人でも、今月は突然体調を崩したり、湿疹や肌荒れに悩むことがありそうです。急に風邪をひいて仕事やデートに行けなくなる場合も。夜の付き合いはほどほどにして、睡眠時間を少しでも長くとっておきましょう。 1日10分程度のストレッチや、軽い筋トレをしておくことも大切です。美意識も低下しやすいので、スキンケアをしっかり行い、半身浴などをする時間もつくるようにしましょう。

開運のつぶやき | ネガティブだから成長できて、ポジティブだから前に進める

11月

×裏運気の月

1（金）	◇	うれしいときは素直によろこぶといい日。恥ずかしがってよろこびを隠すと、相手がガッカリしてしまうかも。うれしいときは、少しオーバーなくらい笑顔を見せ、よろこびを表してみるといいでしょう。
2（土）	△	小さなミスをしやすい日ですが、必要以上に心配しないようにしましょう。「このくらいで済んでよかった」と気楽にとらえるのがよさそうです。ただし、車の運転はいつも以上に慎重にすること。
3（日）	＝	親友に連絡するといい日。話をいろいろと聞いてもらえたり前向きなことを話せて、気持ちが楽になりそう。的確なアドバイスをしてくれることや、笑わせてくれることへの感謝を忘れないようにしましょう。
4（月）	＝	予想外の出費が増えてしまいそうな日。不要なものは買わないよう気をつけておきましょう。機械が故障したり、スマホを落として画面を割ってしまうなど、臨時の費用が必要になることもあるかも。
5（火）	▽	自分のことばかり考えず、誰かを笑顔にしたり幸せにするために1日を過ごしてみると、いい日になるでしょう。夜は余計なことを考えすぎてしまうので、早めに寝るように。
6（水）	▼	体調に異変を感じたり、疲れが一気にたまってしまいそうな日。こまめに休んで、休憩中は腕や肩を動かしてストレッチしておくといいでしょう。食事は、胃腸にやさしそうなものを選ぶのがオススメです。
7（木）	×	物事をネガティブにとらえるよりも、考え方を変えて、学べるところを探してみるといい日。厳しいことを言われる場合もありますが、ハッキリ言ってくれるやさしさを忘れないようにしましょう。
8（金）	▲	ずっと我慢していたことに一言いいたくなってしまいそうな日。言葉選びを間違えると、気まずい空気になるので気をつけましょう。中途半端な関係の人がいるなら、今日別れを告げるとスッキリできそうです。
9（土）	＝	現状の不満を探すよりも、「いまが最高」だと思ってみることが大切な日。いまあるものや与えられているものに感謝して、それを最大限活かせるよう、知恵をしぼって工夫しましょう。
10（日）	＝	楽しませてもらおうと思わず、自分が周囲や家族を楽しませる側になりましょう。おいしいスイーツを買ったり、最近のおもしろい体験談を話して、みんなを笑顔にさせてみるといいでしょう。
11（月）	■	人の粗探しをしていてもやる気を失ってしまうだけ。他人に過度な期待はせず、「互いに助け合っている」と思っておきましょう。相手の雑な部分が見えるときは、自分の雑なところも出ている場合があるので気をつけること。
12（火）	■	心が傷つくような出来事があったり、体の調子が悪くなってしまいそうな日。傷つく経験をしたからこそ相手にやさしくでき、体調を崩したからこそ誰にでも調子が悪い日があると思えるようになるでしょう。
13（水）	◇	何事からも学ぼうとするといい日。向上心がなければ、変わらない日々が続くだけです。しっかり人を観察し、相手の話を聞いてよく考えてみると、学べることがたくさん見つかるでしょう。
14（木）	△	相手の堂々とした態度や外見、役職にコロッとだまされてしまいそうな日。話をしっかり聞いて、矛盾したことや適当なことを言っていないか、じっくり分析するようにしましょう。
15（金）	＝	親友といえる人は1、2人いればいいもの。何人もいると思う人は、本当に全員が自分にとって大切な人なのか、少し疑ってみたほうがいいでしょう。今日は、親友に連絡してみると楽しい時間を過ごせそうです。

開運のつぶやき　頑張ってもうまくいかなくて挫折の連続だから、人は強くなる

16（土）	＝	日用品や消耗品を買いに行くといい日ですが、誘惑に負けて余計なものまで買ってしまうかも。予算や買うものを決めてから出かけるようにしましょう。
17（日）	▽	日中は、いい選択ができて楽しく過ごせそう。興味のある場所には足を運んでみましょう。夕方以降は、家族や身内に振り回されたり、余計なことを言われてヘコんでしまうことがありそうです。
18（月）	▼	愚痴や不満が出やすい日。自分中心に考えすぎず、相手にもいろいろな事情があると思っておきましょう。理不尽なことを言われる場合もありますが、いい修業になると思って、ときには我慢することも大切です。
19（火）	×	どんな人にも欠点や弱点はあるもの。「自分は完璧だ」と信じるより、「まだまだ未熟者だ」と思うようにすると、不満もなくなっていくでしょう。
20（水）	▲	失くし物や落とし物に注意しましょう。お気に入りの食器を割ったり、カバンを傷つけてしまうことがありそうです。ガッカリせず、自分の身代わりになってくれたと思っておきましょう。
21（木）	＝	新しいことに挑戦するのはいいですが、今日は思い通りにならない場面や失敗が多くなりそうです。想像と違うことを不満に思うのではなく、自分の想像力のなさを反省しておきましょう。
22（金）	＝	雑談やくだらない話ができる仲間への感謝を忘れないようにしましょう。いい人間関係を築くには、どうでもいい話ができる間柄になることが重要なもの。
23（土）	■	相手の欠点を許せる自分のやさしさに気づくといいでしょう。自分の欠点も許せるようになると、もっと素直に行動できるようになりそうです。
24（日）	■	今日は、しっかり体を休めてのんびり過ごしたほうがいいでしょう。好きな音楽を聴いたり本を読んでみるとよさそうです。昼寝をすると、頭も体もスッキリするでしょう。マッサージに行くのもオススメ。
25（月）	◇	いいアドバイスがもらえそうな日ですが、勝手に悪いほうに受け取らないように。相手の言葉を善意で受け止め、多少の嫌味は、やさしさに変換してみましょう。
26（火）	△	忘れ物やうっかりミスに注意しましょう。自分でも焦ってしまうようなミスをすることがあるので、何事もしっかり確認し、念入りに準備しておくように。
27（水）	＝	これまでの経験をうまく活かせる日。自分で思っている以上に、知恵や対応力がついているでしょう。あとは、思い切って実行する勇気を出すだけです。
28（木）	＝	お金や時間のことをもっと真剣に考えて仕事に取り組みましょう。時間を区切って進めたり、今日中に達成できる目標を掲げてみるのもいいでしょう。
29（金）	▽	これまでに受けた数々の恩恵も、だんだんと記憶が薄れてしまうもの。教えてくれた人や関わってくれた人を思い出して感謝し、恩返しや恩送りを忘れず行いましょう。
30（土）	▼	「ありがとう」も、言うタイミングが悪いとうまく伝わりません。どんな言葉も、伝えるタイミングが大切なことを忘れずに。人をうまく動かす人や人望のある人は、「ありがとう」のタイミングが上手なものです。

12月

▲整理の月

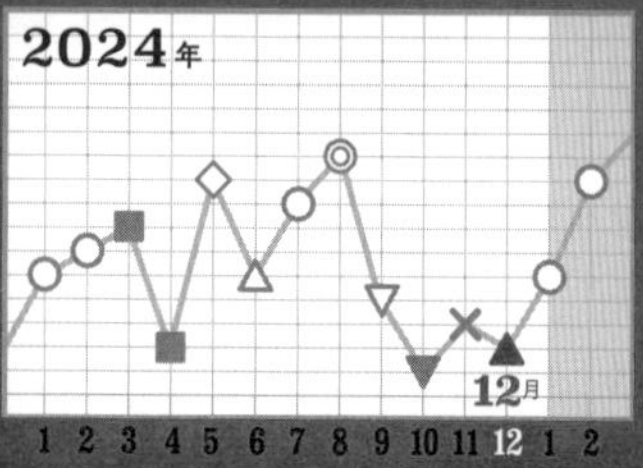

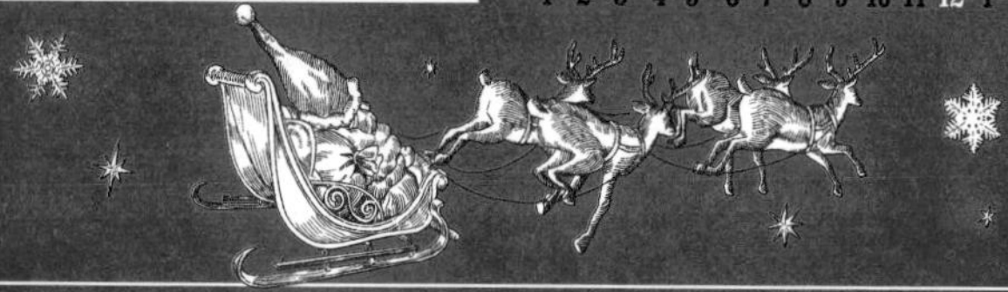

今月の開運3か条

- 整理整頓と掃除をする
- 不要なものとは縁を切る
- たくさん笑う

総合運

開き直りも大事。もっと「いま」を楽しもう

中旬まではモヤモヤした気持ちが続きそうですが、早く前向きになるためにも開き直ってみましょう。過ぎたことは気にせず、将来のことも勝手に不安に思わないように。もっといまを楽しんでみると、心が楽になりそうです。身の回りにあるマイナスなイメージのあるものや年齢に見合っていないものは処分したり、見えないところにしまいましょう。長年付き合いのある相手でも「合わない」と思うなら、距離をおく決断をすることも大切です。

開運のつぶやき｜自分に足りないものを探さないから、いつまでも結果に結びつかない

恋愛&結婚運

不誠実な相手とはキッパリ縁を切って

ここ1、2か月であなたを振り回したり、ヘコませてきた人とは、スパッと縁を切るといいでしょう。冷静に考えてみると、「どこがよかったんだろう」と疑問に思うこともありそうです。誠実さを感じられない恋人にも、別れを切り出したほうが、 2025年からいい縁をつかめるようになるでしょう。新しい出会い運は下旬から少しよくなりそう。知り合いや友人と忘年会をして、人を紹介してもらえるように話を盛り上げておきましょう。結婚運は、年明けに期待するように。

仕事運

転職したくなっても次の夏まではようすを見る

ゆっくりとやる気が出てくる月。中旬までは、離職を考えたり転職に心がぐらつきそうですが、ここはひと踏ん張りして、「来年の夏まではようすを見る」と決めておいたほうがいいでしょう。下旬になるとやるべきことが見えてきて、これまで頑張ってきた甲斐があったと思える流れになりそうです。ただし、実力以上の仕事を押しつけられることがあるので、無理はしないこと。体調を崩して、周囲に迷惑をかけないよう気をつけましょう。

金運&買い物運

買い物は必要なものだけ

大きめの買い物は、できれば2025年の「解放の年」にするといいので、どうしても必要なもの以外はもう少し待ちましょう。とくに、長く使うものの購入は我慢するように。今月は買い替えるものをチェックし、購入する順番を決めておきましょう。不要なものをネットで出品すると思わぬ値段で売れそうなので、試してみて。大事なものが壊れたときは、自分の身代わりになって不運を消化してくれたと思っておきましょう。

美容&健康運

調子のよさを感じられる月

先月あたりまで、体調や肌の調子が優れなかったり疲れを感じていた人も、今月から徐々に体調がよくなりそうです。ストレスも上手に発散できるようになってくるでしょう。マイナスな妄想が体調を崩す原因になるので、たくさん笑うことが大切です。コメディー映画やドラマ、芸人さんのネタなどを観てみるといいでしょう。美意識を高めることが健康維持にもつながるため、少し贅沢なエステや美容サロンに行ってみるのもオススメです。

12月　▲整理の月

1（日）	×	心がブレてしまいそうな日。マイナスな情報に振り回されたり、勝手に余計なことを考えてしまうことがあるかも。苦手な人とは距離をおき、好きな音楽を聴いてゆっくりするといいでしょう。
2（月）	▲	不要なプライドをもっていると傷つくだけ。ヘコんだり落ち込むときは、「いらないプライドにこだわっていたせいだ」と思って、考え方や気持ちを変えてみましょう。今日は手放したり素直に諦めることで、楽になれそうです。
3（火）	＝	マイナス面ばかり気にせず、プラス面を探すよう心がけましょう。リスクのない人生はないので、まずは挑戦して、経験を増やすことが大切です。
4（水）	＝	お得な情報を入手できそうな日。いろいろと話を聞いてみると、楽しくなってくるでしょう。はじめて会う人との会話から、これまでとは違った価値観を知ることもできそうです。
5（木）	□	何かをするときは「簡単」と思ってはじめてみましょう。勝手に「難しい」「無理」と思い込まないように。笑顔で楽しく話を聞いてみると、人間関係も、簡単によくなるでしょう。
6（金）	■	慌てて行動するとケガをしたり、ドアや引き出しに指をはさんでしまうことがあるかも。今日は、急いでいるときでも落ち着いて、ていねいに行動するよう心がけましょう。
7（土）	◇	遊びに誘われたり、好きな人や楽しい仲間といい時間を過ごせそうです。待ってばかりいないで、あなたから気になる人を誘ってもいいでしょう。まずは連絡してみて。
8（日）	△	おいしいものを食べに出かけるといい日。映画館や美術館に行くのもオススメです。友人と楽しい時間を過ごせる日でもあるので、突然でも誘ってみましょう。ただし、小さなミスには気をつけておくこと。
9（月）	○	苦手なことを避けたりできない理由を考えるよりも、どうしたらできるようになるのかを考えて、いろいろと試してみるといいでしょう。さまざまな方法があるものなので、克服する努力を忘れないで。
10（火）	○	仕事の流れが変わってくる日。大きなチャンスをつかめたり、評価してくれる人も現れそうです。今日はどんなことも手を抜かず、真剣に取り組むようにしましょう。
11（水）	▽	日中は、辛抱強く続けてきた人ほどチャンスに恵まれたり、いい流れに乗れそう。サボってしまった人には厳しい指摘があるかもしれませんが、言ってもらえたことに感謝しましょう。
12（木）	▼	理不尽な人や不機嫌な人に振り回されてしまいそうな日。無理に合わせず、いまやるべきことを冷静に判断し、嵐が過ぎるのを待ちましょう。
13（金）	×	自分の想像とは違う結果になったり、残念な思いをしやすい日。期待外れなことがあっても、ガッカリしないこと。「自分の伝え方が悪かったかも」と思って、改善するきっかけにするといいでしょう。
14（土）	▲	大掃除をするには最高な日。嫌な思い出がある服や小物は一気に処分しましょう。部屋をスッキリさせるといいので、ゴチャゴチャした場所をきれいに片付けて。
15（日）	＝	今日は新しくできたお店に行ってみましょう。楽しい時間を過ごせたり、お気に入りの場所になりそうです。とくに近くに思い当たるお店がないときは、旬のメニューを注文してみるといい発見があるかも。

開運のつぶやき｜コンプレックスも、角度を変えれば個性や才能や魅力になる場合が多いもの

16（月）	＝	出勤時間や生活リズムを変えてみるといい日。毎日が同じだと思うなら、「変化と勉強のとき」だと思いましょう。気になる本を読んでみるのもオススメです。
17（火）	□	どんなことがあっても、マイナスな想像をしないよう心がけましょう。ウソでもいいのでポジティブな発言をして、周囲の人の長所をほめてみると、いい1日になるでしょう。人生が大きく変わるきっかけにもなりそうです。
18（水）	■	心身ともに疲れやすい日。ストレスがたまる人と一緒にいる時間が増えたり、急に忙しくなってしまいそうです。イライラする原因はスタミナ不足の可能性もあるので、筋トレや運動をはじめてみましょう。
19（木）	◇	前向きになれたり、興味のあることを見つけられる日。成長するためには人と話すことと、教えてくれた人に感謝することが大切です。気になることがあったら、素直に質問してみて。
20（金）	△	中途半端になってしまいそうな日。どんな仕事も「最後の締めくくり」が大切です。最終チェックをしっかり行うようにしましょう。
21（土）	○	ただの友人だと思っていた人から告白されたり、付き合いの長い人から好意を伝えられることがありそうです。気になる人がいるなら自ら連絡してみると、交際に進む可能性も。
22（日）	○	買い物をするにはいい日。年末年始に必要なものをまとめ買いしておきましょう。お世話になった人への贈り物やクリスマスプレゼントを選んだり、年賀はがきを購入するのもよさそうです。
23（月）	▽	午前中は頭の回転がよくなり、いい流れで仕事ができそう。面倒だと思うことほど、先に終わらせるようにしましょう。夜は、人付き合いを大切にするといいですが、愚痴や不満を聞くハメになってしまうことも。
24（火）	▼	期待外れなクリスマスイブになってしまいそうです。急に仕事を任されたり、予定が大きく乱れることがあるかも。嫌いな人には注目せず、好きな人や親切な人のために頑張ってみましょう。
25（水）	×	余計な発言や、雑な行動で信用を失いやすい日。今日は、一歩引いてサポート役を演じたり、周囲がよろこんでくれそうなことを意識して行うようにしましょう。「余計なお世話だと思われてもいい」という覚悟も必要です。
26（木）	▲	不要な情報は入れないようにしましょう。無駄なSNSや役に立たないネットニュースを見る時間を削り、仕事に役立つ勉強をしたり、前向きな言葉を探しておきましょう。
27（金）	＝	ふだんなら行かないような忘年会などに顔を出してみるといい日。いろいろな人と知り合え、おもしろい話も聞けそうです。「人見知り」ではなく「人が好き」と言っておくと、そこからいい人脈が広がっていくでしょう。
28（土）	○	会いたいと思う人がいるなら連絡してみましょう。偶然相手のスケジュールがあいていて、短時間でも会える場合がありそうです。人生を楽しむためには勇気が必要だと忘れないように。
29（日）	□	午前中から大掃除をして、身の回りをきれいにしましょう。置きっぱなしで使わないものや着ることのない服は、必要な人にあげたり、ネットで売ってみるとよさそうです。
30（月）	■	少しでも疲れを感じるなら、ゆっくり過ごしたほうがいい日。人の多い場所に行くと、風邪をひいたり体調を崩してしまいそうです。今日は、温かいものを食べて早めに寝るようにしましょう。
31（火）	◇	予想以上に楽しい大晦日になりそう。イベントやライブに参加できたり、友人や仲間と楽しく過ごせるでしょう。告白やプロポーズをされて大きな幸せをつかめることもあるかも。

☆開運の日　◎幸運の日　◇解放の日　○チャレンジの日　□健康管理の日　△準備の日
▽ブレーキの日　■リフレッシュの日　▲整理の日　×裏運気の日　▼乱気の日　＝運気の影響がない日

SILVER
PYXIS

第2部

銀の羅針盤座が さらに運気を 上げるために

占いを使いこなすには
自分を占うだけではまだ半分。
人を占い、人を思いやって行動してこそ
人間関係はよりよいものになっていきます。
この先のページを読んで
人付き合いに活かしていきましょう。

銀の羅針盤座×12タイプ別

相手が金の羅針盤座［解放の年］

あなたの一歩先の運気にいる人なので、つねに背中を見ていると思っておきましょう。相手は「解放の年」に入り、実力や魅力を認められて輝きはじめるときです。一緒にいるとあなたは満足できそうですが、相手からはまだまだだと思われてしまうことがありそう。

恋愛 互いに考え方や価値観が似ているぶん、マイナスなところも似ているため、つながりが弱くなってしまいそう。相手はモテ期に入っていて本気で好きになった人と交際に進む運気です。共通の趣味があるなら、5~8月はいい関係になれる可能性があるので、好意を伝えておくといいでしょう。

仕事 相手は結果が表れいい流れに乗っているため、一緒にいると恩恵を受けられそうですが、甘えすぎたり頼りすぎると、厳しい指摘を受けてしまうかも。相手が上司なら、言われたことをキッチリ行うことで信頼を得られそう。部下なら、しっかりほめるようにし、相手の得意なことを任せてみましょう。

初対面 あなたが相手に引き上げてもらえるようなタイミングでの出会いなので、大切にするといいでしょう。ただし、なんでも相手に任せすぎると距離ができてしまうかも。相手がびっくりするくらいあなた自身をレベルアップさせると、長い縁になりそうです。

相手が銀の羅針盤座［リフレッシュの年］

あなたと同じ運気の相手。今年は互いに無理をしないようにしましょう。相手のようすをよく見て体調が悪い感じになっていないかチェックし、異変は早めに伝えるといいでしょう。病院情報や健康の話で盛り上がったり、ゆっくりする時間を大切にすると仲よくなれそうです。

恋愛 恋愛観が似ている者同士。互いに相手任せでなかなか動かないため、関係が平行線になってしまいそう。5月~9月中旬はいい関係に進みそうなので、遊びに誘ってみるといいでしょう。自分がどうしてほしいか想像すれば、相手がしてほしいことがわかると思っておきましょう。

仕事 ともに忙しく、プレッシャーもかかる年。無理は禁物なので、助け合うことが大切ですが、互いに甘えるタイプでもあるので注意が必要です。相手が上司でも部下でも、短時間で仕事を終わらせてゆっくりする時間をつくり、無理のないペースで仕事をしましょう。

初対面 2人ともダラダラしやすく、すぐに疲れてしまうようなタイミングの出会いです。2025年になると今年の苦労話ができるようになり、仲よくなれそうです。ただ、どちらも相手を引っ張っていかないので、最終的には自然と離れてしまう可能性が高いでしょう。

2024年の相性

今年の相性を知って、付き合い方の参考にしましょう。

相手が金のインディアン座［幸運の年］

この相手はマイペースなので、深く関わろうとしてもうまくかわされてしまいそうです。相手の魅力に惹かれたとしても、執着しないことが大切です。マメなつもりでしつこくならないよう注意しましょう。勝手に相手に振り回されて、疲れてしまわないように。

恋愛 あなたが人生を楽しめていると、相手も興味を示してくれるので、元気でポジティブな感じを意識しておくといいでしょう。2022年に出会っている場合は縁が深くなりそうです。とくに4〜6月は頻繁に会うよう工夫してみると進展があるかも。

仕事 ともに仕事が忙しくなるタイミングですが、相手のほうが判断やスピードが速いため、おいていかれそう。今年は無理についていかなくていいでしょう。相手が上司なら、指示には素直に従い前向きな発言を心がけて。部下なら、頭の柔らかさをほめてあげるといいでしょう。

初対面 サッパリあっさりした付き合いになるタイミング。あなたは寂しい感じがするかもしれませんが、相手にとってはいい距離感なので気にしないでおきましょう。この相手は情報量が多い人を好むため、会うたびにいろいろな話をしてみると、長い付き合いができそうです。

相手が銀のインディアン座［準備の年］

ともにリフレッシュするといい年。あなたは肉体的な疲労、相手は精神的な疲労がたまっている時期なので、一緒に遊んで気分転換するといいでしょう。ただし、相手にペースを乱されて逆に疲れをためてしまわないよう気をつけること。相手の才能や個性をほめるようにすると、いい関係でいられそうです。

恋愛 互いに心をつかむのが難しいタイプ。相手は極端にマイペースな人ですが、友人くらいの距離を保っていると気まぐれで好きになってくれることがあるでしょう。それまではセンスをアピールしたり、相手をほめて仲よくなっておくとよさそうです。

仕事 あなたのほうが忙しく重圧も感じる年。相手は要領よく仕事ができますが、今年はやる気がなくミスも増えるため、代わりにあなたが頑張らなければいけなくなるかも。相手が上司でも部下でも、作業が雑になりやすいため、最終チェックはあなたがしっかりすること。

初対面 楽しい時間を過ごせますが、相手はダラダラした関係が苦手なため、つまらないと思われたらパッと離れてしまいそう。いい意味で引きが早い人なので、面倒な関係にはならないでしょう。この相手と仲よくしたいなら、興味をもってもらえるよう才能や個性を磨いておくことが大切です。

銀の羅針盤座×12タイプ別

相手が 金の 鳳凰座［ブレーキの年］

相手のパワーについていけなくなってしまいそうな年。頑張りすぎて体調を崩したり、限界を感じて自信を失う場合もあるかもしれませんが、相手がタフすぎるだけなので気にしないように。相談すればしっかり聞いてくれる人なので、ついていけないときは素直に伝えることが大切です。

恋愛 相手は出会った当初の距離感や関係性をそのまま続けるタイプ。最初からあなたが甘えたり頼ることができていたなら交際してもその関係のままでいられるでしょう。ただ、疲れているからといって相手を雑に扱ったり言いすぎたりすると、さすがに相手も限界を感じてしまうので、甘えすぎには気をつけること。

仕事 結果を出せて今年はゆとりがある相手。あなたに求める仕事量やレベルが高く、頑張りすぎて疲れてしまうかも。相手が上司なら、秘密の相談をするとうまく対応してくれそう。部下なら、自信をもたせるといい結果を残してくれるでしょう。

初対面 相手にとって、今年のあなたは慌ただしく疲れて見えそう。いつ会っても「大丈夫?」と体調を心配されてしまうかも。相手はタフなタイプのため、一緒にいるとヘトヘトになってしまいそうです。

相手が 銀の 鳳凰座［開運の年］

一緒にいると前向きになれたり、もうひと踏ん張りしてみようと思える相手。ただ、影響を受けすぎて無理をしないよう気をつけましょう。何事もゆっくりじっくり進める相手の姿から、速ければいいわけではないと学べることもありそうです。

恋愛 あなたのワガママを受け入れてくれる人なので、大切にするといいでしょう。あなたは友人だと思っていても、相手のほうから好意を抱かれることがありそうです。1~5月に相手から誘いがあったら会ってみるといいでしょう。前向きな話をしておくとよさそうです。

仕事 目標が達成される運気のこの相手と一緒にいると、いい仕事ができて結果もついてきそうですが、そのぶんプレッシャーが重くのしかかるようなこともあるでしょう。相手が上司なら、その人のレベルに少しでも近づけるよう努力を怠らないように。部下なら、仕事を任せると実力を発揮してくれそうです。

初対面 相手から好かれると長い付き合いになりそうです。ただ、今年はこの相手と一緒にいると疲れてしまうタイミング。徐々に距離をあけてもいいでしょう。相手の運気が変わると魅力が薄れ、あなた好みの人ではないと気づくこともありそうです。

恋愛 恋愛相手との今年の相性　仕事 仕事相手との今年の相性　初対面 今年はじめて出会った人との相性

2024年の相性

今年の相性を知って、
付き合い方の参考に
しましょう。

相手が 金の 時計座 [裏運気の年]

ともに体調に注意が必要なとき。一緒にいると相手の感情の乱れに巻き込まれ、ストレスを感じたり疲れをためてしまうことがあるでしょう。相手の熱い気持ちを理解しようとする姿勢は大切ですが、結局は振り回されるだけになってしまいそう。今年は距離をあけたほうがいいでしょう。

恋愛 あなたと真逆の考えや価値観をもっている人。運気がいいときはそれが魅力に思えますが、 相手は今年「裏運気の年」に入るため、 長所も短所に見えて魅力を感じられなくなってしまいそうです。 夢や明るい未来を語り合うようにし、友人くらいの関係性を保っておくといいでしょう。

仕事 情熱がある場合は実力が足りず、 実力がある場合は気力が足りない感じの相手。 今年はあなたが振り回されて疲れてしまいそう。 相手が上司なら、無計画な発言をしていないか、よく分析し冷静に判断しましょう。 部下なら、友達のように接してみると、悩みや不安を打ち明けてくれそうです。

初対面 一時的に仲よくなったとしても、 このタイミングで出会った相手とは長く続かなかったり、 続いたとしても最終的には気持ちが離れて別れることになりそう。 相手の口の悪さに振り回され、疲れてしまうこともあるかも。

相手が 銀の 時計座 [乱気の年]

一緒にいるとお互いストレスがたまり、イライラする原因になってしまいそう。相手は昨年までの勢いがなくなり、魅力のない考えや発言をすることも多くなりそうです。今年はできるだけ関わる機会を減らしたほうがいいでしょう。

恋愛 互いに甘えん坊な性格。 一歩踏み込むことができれば仲よくなれますが、 相手の口の悪さが原因でケンカをしたり、 あなたが傷つくことや落ち込むことが増えてしまいそう。 ストレスにならないよう、今年は距離をとって接するくらいがいいでしょう。

仕事 相手の空回りに巻き込まれてしまうことがありそうです。 また、今年のこの相手は不慣れな仕事を任されて困っているかもしれないので、 あなたが助けてあげるといいでしょう。 相手が上司なら、疲れて判断ミスをしやすいので注意しておくこと。 部下なら、焦るとミスが増えやすいため気をつけておきましょう。

初対面 今年は縁がない人ですが、 なんとなく仲よくなることがありそう。 数年後に相手の印象が大きく変わってくるので、 今年や来年のようすだけで決めつけないようにしましょう。 来年は、あなたの協力のおかげで相手が助けられることもありそうです。

銀の羅針盤座 × 12 タイプ別

相手が

金のカメレオン座

［チャレンジの年（1年目）］

一緒にいることでやる気になれたり、互いに成長できそうな年。相手はあなたにはない視点や知識をもっていますが、今年は上手に活かしきれていないようです。相手のよい部分を見つけてほめてみると、徐々に能力を開花させることができるかも。

恋愛 頼もしく感じられる人。仲よくなると相手に甘えてしまうことがあるかも。ここ数年、相手のよさに気づけていなかった場合でも、今年から段々と魅力が見えてくるでしょう。とくに8～9月は距離が縮まるタイミングなので、チャンスを逃さないように。

仕事 頑張りきれないあなたに代わって頑張ってくれる人。甘えすぎるのはよくないですが、限界を感じる前に助けてもらうようにすると、相手の成長にもつながるでしょう。相手が上司なら、無理をさせられることになると覚悟しておきましょう。部下なら、遠慮せず助けてもらうようにしましょう。

初対面 今年は、前向きなパワーあふれる相手から、いい影響を受けられそう。ただ、仕事上の付き合いくらいなら問題ないものの、深い関係になるとあなたが疲れてしまうかも。互いに尊敬できる部分を見つけられると縁が長く続くようになりそうです。

相手が

銀のカメレオン座

［整理の年］

あなたは疲れがたまりやすい年で、相手はやる気がない感じになる年。今年は互いに、少し距離をおいたほうがよさそうです。一緒にいると互いに相手任せになったり、不満がたまってしまうことがあるでしょう。急に縁が切れてしまう場合もありそうです。

恋愛 相手の発言に疲れたりストレスを抱えてしまいそう。相手も恋が盛り上がるときではないため、今年は映画や舞台を観に行く友人くらいの距離感でいるほうが、互いにとってもよさそうです。進展は2025年以降に望めそうなので、いまは気長に待っておきましょう。

仕事 互いに粘り強さに欠ける年。あなたは疲れから集中力が切れてしまい、相手はやる気が出なくて目の前の仕事に集中できなくなりそうです。相手が上司なら、無理を押しつけてくるかも。冷たいことを言われることもありそうですが、気にしないように。部下なら、まずは相手を信頼するところからはじめましょう。

初対面 一緒にいると疲れてしまいそうな人。互いに縁が薄いタイミングでの出会いなので、深入りしないほうがいいでしょう。一時的にはいい関係になっても、結局相手があなたのもとを去っていったり、裏切られてしまうことがあるでしょう。

恋愛 恋愛相手との今年の相性　仕事 仕事相手との今年の相性　初対面 今年はじめて出会った人との相性

2024年の相性

今年の相性を知って、
付き合い方の参考に
しましょう。

相手が
金の
イルカ座
［健康管理の年］

ともに忙しい年ですが、相手に合わせているとヘトヘトになってしまいそうです。ずっと一緒にいると「あなたに合わせてあげている」などと自己中心的なことを言われる場合もあるので、今年のこの相手とは距離感を間違えないよう注意しておきましょう。

恋愛 サッパリした交際になり、ストレスの少ない相手でしょう。ただ、相手のほうがスタミナがあるため、肉体的な疲れがたまってしまうことも。疲れたときは素直に伝えるようにするといいでしょう。6~9月は関係を進めやすいタイミングなので、あなたから遊びに誘ってみるとよさそうです。

仕事 互いに忙しい時期ですが、今年はこの相手と一緒に仕事をすると、もうひと踏ん張りできそうです。相手が上司なら、より忙しくなりやすいため、疲れたら限界を感じる前に伝えましょう。部下なら、気を使って助けてくれることがあるかも。感謝を伝えるといいでしょう。

初対面 今年はあなたに体力的な余裕がなく、この相手と仲よくなれるきっかけを逃しやすいでしょう。ただ、1~2年後には気楽に付き合えるようになりそうです。時間をかけてゆっくり仲よくなることを目標に接してみるといいでしょう。

相手が
銀の
イルカ座
［チャレンジの年（2年目）］

一緒に遊ぶことでいい気分転換ができそうな人です。ただし、なんでも相手任せにすると振り回されて、かえって疲れをためてしまうおそれがあります。この相手と一緒にいるときは、自分のペースを守ることを意識しておきましょう。楽しむためにお金を使いすぎてしまうと、ストレスになる場合もあるので気をつけること。

恋愛 ここ1~2年で仲よくなっているなら、7~9月にいい関係に進める可能性があります。遊びに誘ったり、行きつけのお店に一緒に行ってみるといいでしょう。ただ、思っているよりも相手のワガママに振り回される場合があるので覚悟しておくこと。

仕事 あなたよりも頭の回転がよく柔軟性もある人。この相手からアドバイスをもらえると「その考え方があったか」と気持ちが楽になりそう。相手が上司なら、要領よく仕事を進める方法を教えてくれるでしょう。部下なら、新しいやり方を学べそうです。

初対面 いい友情が生まれそうな相性です。相手の遊び心を理解できると、長く付き合えるでしょう。ただ、一緒にいるとハメを外しすぎたり、気づいたら相手に支配されてしまうようなことがあるかも。適度な距離感を保つことが大切でしょう。

相手のタイプ別

毎月の関わり方アドバイス

	相手が羅針盤座 金	相手が羅針盤座 銀	相手がインディアン座 金	相手がインディアン座 銀	相手が鳳凰座 金	相手が鳳凰座 銀
1月	最新の情報や流行を教えたり、おもしろい人を紹介するといいタイミング。	相手が新しいことに目を向けるきっかけをつくり、似合う髪型や服も提案してみて。	相手は体調を崩しがちな月。気遣いをして、温かい飲み物をあげるとよろこばれそう。	相手が最近ハマっていることを聞き、あなたもオススメの映画やドラマを伝えてみて。	おもしろい情報を教えるといい月。ドジな失敗話を楽しく聞いてみるのもオススメ。	運気のよさを教えてあげると、いい流れに乗れそう。相手の長所はドンドンほめて。
2月	今年の目標や将来の夢のことを語り合ってみて。前向きな話でいい関係になれそう。	ポジティブな話をしたり、信頼できる友人を紹介するといいでしょう。	魅力や才能を素直にほめ、苦労や頑張りを認めると、相手の才能が開花しそう。	体調を崩したり疲れをためている月。不調がないか観察しつつ、やさしく接して。	思い出話で絆が深まりそう。長い付き合いにしたいなら今月はマメに会うように。	話題のスポットやお店を教えてあげて。一緒に遊ぶとあなたの運気もアップしそう。
3月	疲れが顔に出ていたり元気のなさを感じるときは、負担を減らすようにしましょう。	相手は忙しく疲労がたまっている月。手伝えることを探し、話を聞くようにして。	いい勢いですがミスやドジも増える月。フォローしたり、一緒に笑ったりしましょう。	急でも遊びに誘うとよろこばれそう。知り合いを紹介すれば、いい友達になるかも。	一緒にいると流れが大きく変わる出来事がある月。調子に乗せるくらいおだててみて。	久しぶりでも連絡してみましょう。思い出話をするといい関係になれそうです。
4月	才能や個性を素直にほめてみて。ポジティブな話をして、互いに前を向きましょう。	疲れや睡眠不足で不機嫌になっているかも。無理させず、少し休んでもらいましょう。	相手は実力を出せて忙しい月。付き合いが長いならこれまでの頑張りを認め応援を。	遊びに誘うといい月。気を使って自ら誘えないタイプなので、よろこんでもらえそう。	やりたいことを応援し、一緒にいるとよさそう。互いに満足な結果を残せるでしょう。	「最高の運気」だと伝えてみましょう。一緒に過ごすことであなたにも幸運が訪れそう。
5月	相手は少し行動が雑になりがちな月。些細なことでへこんでいたら、励ましてあげて。	一緒にストレス発散を楽しむといい月。スポーツやおもしろい話を積極的にしてみて。	大事な役割を任せるとよさそう。相手の魅力を周囲に伝えてあげるのもいいでしょう。	近況報告を兼ねて食事に誘いましょう。思い出話だけでなく、前向きな話も大切に。	相手が調子に乗りすぎて大失敗するかも。危険なときは注意するように。	相手に振り回されても一緒にいるのがオススメ。多少のワガママは受け入れましょう。
6月	これまでの苦労や努力を聞いてみるといいでしょう。思わぬ才能を見つけられるかも。	失敗やケガをして元気がないかも。励ましたり、オススメの本を紹介するとよさそう。	明るい妄想話やアイデアをたくさん聞いてみると、相手のよさを上手に引き出せそう。	お得な話がよろこばれる月。ポイ活や安くておいしいお店などの情報を教えてみて。	相手のワガママが出る月。失敗から学べるよう、距離をとって見守っておくこと。	相手は誘惑に流されたり、いろいろと雑になりがちな時期。うまくフォローして。

今月のほかのタイプはどんな運気？　全タイプの相手について月ごとに接し方のコツをお伝えします。

	相手が 時計座 金	相手が 時計座 銀	相手が カメレオン座 金	相手が カメレオン座 銀	相手が イルカ座 金	相手が イルカ座 銀
1月	ポイ活などのお得な情報で盛り上がりそう。節約や高見えするものの話をするのも吉。	相手の幸せな話をいろいろ聞いてみて。語り合うと感謝の気持ちがわいてきそう。	些細なことで悩んでいるかも。話を聞いたり「大丈夫」と言ってあげましょう。	相手は判断ミスをしやすい月。話をしっかり聞き、冷静になって考えるよう伝えて。	お節介がすぎると縁を切られたり、距離があくことも。ほどよい距離を保つように。	相手は、思い通りにならずイライラしている時期。頑張っていることを認めましょう。
2月	雑談したり、話を聞く時間をつくることが大事。冗談を言って相手を笑わせて。	相手は「守り」の時期。楽しく過ごしつつも、調子に乗せたり無理をさせるのはNG。	悩んだり空回りしている時期。いろいろな考え方があることをやさしく教えてみて。	不安や心配事を聞くといいですが、多くは妄想なので「考えすぎ」と伝えましょう。	最近できたお店の話などをするとよさそう。旬の料理を食べに誘うのもオススメ。	今月は距離をおかれても気にしないで。掃除道具の情報を伝えるとよろこばれそう。
3月	悩みや不安を抱えている月。相談に乗ったり、些細なことでも手助けしてあげて。	あなたの見えないところで問題が起きる可能性が。「困る前に相談してね」と伝えて。	別れて楽になることもあると伝えてみて。一流の人たちの苦労話を語るのもよさそう。	相手のマイナス面が見える月ですが、短所も見方を変えれば長所になると忘れないで。	イベントやライブ、飲み会に誘ってみましょう。新商品の情報を教えるのもよさそう。	相手は気持ちが前向きになっている時期。小さなことでも挑戦をうながしましょう。
4月	相手の雑な部分が見える月。集中できない理由を聞いて前向きなアドバイスを。	いつもと雰囲気が違うと感じたら、じっくり話を聞いて少しでも手助けするように。	友人との集まりに誘ってみましょう。最近ハマっているドラマなどを教えるのも吉。	成功でも失敗でも、過去に執着すると前に進めないということを伝えましょう。	相手の才能や個性をほめることが大切。友人を紹介するのもいいでしょう。	おもしろそうな情報はドンドン伝え、イベントやライブにも誘ってみて。
5月	相手は悲しい別れがある月。まったく関係のない、楽しい話をする時間も大切です。	相手はだまされたり間違った方向に決断しやすい月。落ち着いて話す時間をつくって。	互いに行ったことのないお店に誘い、食べたことのないメニューを試すといい経験に。	知り合いの集まりに誘ったり、本やドラマ、映画を紹介するといい関係を築けそう。	不機嫌なのは疲れている証拠。お菓子を渡したり仕事を手伝うなど、やさしく接して。	10年後の明るい未来を語り合うといいでしょう。将来の夢を話してみるのもよさそう。
6月	相手の気持ちが徐々に前向きになる月。新発売のお菓子や話題のお店の話をしてみて。	パーッと遊んで楽しみましょう。たくさん笑って過ごすことの大切さを教えてあげて。	3年後にどうなりたいかなど未来の話をすると、人生を考えるきっかけになりそう。	内面にも外見にも、いつもと違う変化がありそう。気づいてあげるといいでしょう。	将来の夢を応援してあげましょう。役立つ情報や前向きな話を伝え勇気を与えて。	疲れて元気がないかも。やさしく接し、カフェでゆっくり話を聞くといいでしょう。

相手のタイプ別

毎月の関わり方アドバイス

	相手が 羅針盤座		相手が インディアン座		相手が 鳳凰座	
	金	銀	金	銀	金	銀
7月	相手の才能をドンドンほめて、前向きになれるよう背中を押してみましょう。	得意なことを任せるといい月。過去にハマった趣味の話をするのもオススメ。	愚痴が増えそう。前向きな話をしたり、過去の自慢話を聞いてみるといいでしょう。	なんでも抱え込んでしまうとき。雑談がてら相談に乗り本音を聞くといいでしょう。	相手が反省していたら許すことが大切。気持ちの切り替え方を教えるといいでしょう。	予想外の出来事が増える月。話を聞いて、些細なことでも協力してあげましょう。
8月	互いに協力するといい結果が出せそう。相手を調子に乗らせてみるといいでしょう。	結果を求められて忙しくなっている月。無理のない範囲でサポートしましょう。	無謀な行動に走りやすいとき。話を聞いて不安や心配を取り除いてあげましょう。	相手は心配事や不満がたまる時期。おもしろい話で盛り上げるとよさそうです。	相手は新たなことへゆっくりと動き出す月。興味をもちそうな情報を教えてあげよう。	相手は不要なものを処分したい時期。あなたにとって価値があるならもらいましょう。
9月	相手はネガティブな情報に振り回されやすい月。明るい未来について語り合って。	たくさん話を聞くのがオススメ。おいしいお店を教えたり、パーティーに誘うのも吉。	急に人との距離をとったり縁を切りたくなる月。ほどよい距離を保っておくこと。	やる気が出ず小さなミスが増えるとき。相手の話を聞いてみるとうまく助けられそう。	前向きになれる話や成功者のエピソードを話してみると、やる気になってくれそう。	相手は新しいことに挑戦する時期。ドンドン背中を押してきっかけをつくってみて。
10月	情に振り回されやすい月。余計なことを考えないよう楽しい時間を増やしましょう。	相手は疲れやすい時期。すすんで相談に乗り、周囲と協力し合って手助けを。	おもしろそうな情報をドンドン伝えましょう。人との出会いを増やす手伝いも大切。	無謀な行動に走りやすいとき。悩みを聞いたり、相手の長所を伝えてみて。	互いに将来の夢や未来の話をしてみると、頭も気持ちもスッキリ整理できそうです。	いつもと違う友人の集まりに誘うなど、相手の人脈を広げるために協力しましょう。
11月	掃除や整理整頓を手伝って、相手のいらないものを譲り受けるとよろこんでくれそう。	無理は禁物。こまめに休憩をとるようにうながし、会うのも短時間にとどめて。	急でもいいので食事に誘ったり知り合いを紹介すると、おもしろい縁がつながるかも。	しばらく集まっていないなら、あなたから連絡してプチ同窓会を開いてみましょう。	相手は元気そうに見えても疲れがたまりやすい時期。体調を気遣ってあげて。	将来の夢や人生の目標について話してみると、相手の気持ちが定まってきそうです。
12月	最新情報を教えたり、新たな人脈づくりの手伝いを。はじめての場所に誘うのも吉。	悩みを聞いて、別れを決めかねていたら背中を押して。笑える話をするのもオススメ。	1~2年先の目標を話してみましょう。大まかな方向をうまく定められそうです。	人脈を広げることが大切な月。知り合いを紹介したり、食事に誘ってみて。	相手は大きな幸せをつかむ月。うれしいことが起きたら一緒によろこびましょう。	疲れがたまる時期。相手が不機嫌なときは、甘いものや入浴剤を贈るのがオススメ。

あの人はいま、どんな月を過ごしているんだろう。
相手の運気のいいときに誘ってみよう!

	相手が 時計座 金	相手が 時計座 銀	相手が カメレオン座 金	相手が カメレオン座 銀	相手が イルカ座 金	相手が イルカ座 銀
7月	忙しい時期。愚痴や不満を漏らしていたら、前向きな話や未来の話に切り替えて。	新商品をプレゼントしたり話題のお店に誘うなど、未体験のことを一緒に楽しんで。	不機嫌そうにしていたら、「疲れてない?休んだら?」とやさしく気遣ってみましょう。	相手の好きなことを聞いてみるといい月。雑談から共通の趣味を見つけられるかも。	相手のミスをうまくフォローしつつ、しっかり確認を。ノリで遊びに誘うのもオススメ。	相手の話をリアクションよく聞き、うまく調子に乗せて楽しませるといいでしょう。
8月	感情的になりやすいとき。落ち着いてゆったりできる時間を一緒に過ごしてみて。	最近ハマっているおもしろい動画や芸人さんを教えると、相手もハマってくれそう。	才能や個性をほめて、相手が考え込む前に背中を押して動くきっかけづくりを。	疲れをためている月。おもしろい話をして笑わせてみると元気になってくれそう。	あなたから食事に誘ってみましょう。思い出のお店に行くと楽しい時間を過ごせそう。	相手はミスをしやすいとき。ドジな失敗をしたら一緒に笑ってフォローしよう。
9月	疲れをためやすい月。無理させないようにして、いい健康情報を教えてあげましょう。	人知れず問題を抱え込んでいるかも。無理していないか気にかけ、話を聞いてみて。	相手は小さなミスをしやすい時期。気にせず「ご愛嬌」と思ってやさしく接すること。	ポジティブな話を教えてあげるといい月。相手の人生を変えるきっかけになるかも。	相手の頑張りを認めて背中を押してみて。相談に応じると感謝してもらえそう。	「最近調子がいいね」と伝えたり、得意なことを任せると力をうまく引き出せるかも。
10月	前向きな話をたくさんしてみて。若手の芸能人やスポーツ選手の話題もよさそうです。	体の不調が出るとき。疲れていそうなら休ませて。栄養ドリンクを贈るのもオススメ。	子どものころの夢や昔の話を聞いてあげると、うまくやる気を引き出せるでしょう。	相手はドジな失敗をしやすい月。クヨクヨしていたら笑顔で接して、励まして。	中旬まではノリが大切。下旬は空回りしやすいので落ち着いて行動するよう助言を。	日ごろの感謝を伝えると、それをきっかけに相手が想像以上の活躍をしてくれそう。
11月	趣味や遊びの話をしてみて。相手が無謀な行動に走ったらあなたが止めるように。	上品な言葉遣いで話しかけてみて。言い方を変える遊びをしてみるといいかも。	相手をおだてて調子に乗せるとよさそう。いいところを素直に伝えてみましょう。	真面目に物事をとらえがちなとき。楽しく取り組めるようサポート役にまわって。	相手がイライラしていたら疲れている証。話を聞いて、できる範囲でフォローを。	長所をほめて頑張りを認めるように。いい本を見つけたら下旬に教えるといいかも。
12月	思い出の場所に誘うとよさそう。共通の知り合いがいるなら、みんなで集まるのも吉。	困ったときはお互いさま。ドジな失敗は一緒に笑い、笑えないミスは助けてあげて。	帰りの時間を決めてから会うようにしたり、食事やお茶をするなら短時間にすること。	才能や魅力が輝き、いい勢いもあるとき。悩んでいたら即行動するよう助言を。	意地を張って視野が狭くなってしまう時期。少しでも楽しい時間をつくるようにして。	ポジティブな話をして、ひとつの考え方にこだわらないようアドバイスしてみましょう。

どうなる？ 2025年上半期

このページでは特別に、2025年上半期の運気をお伝えします。ちょっと先の運気までのぞいてみませんか。

個性や才能が開花する。人生が変わる時期

総合運

人生でもっとも運気のいい年がはじまります。4月までは運気のよさを実感できないかもしれませんが、5月から人生が大きく変わるようなうれしい出来事やラッキーなことが起きはじめるでしょう。じっと待っていないで、集まりに参加したり好きなことに素直に挑戦することが大切です。自分にできることを周囲にもアピールしていきましょう。個性や才能を活かせるときなので臆病にならないように。健康運は、美意識を高めるには最高にいいタイミングです。

恋愛&結婚運

理想にもっとも近いと言えるような人と交際できることや、運命的な出会いがある時期。受け身でいるとこの流れに乗れないので、知り合いに紹介してもらうなどして人とのつながりを大切にするといいでしょう。しばらく恋人がいない人ほど、思い切ったイメチェンをしたり生活リズムを変えたりして変化を楽しんでみると、モテるようになりそうです。結婚運は、最高の運気。あなたからプロポーズするのもいいでしょう。

仕事&金運

苦労と積み重ねの時期が終わり、実力や才能を発揮できる時期に入ります。2025年春から状況が変わり、苦手な人や嫌いな人から離れられそうです。プレッシャーからも解放され、仕事や職場が楽しくなってくるでしょう。大きなチャンスもやってくるので、遠慮せず全力で期待に応えてみると、驚くような結果やその後の人生が変わるようなきっかけをつかめそうです。金運は、自分を輝かせるものの購入を。投資額を増やすにもいい時期です。

命数ごとに
さらに詳しく占える

全120命数別
2024年の運勢
&
開運アクション

ここまでは12タイプごとに
運気を説明してきましたが
ここからは120命数ごとにさらに詳しく
開運のコツをお届けします。

命数ごとに

STEP 1 自分のことをもっと知ろう

銀の羅針盤座

命数

5 品のある器用貧乏

もっている星

★お金も人も出入りが激しい星
★お金持ちが好きな星
★好きなことが見つけられない星
★多趣味・多才な星
★散財する星

命数別 2024年の運勢&開運アクション 銀の羅針盤座

基本性格 多趣味すぎて好きなもののなかでさまよう

損得勘定が好きで、段取りと情報収集が得意な、幅広く物事を知っている上品でおしゃれな人。好きなことにはじっくり長くハマりますが、視野が広いだけに自分は何が好きなのかを見つけられずにフラフラすることもあるでしょう。多趣味なのはいいのですが、部屋に無駄なものがたまりすぎてしまうことも。お調子者ですが、ややネガティブな情報に振り回されてしまうのと、人付き合いはうまいのに、本音では人が苦手なところがあります。

開運アクション

- 予定を詰め込まない
- 安請け合いをしない
- 趣味を楽しむ時間をつくる

2024年はこんな年 予想以上に忙しくなりそう。ゆっくりする時間を大切に

何かと予定以上に忙しくなり、疲労がたまってしまいそう。時間に余裕をもって行動し、ヒマな日をつくっておくようにしましょう。遊びの誘いや遅い時間帯の付き合いも増えそうですが、急な予定変更は避け、事前に約束しているものだけに参加するほうがよさそうです。興味がわくことを見つけると一気にパワーが出るタイプですが、今年は視野を広げすぎず、何事もゆったり楽しんでみましょう。健康運は、お酒が原因で体調を崩したり、ケガをしてしまうことがあるので気をつけること。

恋愛&結婚 恋愛テクニックが豊富な人に惹かれやすいタイプ。今年は疲れや寂しさから冷静な判断ができなくなり、遊び人や不倫が目当ての人に引っかかってしまうことがあるので気をつけましょう。飲み会やコンパなどのお酒の席では判断力が鈍るため、とくに注意が必要です。趣味を増やすなどして視野を広げ、さまざまな人に目を向けてみるといいでしょう。結婚運は、「2025年には結婚する」と決めてみると、行動や考え方が変わってきそうです。

仕事&お金 忙しすぎて疲れがたまりそうです。過労で体調を崩し、職場に迷惑をかけてしまうことがあるかも。何事も限界を感じるまで頑張りすぎないようにしましょう。安請け合いや、できない約束をして、自分の首を絞めることのないように。仕事が終わったあとの付き合いも、ほどほどにしておいたほうがよさそうです。金運は、買い物でストレスを発散するタイプですが、今年は不要なものを買いすぎないよう気をつけること。

ラッキーカラー	ラッキーフード	ラッキースポット
スカイブルー、ネイビー	オムライス、バナナ	水族館、コンサート

184

命数
詳しい調べ方は巻頭の折込をチェック

キャッチフレーズ もっている星 基本性格
あなたの性格を一言で表すなら？

ラッキーカラー ラッキーフード ラッキースポット
プレゼント、お土産、デート先のヒントに

開運アクション
命数ごとにより詳細な開運のコツ

2024年はこんな年
今年1年間の過ごし方アドバイス

STEP 2 気になる人を調べてみよう

あの人は今年どんな1年になるんだろう

※相手の生年月日から、タイプと命数を割り出してください（▶巻頭折込）

金の時計座

命数

36 誠実で真面目な人

もっている星

★お人よしの星
★好きな人の前で緊張する星
★安い買い物が好きな星
★手をつなぐのが好きな星
★寂しがり屋の星

ラッキーカラー ピンク ホワイト　ラッキーフード グラタン 目玉焼き　ラッキースポット スパ 図書館

基本性格 やさしくて真面目だけど、強い意見に流されやすい

とても真面目でやさしく誠実な人です。現実的に物事を考えて着実に人生を進めるタイプですが、何事も時間がかかってしまうところと、自分に自信がもてなくてビクビク生きてしまうところがあるでしょう。他人の強い意見に弱く、自分が決めても流されてしまうことも多いでしょう。さまざまなタイプの人を受け入れることができますが、そのぶんだまされやすかったり、利用されやすかったりもするので気をつけましょう。

2024年はこんな年 華やかにイメチェンしたり、キャラが大きく変わって人生が変化する年。言いたいことはハッキリ伝え、ときには「嫌われてもいい」くらいの気持ちで言葉にしてみましょう。あなたを利用してくる人や悪意のある人とは、バッサリ縁を切ることも大切です。ズルズルした交友関係を終わらせることができ、スッキリするでしょう。健康運は、体が冷えやすくなったり、肌が弱くなりそう。こまめな水分補給を心がけ、膀胱炎や尿路結石にも気をつけておきましょう。

開運アクション

- 言いたいことはハッキリ言う
- 別れは自分から切り出す
- 甘い言葉や誘惑に注意する

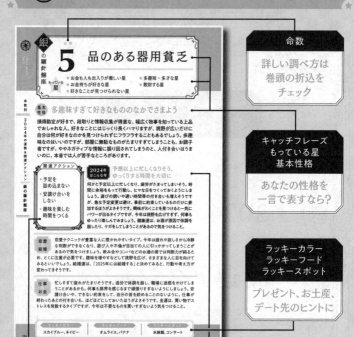

金の羅針盤座 命数 1

ネガティブな頑張り屋

もっている星
- ★負けを認められない星
- ★頑張りすぎる星
- ★友達の延長の恋の星
- ★空気が読めない星
- ★スポーツをするといい星

ラッキーカラー　ピンク　イエロー
ラッキーフード　ささみのチーズカツ　明太子
ラッキースポット　スポーツ施設　遊園地

基本性格　サッパリとしているが、じつは人が苦手

負けず嫌いの頑張り屋。人と仲よくなることが得意ですが、本当は人が苦手。誰とでも対等に付き合いたいと思うところはありますが、真面目で意地っ張りで融通がきかないところがあり、人と波長が合わせられないタイプ。生意気なところが出てしまい、他人とぶつかることも多いでしょう。心が高校1年生から成長しておらず、サッパリとした性格ですが、ネガティブなことをすぐに考えてしまうところがあるでしょう。

2024年はこんな年

目標を達成し、同期やライバルに差をつけることができる運気。最高のパフォーマンスを発揮して、充実した日々を過ごせるでしょう。ハッキリとした目標を掲げたほうがより力を出せるので、年内に達成したい目標と、3～4年後に達成できそうな目標を立ててみるとよさそうです。また、今年はいい仲間もできるため、きつい言葉や言い方を出さないよう気をつけておきましょう。健康運は、スポーツをはじめて体力をつけるには最高の年です。

開運アクション
- 次の目標を掲げる
- 身近な人とのコミュニケーションを大切にする
- 後輩や部下の面倒を見る

金の羅針盤座 命数 2

チームワークが苦手な野心家

もっている星
- ★合理主義の星
- ★派手な星
- ★話を最後まで聞かない星
- ★追いかける星
- ★内弁慶の星

ラッキーカラー　レッド　ダークブルー
ラッキーフード　かぼちゃコロッケ　ウニ
ラッキースポット　コンサート　リゾート地

基本性格　ひとりで未知の世界に飛び込む行動派

頭の回転が速く、何事も合理的に物事を進めることが好きなタイプ。表面的な人間関係はできますが、団体行動が苦手で、好き嫌いが激しく出てしまう人。突然大胆な行動に走ってしまうことで周囲を驚かせたり、危険なことに飛び込んでしまったりすることもあるでしょう。ひとりでの旅行やライブが好きで、ほかの人が見ないような世界を知ることも多いはず。他人の話を最後まで聞かないところがあるので、しっかり聞くことが大事です。

2024年はこんな年

密かに自信をもって取り組んでいたことに、しっかり結果が出て満足できそうです。「やっぱり自分の思った通り」と感じるような出来事もあるでしょう。頑張りを隠すタイプですが、今年からは少しでもいいので前向きな姿勢を周囲に見せるとよさそうです。また、今年は憧れだったライブや旅行先に行けるようになったり、少しゆとりも出てくるでしょう。健康運は、いいスポーツトレーナーや指導者に出会い、体の調子を整えることができそうです。

開運アクション
- 頑張っている姿を少し見せる
- ライブや旅行に行く
- 人をしっかり観察する

金の羅針盤座 命数 3 上品でもワガママ

もっている星
- ★気分屋の星
- ★サービス精神の星
- ★スキンシップが多い星
- ★エロい星
- ★ダンスをするといい星

ラッキーカラー　パープル　ライトブルー
ラッキーフード　寿司　フレンチトースト
ラッキースポット　レストラン　音楽フェス

基本性格　ネガとポジの矛盾を抱えた明るい人

陽気で明るくサービス精神が旺盛。つねに楽しく生きられ、上品な感じをもっている人。人の集まりが好きですが、本音は人が苦手で、ポジティブなのにネガティブと、矛盾した心をもっているタイプ。真面目に物事を考えるよりも楽観的な面を前面に出したほうが人生がスムーズにいくことが多く、不思議と運を味方につけられる人でしょう。自分も周囲も楽しませるアイデアが豊富ですが、空腹になると何も考えられなくなるでしょう。

2024年はこんな年

人生の楽しさやおもしろさを発見できる、最高の流れがはじまります。「金の羅針盤座」のなかでもっとも運がよく「明るい星」の持ち主のため、日々笑顔で過ごしていると心から笑えることや楽しい出来事が増えていくでしょう。多少空回りしてもいいのでサービス精神をドンドン出してみると、波長の合う友人ができたり、あなたをおもしろがってくれる人に出会えそうです。健康運は、楽しむのはいいですが、食べすぎ飲みすぎには要注意。食べたぶん運動するのも忘れずに。

開運アクション
- 明るさと笑顔を心がける
- 愚痴をやめて前向きな話をする
- コンプレックスを話のネタにする

金の羅針盤座 命数 4 余計な一言が多い真面目な人

もっている星
- ★情にもろい星
- ★センスがいい星
- ★恩着せがましい星
- ★情から恋に発展する星
- ★勘で買う星

ラッキーカラー　ピンク　ターコイズブルー
ラッキーフード　鯛の刺身　サンドイッチ
ラッキースポット　美術館　高級ホテル

基本性格　おしゃべりで勘が鋭く恩着せがましい人情家

何事も素早く判断できる頭の回転が速い人。短気なところもありますが、おしゃべりが好きで勘が非常に鋭いタイプ。人情家で情にとてももろい人ですが、人間関係をつくるのがやや下手なところがあり、恩着せがましいところや、自分が正しいと思った意見を押しつけすぎてしまう癖があるでしょう。感性も豊かで芸術系の才能をもち、新しいアイデアを生み出す力もあります。寝不足や空腹で簡単に不機嫌になってしまうでしょう。

2024年はこんな年

秘めていた才能が開花する年。直感が冴え、感性やセンスも活かせて楽しくなってくるでしょう。周囲が驚くようなアイデアを出せたり、ズバッとキレのいい発言をすることもできそうです。ただし、品のない言い方にならないよう、言葉はきちんと選ぶように。己の勘に従って行動することで、いい出会いや大きなチャンスをつかむことができるので、自分を信じて動いてみましょう。健康運は、ストレス発散のために運動すると、体力もついて一石二鳥になりそう。

開運アクション
- 直感を信じて行動する
- 言葉を選びつつハッキリ言う
- 運動をはじめてスタミナをつける

金の羅針盤座

命数 5

ネガティブな情報屋

もっている星
- ★商売人の星
- ★計画を立てる星
- ★多才な星
- ★都会的な人が好きな星
- ★お酒に注意の星

ラッキーカラー ピンク パープル
ラッキーフード ローストビーフ すもも
ラッキースポット 旅館 水族館

基本性格 アイデアは豊富だけど、適当でややネガティブ

多趣味・多才でいろいろなことに詳しく視野が広い人。根は真面目で言われたことを忠実に守りますが、お調子者のところがあり、適当なトークをすることがあります。一方で不思議とネガティブな面もある人。おもしろそうなアイデアを出したり、情報を伝えたりすることは上手です。好きなことが見つかると没頭しますが、すぐに飽きてしまうところもあるでしょう。部屋に無駄なものが集まりやすいのでマメに片付けたほうがいいでしょう。

2024年はこんな年

あなたの計算や計画の通りに物事が運びやすい年。情報収集力や、多趣味で多才なところをうまく活かせるでしょう。いろいろなことをやっておいてよかったと思える出来事もありそうです。自分ひとりだけが得する方向に進むより、周囲も得するように動くと、味方も増えて楽しく過ごせるようになるでしょう。あなたに必要な情報も入ってくるので、積極的に調べたり聞いたりしてみて。健康運は、ヨガやスポーツジムに通って体をしぼるといいでしょう。

開運アクション

- 人をほめる
- 互いに得することを考える
- 何事もプラス面を探す

金の羅針盤座

命数 6

謙虚な優等生

もっている星
- ★真面目でまっすぐな星
- ★ネガティブな星
- ★自信がない星
- ★押されたらすぐ落ちる星
- ★小銭が好きな星

ラッキーカラー ピンク ラベンダー
ラッキーフード たちうおの塩焼き 栗
ラッキースポット 温泉旅館 渓谷

基本性格 清潔感と品があり現実的だけど臆病者

真面目でおとなしく出しゃばったことをしない人。やや地味なところはありますが、清潔感や品格をもち、現実的に物事を考えられて、謙虚な心でつねに一歩引いているようなタイプです。他人からのお願いが断れなくて便利屋にされてしまう場合もあるので、ハッキリと断ることも必要。自分に自信がないのですが、ゆっくりじっくり実力をつけることができれば、次第に信頼・信用されるでしょう。臆病が原因で交友関係は狭くなりそうです。

2024年はこんな年

真面目にじっくり取り組んできた人ほど高く評価され、大きなチャンスをもらえる年。遠慮したり臆病になったりせず、思い切って行動しましょう。言いたいことをハッキリ伝えてみると、状況やあなたに対する周囲の扱いも変わってきそうです。完璧よりも場数を増やすことを目指すよう考え方を変えてみると、いい経験と人脈ができるでしょう。手先が器用なところも活かせそうです。健康運は、家でできる筋トレやストレッチをするといいでしょう。

開運アクション

- 開き直って言いたいことを言ってみる
- 恥ずかしいと思ったら行動する
- イメチェンや自分磨きにケチケチしない

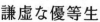

金の羅針盤座

命数 7

おだてに弱い正義の味方

もっている星
★正義の味方の星
★行動が雑な星
★恋で空回りする星
★ほめられたらなんでもやる星
★細かな計算をせず買い物する星

ラッキーカラー　レッド　ネイビー
ラッキーフード　うどん　ゴーヤチャンプルー
ラッキースポット　動物園　空港

基本性格　抜群の行動力だけど、ちょっとドジ

自分が正しいと思ったことを貫き通す正義の味方のような人。人にやさしく面倒見がいいのですが、人と距離をあけてしまうところがあります。正しい考えにとらわれすぎて、ネガティブになってしまうこともあるでしょう。行動力と実行力があるのですが、おだてに弱く、ほめられたらなんでもやってしまうところもあります。基本的に、雑でドジなところがあるので、先走ってしまうことも多いでしょう。

2024年はこんな年

もっとも正義感が強く、曲がったことが嫌いなタイプ。今年は大きな壁を乗り越えられて、あなた中心に世の中が動くと言ってもいいくらい、運を味方につけられるでしょう。自分の常識を周囲に押しつけず、いろいろな人の考えを認め、尊重しほめてみると、いい仲間も集まってきそうです。後輩や部下の面倒を見ることも大切なので、多少面倒でもプライベートで一緒に遊んでみるといいでしょう。健康運は、ヨガやストレッチをして体を柔らかくするとよさそう。

開運アクション

- 自信をもって行動する
- 「感謝・認める・ねぎらい」を忘れない
- 明るく笑顔でお願いをする

金の羅針盤座

命数 8

上品で臆病な人

もっている星
★上品な星
★マイナス思考な星
★人が苦手な星
★品のある人が好きな星
★肌と精神が弱い星

ラッキーカラー　ピンク　ブルー
ラッキーフード　スズキのムニエル　麻婆茄子
ラッキースポット　コンサート　アミューズメントパーク

基本性格　繊細でネガティブだけど、礼儀正しくお上品

真面目で上品、挨拶やお礼などの常識をしっかり守る人。ルールやマナーにもうるさく、できない人を見るとガッカリしてしまうことも多いでしょう。繊細な性格でネガティブな考えが強く、勝手にマイナスに考えてしまうところもあります。その点は、あえてポジティブな発言をすることで人生を好転させられるでしょう。臆病で人間関係が苦手、とくに初対面の人と打ち解けるまでに時間がかかってしまうことが多いでしょう。

2024年はこんな年

規則やルール、約束をもっとも守るキッチリしたタイプ。しっかり者ですが、メンタルの弱さが出てしまうことも。今年は、心も体も楽になり、あなたのこれまでの頑張りやしっかりやってきたことも評価されそうです。「真面目に取り組んできて正解だった」と思えますが、そのぶん周囲にいるだらしない人にイライラしやすいので、小さなことを気にして心を乱さないようにしましょう。健康運は、アロマを楽しんでみると、いいストレス発散になりそう。

開運アクション

- 度胸と勇気を出す
- 考える前に行動する
- 好きなアーティストのライブに行く

金の羅針盤座

命数

9 上品な変わり者

もっている星

★発想力がある星
★海外の星
★時代を変える星
★恋は素直になれない星
★束縛から逃げる星

ラッキーカラー　ピンク　ブルー
ラッキーフード　にんにくのホイル焼き　たけのこ
ラッキースポット　海外旅行　映画館

基本性格　理屈と言い訳が多い、新たな価値の提案者

ほかの人とは違った生き方を自然としてしまいます。周囲から「変わってる」と言われることがありますが、自分では真面目に過ごしています。理論と理屈が好きですが、屁理屈や言い訳が多くなってしまうタイプ。芸術系の才能や新たなことを生み出す才能をもっているため、天才的な能力を発揮することもあるでしょう。頭はいいですが、熱しやすく冷めやすいので、自分の好きなことがわからずにさまよってしまうところがあるでしょう。

2024年はこんな年

あなたの才能やセンスを活かすことができる年。色彩感覚やアイデア、企画力をおもしろがってもらえそうです。これまでは「ちょっと変な人」と思われていた人も「天才」と言われるようになってくるので、自分の好きなことをアピールしてみるといいでしょう。屁理屈をこねるのもいいですが、今年からはおもしろい話に変えて周囲を楽しませてみると、人気や注目を集められそうです。健康運は、肩こりや片頭痛に悩まされそうなのでスポーツジムで筋トレをするのがオススメ。

開運アクション

- アイデアや企画をドンドン出してみる
- 恋には素直になっておく
- 他人の才能をほめる

金の羅針盤座

命数

10 真面目な完璧主義者

もっている星

★プライドが邪魔する星
★知的好奇心の星
★教える星
★専門職の星
★年上に好かれる星

ラッキーカラー　ピンク　藍色
ラッキーフード　かに　野菜炒め
ラッキースポット　劇場　老舗旅館

基本性格　人に興味がなく我が道を突き進む職人気質

つねに冷静に物事を判断できる落ち着いた大人のような人。歴史や芸術が好きで、若いころから渋いものにハマっているでしょう。他人に興味がなく、距離をあけてしまうところや、上から目線の言葉が自然と出てしまうところもあるでしょう。ひとつのことを極めることができ、職人として最高の能力をもっているので、好きなことを見つけたらとことん突き進んでみるといいでしょう。ネガティブな発想になりすぎてしまうのはほどほどにしておきましょう。

2024年はこんな年

探求心と追求心があり、「完璧主義の星」をもった人。自分が認めた人以外にはめったに心をひらきませんが、今年は尊敬できる人や心を許せる人との出会いがありそうです。気になった場所には積極的に足を運び、人との交流を面倒だと思わないようにしましょう。つながりや縁を大切にすれば、あなたの才能やセンスのすごさに気づく人にも出会え、他人のミスを許せるようにもなりそうです。健康運は、朝からウォーキングをすると体が軽くなるでしょう。

開運アクション

- 人との交流を楽しんでみる
- 相手の才能や個性をほめる
- 生きるため以外のプライドは捨てる

銀の羅針盤座 命数 1 礼儀正しい頑張り屋

もっている星
★友人に影響を受ける星
★テンションが高校生の星
★少年っぽい人が好きな星
★胃が弱い星
★体力がある星

基本性格 狭く深く仲間意識の強い、一生青春な若者

粘り強く真面目な頑張り屋タイプ。一度自分がこれだと見つけたことに最後まで一生懸命に取り組みます。仲間意識が強く友情を大切にしますが、友人に振り回されてしまうこともあるでしょう。心は高校1年生のまま、青春時代のままで生きているような人。友人の数は多くはなく、付き合いは狭くて深い人。反発心があり「でも、だって」が多く、若いころは生意気だと思われてしまうところがあり、他人からの言葉をネガティブにとらえることも多いでしょう。

開運アクション

- 意地を張って頑張りすぎない
- 異性の友人をつくる
- 周囲に協力する

2024年はこんな年 ストレスを上手に発散して焦らずマイペースにいこう

もともとパワフルなタイプですが、今年は疲れを感じやすく、イメージ通りに体が動かない感じになりそうです。同期やライバルに差をつけられて、イライラしたりストレスがたまることもあるかもしれませんが、いまは勝ちを譲るときだと思って、マイペースに過ごしましょう。スポーツや筋トレなどをして体を動かす習慣をつくると、うまくストレスを発散できるでしょう。健康運は、胃腸の調子を崩しやすいので、刺激の強い食べ物は控えるように。暴飲暴食も避けましょう。

恋愛&結婚

もっと気楽に異性や気になる人と関わるといい年。今年は恋愛のスイッチをオフにして、どんな人ともまずは友達として付き合ってみると、これまで見逃していた相手のよさに気づけるでしょう。習い事やスポーツ、趣味の場での出会い運がいいので、仲間に入れてもらえるよう、周囲からかわいがられるポジションについておきましょう。結婚運は、深く語り合える関係を築くことができれば、いい流れをつくれそうです。

仕事&お金

ここ数年、運気の上り坂を駆け上がってきた最後のひと踏ん張りが必要な年ですが、無理をしてまで頑張らないこと。限界を感じる前に素直に周囲に相談して、助けてもらうようにしましょう。協力してもらうことで、無駄な時間も減らすことができるでしょう。ただし、あなたも周囲に協力し、「持ちつ持たれつ」の精神を忘れないこと。飲み会など仕事のあとの付き合いは大切ですが、連日にならないようにしましょう。金運は、ジムに通ってみるとよさそうです。

ラッキーカラー	ラッキーフード	ラッキースポット
オレンジ、ブルー	親子丼、りんご	公園、避暑地

銀の羅針盤座

命数 2

地道なことが好きな無駄嫌い

もっている星

★無駄が嫌いな星
★結論だけ聞く星
★上手にサボる星
★玉の輿に乗る星
★一攫千金の星

基本性格　合理的だけど先走る無謀な男の子

上品で控えめな性格に見えて、根は無駄なことが大嫌いな、合理的に生きる男の子のようなタイプ。団体行動が苦手で人付き合いも苦手ですが、表面的には人間関係を上手に築けるので、外側と中身が大きく違う人。頭の回転は速いのですが、話の前半しか聞かずに先走ることが多いでしょう。自分に都合が悪いことを聞かないわりには、ネガティブな情報に振り回されてしまうことも。一人旅に出るなど、大胆な行動に走る人でしょう。

開運アクション

- 陰の努力や勉強を続ける
- ヤケを起こさない
- 遊園地に行く

2024年はこんな年　学びと努力を積み重ね来年に向けてラストスパート

陰の努力が必要な最後の1年。周囲に知らせず密かに学んだり、地道に努力していることがあるなら、そのまま続けることが大切です。突然投げ出してしまうと、これまでの努力が水の泡になってしまいます。結果が出なくても焦らず、2025年から人生が変わると思って期待しておきましょう。健康運は、自己流の健康法が原因で体調を崩してしまうことがあるかも。極端なやり方はよくないと学べそうです。ヤケ酒などが原因で、ケガをしたり体調を崩しやすくなるので注意しましょう。

恋愛&結婚

今年惹かれた人には注意が必要です。たまったストレスの反動で危険な人にハマったり、三角関係や不倫で大揉めするおそれがあります。ヤケを起こして体だけの関係をズルズル続けていると、本当に大切な恋のチャンスをつかめなくなってしまうこともあるので気をつけて。今年は、習い事で友人や知り合いを増やすくらいがいいでしょう。結婚運は、趣味や旅行で2人の時間を楽しむとよさそう。

仕事&お金

パワフルに仕事を進められるタイプですが、今年は苦手な作業や雑用などを任されるととたんに嫌になったり、急に仕事を辞めたくなってしまいそう。サボっていたことがバレたり、知ったかぶりを突っ込まれてしまうなど、ストレスがたまるようなこともありそうです。周囲と比べずに、自分の仕事を淡々と進めるようにしましょう。金運は、ストレスがたまると無駄遣いが増えやすいので要注意。遊園地などに行って、楽しくストレスを発散しましょう。

ラッキーカラー	ラッキーフード	ラッキースポット
ブラック、レッド	餃子、干し芋	温泉旅館、美術館

銀の羅針盤座 命数 3

明るいマイナス思考

もっている星
- ★ワガママな星
- ★愚痴と不満が多い星
- ★おもしろい人を好きになる星
- ★甘え上手な星
- ★油断すると太る星

基本性格 おしゃべりで人気者だけど、人が苦手

サービス精神が豊富で明るく品のある人。自然と人が周りに集まってきますが、人が苦手という不思議な星の持ち主。自ら他人に振り回されにいってしまいながらも、自分も周囲を自然と振り回してしまうところがあるでしょう。おしゃべりでワガママな面がありますが、人気を集めるタイプです。超ポジティブですが空腹になるとネガティブな発言が多くなり、不機嫌がすぐ顔に出るでしょう。笑顔が幸運を引き寄せます。

開運アクション

- 自分の機嫌は自分でとる
- 欲望に流されない
- 手料理をご馳走する

2024年はこんな年 疲れは大敵。健康的な生活を意識して

喜怒哀楽がすぐに言葉や態度に出るタイプですが、とくに今年は疲れてイライラした態度をとってしまったり、口の悪さが出やすくなりそうです。ストレスがたまって暴飲暴食し、急激に太ってしまうこともあるので気をつけて。定期的に体を動かして、ダイエットや体重維持に努めておきましょう。健康運は、気管や肺の調子を崩したり、痛風や糖尿病になる場合があるかも。水を多めに飲むよう心がけ、食事の栄養バランスが偏らないよう十分に注意しておきましょう。

恋愛&結婚

忙しさや寂しさから、周囲に言えないような人と体だけの関係になってしまうかも。マッチングアプリなどで出会った相手はとくに危ないので、不用意に関係を深めないようにしましょう。もともと遊び人に引っかかりやすいところがあるため、軽はずみな行動をしないようとくに注意が必要です。今年は、楽しく話せる友達を増やすくらいの気持ちでいるといいでしょう。結婚運は、体調に変化が起きやすいときなので、授かり婚の可能性がありそうです。

仕事&お金

仕事で疲れがたまり、愚痴や不満が増えてしまいそうな年。愚痴を言えば言うほど自分が苦しくなってしまうので、プラス面を探したり前向きな話をするようにしましょう。仕事仲間を家に招き、手料理をご馳走するなどしてコミュニケーションをとってみると、職場の空気が変わって働きやすくなりそうです。また、他人に甘えすぎたり頼りすぎると、厳しい指摘を受ける場合があるので気をつけること。金運は、ダンスやヨガなど、健康になれそうな習い事にお金を使うといいでしょう。

ラッキーカラー	ラッキーフード	ラッキースポット
レッド、ライトブルー	きのこのソテー、オレンジ	サウナ、喫茶店

銀の羅針盤座

命数 4

繊細でおしゃべりな人

もっている星

★専門家になる星
★しゃべりすぎる星
★サプライズに弱い星
★ストレスをためやすい星
★基礎体力づくりが必要な星

基本性格 頭の回転が速く感性豊かで一言多い

好きなことをとことん突き詰められる情熱家。頭の回転が速く、なんでも勘で決める人。温和で上品に見えますが、根は短気でやや恩着せがましいところもあるでしょう。芸術的感性も豊かで表現力もありますが、おしゃべりで一言多いでしょう。粘り強いのですが、基礎体力がなく、イライラが表面に出てしまうところも。寝不足や空腹になると機嫌が悪くなり、マイナス思考や不要な発言が多くなってしまうでしょう。

開運アクション

- 心が安らぐ音楽を聴く
- 愚痴を言うより人をほめる
- スクワットをして体力をつける

2024年はこんな年 疲れやすい1年。体力づくりと睡眠確保を

スタミナ不足を感じたり、疲れがなかなか抜けない感じになりそう。元気なときにスクワットなどの筋トレをして、体力をつけておくといいでしょう。水泳やランニングなどで体を鍛えるのもよさそうです。また、睡眠時間を増やしたり、日中仮眠をとるよう心がけておくこと。今年は些細なことでイライラして、周囲との関係が悪くなりやすいため、意識して上品な言葉を使うようにしましょう。健康運は、異変をそのままにしていると、入院や手術をすることになりかねないので要注意。

恋愛&結婚

一目惚れから恋がはじまるタイプですが、今年は直感が外れやすいので、簡単に飛び込まないようにしましょう。また、あなたは楽しくおしゃべりしているつもりでも、余計な発言をして相手に引かれたり、自爆する場合があるため気をつけるように。芸術系の習い事をはじめてみると、異性の友人ができて、のちにその人から素敵な人を紹介してもらえるかも。結婚運は、前向きな話やポジティブな発言を意識すると、徐々に話が進むでしょう。

仕事&お金

苦労に給料が見合っていない気がして不満がたまったり、マイナスなことばかりに目が向き、文句や愚痴が増えてしまいそうです。無理をすると頭の回転が鈍り、勘も外れやすくなってしまうので、疲れをためない工夫をしておきましょう。失言もしやすくなるため、発言するときは慎重に言葉を選ぶように。なんでもハッキリ言えばいいわけではない、と覚えておきましょう。金運は、ストレス発散のための出費が増えそう。

ラッキーカラー	ラッキーフード	ラッキースポット
ホワイト、イエロー	ハンバーグ、グレープフルーツ	美術館、森林浴

銀の羅針盤座 命数 5 品のある器用貧乏

もっている星

★お金も人も出入りが激しい星
★お金持ちが好きな星
★好きなことが見つけられない星
★多趣味・多才な星
★散財する星

基本性格 多趣味すぎて好きなもののなかでさまよう

損得勘定が好きで、段取りと情報収集が得意な、幅広く物事を知っている上品でおしゃれな人。好きなことにはじっくり長くハマりますが、視野が広いだけに自分は何が好きなのかを見つけられずにフラフラすることもあるでしょう。多趣味なのはいいのですが、部屋に無駄なものがたまりすぎてしまうことも。お調子者ですが、ややネガティブな情報に振り回されてしまうのと、人付き合いはうまいのに、本音では人が苦手なところがあります。

開運アクション

- 予定を詰め込まない
- 安請け合いをしない
- 趣味を楽しむ時間をつくる

2024年はこんな年 予想以上に忙しくなりそう。ゆっくりする時間を大切に

何かと予定以上に忙しくなり、疲労がたまってしまいそう。時間に余裕をもって行動し、ヒマな日をつくっておくようにしましょう。遊びの誘いや遅い時間帯の付き合いも増えそうですが、急な予定変更は避け、事前に約束しているものだけに参加するほうがよさそうです。興味がわくことを見つけると一気にパワーが出るタイプですが、今年は視野を広げすぎず、何事もゆったり楽しんでみましょう。健康運は、お酒が原因で体調を崩したり、ケガをしてしまうことがあるので気をつけること。

恋愛&結婚

恋愛テクニックが豊富な人に惹かれやすいタイプ。今年は疲れや寂しさから冷静な判断ができなくなり、遊び人や不倫が目当ての人に引っかかってしまうことがあるので気をつけましょう。飲み会やコンパなどのお酒の席では判断力が鈍るため、とくに注意が必要です。趣味を増やすなどして視野を広げ、さまざまな人に目を向けてみるといいでしょう。結婚運は、「2025年には結婚する」と決めてみると、行動や考え方が変わってきそうです。

仕事&お金

忙しすぎて疲れがたまりそうです。過労で体調を崩し、職場に迷惑をかけてしまうことがあるかも。何事も限界を感じるまで頑張りすぎないようにしましょう。安請け合いや、できない約束をして、自分の首を絞めることのないように。仕事が終わったあとの付き合いも、ほどほどにしておいたほうがよさそうです。金運は、買い物でストレスを発散するタイプですが、今年は不要なものを買いすぎないよう気をつけること。

ラッキーカラー	ラッキーフード	ラッキースポット
スカイブルー、ネイビー	オムライス、バナナ	水族館、コンサート

銀の羅針盤座

命数

6 受け身で誠実な人

もっている星

★サポート上手な星
★尿路結石の星
★地味な星
★一途な恋の星
★根はMの星

基本性格 品があり臆病でゆっくり進む誠意ある人

真面目でやさしく、じっくりゆっくり物事を進めるタイプ。品はありますが、やや地味になってしまうところもあります。言われたことは完璧にこなすことができるでしょう。現実的に物事を考えるのはいいことですが、臆病になりすぎてしまったり、マイナス情報に振り回されてしまったりと、石橋を叩きすぎてしまうこともあるタイプ。初対面の人や人間関係を広げることが苦手で、つねに一歩引いてしまうところがあるでしょう。

開運アクション

- 断る勇気をもつ
- 湯船にしっかり浸かってから寝る
- 好きな音楽を聴く時間をつくる

2024年はこんな年 疲れが出てくる時期。気のおけない人と会おう

断ることが苦手で、損するとわかっていても面倒なことを引き受けてしまうタイプ。今年は想像以上に忙しくなり、精神的な疲れが一気にたまってしまいそうです。好きな音楽を聴いたり、気を使わずにいられる人と遊ぶ時間をつくるようにしましょう。話しやすい人や、たくさん笑わせてくれる人と一緒に過ごすのもいいでしょう。健康運は、冷えが原因で婦人科系の病気や尿路結石、膀胱炎などになりやすいので要注意。肌荒れに悩むこともありそうです。

恋愛&結婚

今年の恋には要注意。冷静な判断ができなくなってうっかりだまされたり、セフレや不倫相手になってしまうことがありそうです。ダメな人だとわかっていながらもズルズルと関係を続けてしまうと、のちの恋愛運や結婚運に影響するおそれがあるので気をつけましょう。強引な相手ほど、とくに警戒しておくように。あなたに合わせてくれて、ワガママをすべて受け止めてくれる人なら、2025年まで付き合ってみるといいでしょう。結婚運は、相手が誠実かどうかチェックしておくこと。

仕事&お金

お願いされると断れない性格のため、時間がないのに面倒な仕事を引き受けてしまい、過労で倒れたり体調を崩してしまうことがありそうです。何事も限界を感じる前に、ハッキリ断るようにしましょう。「嫌われてもいい」くらいの覚悟が必要です。評価や結果をすぐに得られなくても、年内はいまの場所で辛抱したほうがいいでしょう。とくに給料関連の問題は、2025年になると解決に向かいそうです。金運は、ストレス発散や健康維持のための出費をケチらないようにしましょう。

ラッキーカラー	ラッキーフード	ラッキースポット
ラベンダー、スカイブルー	のり巻き、キウイ	スパ、滝

銀の羅針盤座

命数 **7**

ネガティブで正義感が強い人

もっている星

- ★無謀な行動に走る星
- ★人任せな星
- ★仕切りたがる星
- ★押しに弱い星
- ★下半身が太りやすい星

基本性格 面倒見がいいのに人が苦手で不器用な行動派

自分が正しいと思ったら突っ走る力が強く、せっかちで行動力はありますが、やや雑です。好きなことが見つかると粘り強さを発揮します。正義感があり面倒見が非常にいいのですが、不思議と人が苦手で人間関係をつくることに不器用な面があるでしょう。おだてに極端に弱く、ほめられたらなんでもやってしまうところも。年上の人から好かれることが多いのですが、その人次第で人生が大きく変わってしまうところもあるでしょう。

開運アクション

- 時間にゆとりをもって動く
- ふざけた行動は控える
- 助けてくれた人に感謝を伝える

2024年はこんな年 慌てずに充電するとき。おだててくる人には要注意

持ち前の行動力とパワーが弱まりそうな年。これまで頑張ってきたぶん、一息つくタイミングです。無理をせず、しっかり休んで充電しましょう。慌てるとケガをしたり体調を崩してしまいそうです。おだてに弱いため、もち上げてくる人に便利屋のごとく使われないよう気をつけること。健康運は、腰痛や足のケガ、骨折などをしやすくなるので、雑な行動は避けるように。つねに品よく、ていねいな振る舞いを意識しましょう。

恋愛&結婚

ウソでもほめられたりもち上げられたりすると、簡単にその気になってしまうタイプ。今年は、寂しさから面倒な人に引っかかってしまいそうです。相手が既婚者だとわかっているのに、「自分は悪くない」と思い込んで、不倫を正当化してしまうことも。縁を切れないまま関係が長引いてしまうと、婚期を逃す原因になるので気をつけましょう。結婚運は、相手をしっかりほめて、楽しい付き合いを続けられれば、2025年になってから話が進むでしょう。

仕事&お金

あなた本来のよさがうまく発揮されず、空回りしやすい年。自分のやり方や考え方だけが正しいと思い込んでいると、余計にうまくいかなくなりそうです。落ち着いて冷静に判断するよう、意識しておきましょう。疲れていると仕事が雑になってしまい、同じ失敗を繰り返したり判断ミスが増えたりするので気をつけること。金運は、ストレスの発散や疲労回復につながるなら、ケチケチせず贅沢な旅行を楽しむといいでしょう。

ラッキーカラー	ラッキーフード	ラッキースポット
ブルー、ホワイト	わかめそば、ぶどう	動物園、タワー

銀の羅針盤座 命数 8 常識を守る高貴な人

もっている星
★気品のある星
★約束やルールを守る星
★精神的に頼れる人が好きな星
★人間関係が苦手な星
★スキンケアが大事な星

基本性格 お金持ちから好かれるネガティブな貴婦人

礼儀正しく、上品で何事にも几帳面でていねいなタイプ。臆病で人間関係をつくることが苦手ですが、上司や先輩、お金持ちから自然と好かれてしまう人。やさしく真面目ですが、ネガティブに物事をとらえすぎる癖があり、マイナスな発言が多くなってしまう人でしょう。言われたことを完璧にできますが、一方で言われないとなかなかやらないところもあるでしょう。見栄っ張りなところもあり、不要な出費も多くなりそうです。

開運アクション

- 少しくらい雑でもいいと思う
- 楽しく話してくれる人に会う
- 好きな香りをかぐ

2024年はこんな年 真面目に構えすぎず周囲に頼ることが大切

キッチリした性格がアダになり、精神的な疲れがたまってしまいそう。自分のことだけでなく、ほかの人の雑な部分まで気になってイライラしてしまいそうです。コミュニケーションがうまくとれずにストレスになることも。困ったときは素直に助けを求め、周囲の人に甘えてみると楽になれそうです。健康運は、手荒れ、湿疹など疲れが肌に出てしまうかも。上手にストレスを発散するよう心がけましょう。好きな香りをかぐと、リラックスできそうです。

恋愛&結婚

疲れているときにやさしくしてくれた人に、心を奪われてしまいそうです。ただ、相手に恋人がいたり、結婚している可能性も高いので、軽はずみに深入りしないよう気をつけておきましょう。ダメだと思いながらも関係を続けると腐れ縁のようになって、のちの運気が大きく乱れる原因になってしまいます。とくに、口のうまい人には十分注意しておくように。結婚運は、相手の雑なところを許せるようになれば、話を進められるでしょう。

仕事&お金

几帳面に仕事をするのはいいですが、細かなところまで気にしすぎないように。ときにはほかの人にお願いするなど、ひとりで責任を背負いこまない工夫をしましょう。話を聞いてくれそうな人を誘って、不安や心配事を打ち明けてみると、気持ちが楽になるでしょう。ただし、愚痴や不満を言い合うような場には参加しないよう気をつけて。前向きな話をする飲み会なら、参加する価値があるでしょう。金運は、見栄を張るための出費が増えてしまうかも。好きな香りのアロマや香水を購入するのはよさそうです。

ラッキーカラー	ラッキーフード	ラッキースポット
ブルー、ライトブルー	ウニのパスタ、メロン	庭園、コンサート

銀の羅針盤座

命数 9

斬新な生き方をする臆病な人

もっている星

★革命を起こす星
★超変態な星
★自由に生きる星
★長い恋が苦手な星
★飽きっぽい星

基本性格　人と違った才能をもつ、人が苦手な異端児

上品でていねいですが、自由を求める変わり者。芸術や美術、周囲とは違った才能をもっています。デザインや色彩の才能、企画やアイデアを出すことでひとつの時代をつくれるくらい、不思議な生き方をします。表面的な人付き合いはできますが、本音は人が苦手で束縛や支配から逃げてしまうところも。一族のなかでも変わった生き方をし、突然これまでとはまったく違った世界に飛び込んでしまう場合があり、熱しやすく冷めやすい人でしょう。

開運アクション

- 現状維持を楽しむ
- 小馬鹿にするようなことを言わない
- 芸術鑑賞に出かける

2024年はこんな年　大きな決断は来年に。才能を磨き伸ばしておこう

いまの環境や仕事に飽きて、急に引っ越しや転職を考えてしまいそうな年。今年の決断はのちの苦労や疲れの原因になるため、2025年まではようすを見るようにしましょう。それまでは自分の得意なことや好きなことを磨いておくといいでしょう。芸術系の習い事をはじめたり、アート作品を観に行ってみると、気持ちも落ち着いてきそうです。また、他人を小馬鹿にするような言葉遣いをしないよう、十分注意すること。健康運は、視力の低下や目の疲れ、首の痛みなどが出てくるかも。

恋愛&結婚

もともと異性を見る目がないタイプですが、今年はいつも以上にダメな人や危険な人にハマってしまいそう。ダメな恋をしているとわかっていても、言い訳や屁理屈を言って自分のプライドを守りがちですが、相手が面倒な人だと理解できれば、縁を切ることができるでしょう。もっと尊敬できる人や才能のある人を探して、仲よくなるために素直になることが大切です。結婚運は、結婚願望がドンドン弱くなりそう。相手に好かれるよう工夫して過ごしましょう。

仕事&お金

やることが多く忙しくなる時期。仕事に飽きたり、疲れて集中が続かなくなったりして、突然転職を考えてしまいそうです。何かと理由をつけてサボりたくなりますが、与えられた仕事への感謝を忘れないようにしましょう。チームワークを乱すような発言もしやすいので、前向きな言葉を意識して発するように。金運は、海外旅行など、遠くへ旅をするためにお金を貯めておくといいでしょう。目標を決めて貯金すると、いいストレス発散にもなりそうです。

ラッキーカラー	ラッキーフード	ラッキースポット
ホワイト、ブルー	スープカレー、プリン	映画館、美術館

銀の羅針盤座 命数 10 マイナス思考の研究家

もっている星

★年上から好かれる星
★完璧主義の星
★尊敬できないと恋ができない星
★理屈と理論の星
★言い訳が多い星

基本性格 物事を突き詰められて、年上に好かれる人間嫌い

つねに冷静に物事を判断して、好きではじめたことは最後まで貫き通し、完璧になるまで突き詰めることができる人。人になかなか心を開きませんが、尊敬すると一気に仲よくなって極端な人間関係をつくる場合も多いタイプ。ただし、基本的には人間関係が苦手です。考えが古いので、年上の人や上司から好かれることも多いでしょう。偏食で好きなものができると飽きるまで食べすぎてしまうところも。疑い深く、ネガティブにもなりやすいでしょう。

開運アクション

- 昼寝をする
- 言葉遣いをやさしくする
- 尊敬できる人に相談する

2024年はこんな年 疲れて調子が出にくい年。忙しくてもきちんと休んで

疲れがたまって集中しづらくなったり、考えがうまくまとまらなくなりそう。人間関係の面倒事にイライラすることも増えてしまうかも。昼寝などをして睡眠を長くとり、できないときは目を閉じる時間を少しでもつくっておくといいでしょう。また今年は、プライドを手放してみましょう。周囲に頭を下げると、結果的に自分を守ることができるでしょう。健康運は、肩こりや首の痛み、片頭痛や目の疲れなどが原因で集中力が低下しそう。こまめに運動やストレッチをしておきましょう。

恋愛&結婚

尊敬できる人が既婚者だったり、理想的な人ほど恋人がいたりして、ガッカリしそうな年。習い事をはじめて講師や先生と仲よくなるなどして、「尊敬できる友人」をつくってみると、そこから素敵な人に縁が広がっていきそうです。また、今年は軽はずみな行動はしないように。年下の人の面倒を見すぎると時間を無駄にしてしまう場合があるので、ほどほどにしておきましょう。結婚運は、尊敬できる相手なら、「来年には結婚したい」と明るく伝えてみるといいでしょう。

仕事&お金

やるべき仕事が増えて疲れてしまい、冷たい言い方をしたり、上から目線の発言をしやすくなりそうです。どんな人も完璧ではないので、互いに助け合う必要があると忘れないようにしましょう。手先を使う職業の人は、ケガをしたり、目の病気や視力の低下など、仕事に支障が出るような体の変化があるかも。異変を感じたら早めに病院へ行きましょう。金運は、温泉やスパなどに行ってゆっくりすることにお金を使うといいでしょう。

ラッキーカラー	ラッキーフード	ラッキースポット
パープル、ホワイト	鉄火巻き、干し柿	書店、神社仏閣

金のインディアン座

命数 11

好奇心旺盛な心は中学3年生

もっている星

★裏表がない星
★色気がない星
★浪費癖の星
★マメな人に弱い星
★胃腸が弱い星

ラッキーカラー ピンク ブルー
ラッキーフード たこ焼き クリームシチュー
ラッキースポット 運動場 キャンプ場

基本性格 誰とでも親しくなれる裏表のない少年

負けず嫌いな頑張り屋。サッパリとした性格で、女性の場合は色気がまったく出ない人が多く、男性はいつまでも少年っぽい印象があるでしょう。心が中学3年生くらいからまったく成長していないので、無邪気で好奇心も旺盛。やや反発心をもっているので若いころは生意気なところがありますが、裏表の少ない性格と誰とでもフレンドリーなところから幅広い知り合いができることも多いでしょう。妄想が激しくなりすぎるのはほどほどに。

2024年はこんな年

もっともマイペースですが、今年は自分のペースを守ったおかげで評価されたり、ほかの人が到達できない場所にまでたどり着くことができるでしょう。気力や責任感もあるタイプなので、信頼も集まってきそうです。付き合いの長い人と組むことで、楽しい時間も増えるでしょう。意見が食い違ったときは、言い方が悪かったと思ってよりよい言葉や表現を学ぶと、あなたの能力をもっと活かせるようになりそうです。健康運は、長く続けられそうな運動をはじめるといいでしょう。

開運アクション

- 表現を学ぶ
- 親友を大切にする
- 自分も周囲も笑顔にする

金のインディアン座

命数 12

冒険が好きな楽観主義者

もっている星

★単独行動の星
★努力を見せない星
★逃げると追いかけたくなる星
★一発逆転をねらう星
★独自の健康法にハマる星

ラッキーカラー ブラック ダークブルー
ラッキーフード ぶりの照り焼き ラズベリー
ラッキースポット 古都 音楽フェス

基本性格 時代をつくる才能がある、無邪気なお気楽者

刺激と変化を求める無邪気な人。心は高校1、2年生で止まったままの好奇心旺盛なタイプ。やや落ち着きがなく無計画な行動に突っ走ってしまうところもありますが、新しいことや時代の流れに素早く乗ることができ、ときには時代をつくれる人。誰も知らない情報をいち早く知っていたり、流行のさらに一歩先を進んでいることもあるでしょう。団体行動が苦手で少人数や単独行動のほうが気楽でいいでしょう。

2024年はこんな年

本領を発揮できる年。これまで陰で努力をし頑張りを表に出さないようにしてきた人も、能力の高さを見抜かれ、いよいよ秘めていた力を発揮する流れになりそうです。今年は、心の内で思っていたことや隠していた実力をできるだけ出してみるようにしましょう。周囲が驚くような結果を出せたり、今年から人生が大逆転するような流れをつくることができるでしょう。健康運は、格闘技や筋トレなど、ハードな運動をするのがオススメです。

開運アクション

- 何事も全力で取り組む
- 付き合いの長い人を大切にする
- 思い出のあるアーティストのライブに行く

金のインディアン座

命数

13 一生陽気な中学生

もっている星

★無邪気な星
★言ったことを忘れる星
★助けられる星
★夜の相性が大事な星
★扁桃腺が弱い星

ラッキーカラー ピンク ライトブルー

ラッキーフード さんまの蒲焼き ブルーベリー

ラッキースポット コンサート 遊園地

基本性格 交友関係が広い無邪気な人気者

明るく陽気でおしゃべり、無邪気で楽観主義、見た目も心も若く中学2、3年生からまったく成長していないような人。楽しいことが好きで情報を集めたり、気になることに首を突っ込んだりすることが多いぶん、飽きっぽく落ち着きがないところもあるでしょう。ワガママな部分はありますが、陽気な性格がいろいろな人を引きつけるので、不思議な知り合いができて交友関係も自然と広くなるでしょう。空腹で機嫌が悪くなる点には気をつけて。

2024年はこんな年

おもしろいことや楽しいことを見つけるのがもっともうまいタイプ。今年は、忙しいながらもラッキーなことが多いでしょう。人との関わりも増えていろいろな縁がつながるので、知り合いの輪を広げてみて。多少ワガママを言っても問題ありませんが、冗談のつもりで発した余計な一言が原因で味方が減ってしまうことも。言葉遣いには気をつけ、礼儀や挨拶も忘れないようにしましょう。健康運は、のどを痛めやすいので、こまめにうがいをすること。

開運アクション

- 知り合いに知り合いを紹介する
- やさしい人を大切にする
- 礼儀や挨拶はしっかりする

金のインディアン座

命数

14 瞬発力だけで生きる中学生

もっている星

★語りたがる星
★頭の回転が速い星
★勘で買い物する星
★センスのいい人が好きな星
★短気な星

ラッキーカラー レッド ターコイズブルー

ラッキーフード 冷や奴 チーズ

ラッキースポット アミューズメントパーク 美術館

基本性格 根っから無邪気なおしゃべり

何事も直感で決め、瞬発力だけで生きている人。独特の感性をもち、周囲が驚くような発想をすることもあるでしょう。空腹になると短気になります。生まれつきのおしゃべりで、何度も同じようなことを深く語りますが、根っから無邪気で心は中学生のまま。気になることにドンドンチャレンジするのはいいですが、粘り強さがなく、諦めが早すぎてしまうこともあるでしょう。人情家ですが、執着されることを自然と避けてしまうでしょう。

2024年はこんな年

直感に従って行動することで幸運をつかめる年。遠慮せずに自分のアイデアや思いをドンドン発してみるといいでしょう。ただし、何事も言い方ひとつで変わるものなので、下品な言い方をしないよう気をつけて。品のいい言葉や、相手が受け入れてくれそうな表現を選びましょう。そのためにも、素敵な言葉を学んだり、語彙を増やす努力をすることが大事です。健康運は、筋トレやストレッチをしながら、明るい妄想をするといいでしょう。

開運アクション

- 品のいい言葉を選ぶ
- 直感を信じて粘ってみる
- ていねいに説明する

金のインディアン座

命数 **15**

情報収集が得意な中学生

もっている星

- ★視野が広い星
- ★親友は少ない星
- ★脂肪肝の星
- ★おしゃれな人を好きな星
- ★流行の先を行く星

ラッキーカラー　レッド　ネイビー

ラッキーフード　鮭のバターソテー　フルーツヨーグルト

ラッキースポット　水族館　百貨店

基本性格　計算が得意で広い人脈をもつ情報屋

あらゆる情報を入手することに長けた多趣味・多才な情報屋のような人。段取りと計算が得意で、フットワークも軽くいろいろな体験や経験をする人でしょう。お調子者でその場に合わせたトークもうまいので人脈は広がりますが、知り合い止まりくらいの人間関係を好むでしょう。家に無駄なものやガラクタ、昔の趣味のもの、服などが多くなってしまうのでマメに片付けるように。損得勘定だけで判断するところもあるのでほどほどに。

2024年はこんな年

もっとも情報集めが好きでフットワークが軽いタイプ。今年は多趣味・多才で経験も豊富なあなたの、これまでうまく活かしきれていなかった才能が評価され、独自の価値として受け止めてもらえそうです。これまで出会った人とのつながりも活かせ、おもしろい縁が広がってくるでしょう。過去に苦労したことが、いい経験だったと思えるような出来事もありそうです。健康運は、お酒の飲みすぎに要注意。忙しくなっても睡眠時間はしっかり確保するようにしましょう。

開運アクション

- 懐かしい人にたくさん会う
- お得な情報を発信する
- 守れない約束はしない

金のインディアン座

命数 **16**

誠実で陽気な中学生

もっている星

- ★陽気だが自信はない星
- ★地道なことが好きな星
- ★セールが好きな星
- ★妄想恋愛の星
- ★お酒に注意の星

ラッキーカラー　レッド　スカイブルー

ラッキーフード　切り干し大根　ししゃも

ラッキースポット　海水浴　デパート

基本性格　新しもの好きで情報通の慎重派

真面目でやさしく地道にコツコツと積み重ねるタイプ。好奇心が旺盛で新しいことが好きですが、気になることを見つけても慎重なため情報ばかり集めて、ようす見ばかりで一歩前に進めないことが多いでしょう。断り下手で不慣れなことでも強くお願いをされると受け入れてしまい、なんとなく続けていたもので大きな結果を残すこともできる人。自信がなく、自分のことをおもしろくないと思い、ときどき無謀な行動に走っては後悔することも。

2024年はこんな年

地道な努力をしてきたり、ときには遠回りして苦労や経験をたくさん積んできた人ほど、うれしいことが多い年。長く苦労してきた人は、今年でそれも終わりそうです。チャンスや評価を得られるので、遠慮したり臆病になったりせず、しっかり受け止めましょう。あなたがよろこぶことで周囲も笑顔になるはずです。大きな幸せを手にする順番が回ってきたと思って、積極的な行動や、自分ができることのアピールをしておきましょう。健康運は、白湯を飲む習慣を身につけるとよさそう。

開運アクション

- 悩む前に行動する
- 言いたいことはハッキリ伝える
- 目立つことを恐れない

金のインディアン座

命数

17 妄想好きなリーダー

もっている星
- ★行動力がある星
- ★独立心のある星
- ★顔の濃い人が好きな星
- ★腰痛の星
- ★貸したお金は戻ってこない星

ラッキーカラー　レッド　ネイビー
ラッキーフード　カルボナーラ　えびフライ
ラッキースポット　動物園　ホテル

基本性格　おだてに弱く面倒見はいいが大雑把

実行力と行動力があり、気になることがあるとすぐに飛びつく人。視野が広くいろいろなことに興味を示しますが、ややせっかちなため飽きが早く、深く追求しないところがあり、雑な部分が増えてしまうでしょう。心が中学2、3年生のままでおだてに極端に弱く、ほめられたらなんでもやってしまうところがありますが、正義感があり面倒見がいいので先輩・後輩から慕われることも多く、まとめ役としても活躍するタイプでしょう。

2024年はこんな年

自分でも驚くほど行動力が増し、結果もついてくる年。遠慮はいらないので、己の勘を信じてドンドン動いてみましょう。ただ、新たな挑戦は年末にするのがオススメです。それまでは、これまでの経験や人脈を最大限に活かして動くといいでしょう。後輩や部下の面倒を見ることで、いい仲間もできそうです。発言が雑になりやすいタイプなので、ていねいな言葉を選び、自分にしかわからないような言い方は避けるように。健康運は、腰痛に注意したほうがよさそうです。

開運アクション

- 目立つポジションを選ぶ
- 若い人と遊ぶ
- ハッキリ言うときほど言葉を選ぶ

金のインディアン座

命数

18 上品な中学生

もっている星
- ★他人と争わない星
- ★うっかりミスが多い星
- ★白いものを買う星
- ★外見で恋をする星
- ★日焼けに弱い星

ラッキーカラー　ピンク　ライトブルー
ラッキーフード　からあげ　空心菜
ラッキースポット　コンサート　花火大会

基本性格　お金持ちから好かれやすい気遣い上手

無邪気ですが上品で礼儀正しい人。好奇心旺盛でいろいろなことに興味を示しますが、慎重に情報を集めてていねいに行動するタイプ。楽観的に見えても気遣いをすることが多く、精神的に疲れやすいところもあるでしょう。目上の人やお金持ちの人から好かれやすく、不思議な人脈もできやすいですが、根は図々しいところがあります。心は中学2、3年生から変わっていないのでどこか子どもっぽいところがあり、見た目も若い雰囲気でしょう。

2024年はこんな年

マイペースですが真面目で上品なところがあるタイプ。今年は、何事もていねいに進めてきたあなたが認められそうです。これまでの人脈がつながっていい縁ができたり、チャンスがめぐってくるので、臆病にならず、周囲の期待に応えるつもりで全力をつくすといいでしょう。尊敬や憧れの対象だった人とお近づきになれたり、運よく仲よくなれることもありそうです。健康運は、ヨガやダンスなどで汗を流すと、肌の調子も整うでしょう。

開運アクション

- チャンスに臆病にならない
- 考える前に行動する
- 恋も仕事も両方頑張る

金のインディアン座 命数 19

好奇心旺盛な変わり者

もっている星
- ★好奇心旺盛な星
- ★不思議な話が好きな星
- ★妙なものにお金を使う星
- ★特殊な才能に惚れる星
- ★束縛が大嫌いな星

ラッキーカラー	ラッキーフード	ラッキースポット
レッド ブルー	ひつまぶし 甘納豆	映画館 美術館

基本性格 理屈っぽいが無邪気な子どもで自由人

好奇心豊かで、気になることをなんでも調べる探求心と追求心があるタイプ。熱しやすくて冷めやすく、つねに新しいことや人とは違う何かを追い求めてしまう人。理屈好きで屁理屈も多いので周囲から変わった人だと思われてしまうことも多いでしょう。心は小学6年生くらいで止まったままの子どものように無邪気な自由人。芸術や美術など創作する能力がありますが、飽きっぽいため好きなことが見つかるまでいろいろなことをするでしょう。

2024年はこんな年

あなたの個性的な発想力や才能が認められる年。ほかの人とは違う情報や知識をもっていたり、屁理屈が多いので、いままでは「変わり者」と思われていたかもしれませんが、今年は、それが「才能」だと気づいてもらえるでしょう。熱しやすく冷めやすい面もありますが、今年は簡単に諦めないように。これまでに得た知識や経験でほかの人の役に立てるよう工夫してみると、一気に注目を集められるでしょう。健康運は、目の病気になりやすいので、こまめに手を洗うこと。

開運アクション

- ほめられたら素直によろこぶ
- ほかの人の個性や才能を認める
- 飽きても途中で諦めず、粘ってみる

金のインディアン座 命数 20

理屈が好きな中学生

もっている星
- ★他人に頼らない星
- ★尊敬できる人を崇拝する星
- ★めったに心を開かない星
- ★知識のある人を好きになる星
- ★目の病気の星

ラッキーカラー	ラッキーフード	ラッキースポット
レッド ピンク	鮭のおにぎり オクラサラダ	神社仏閣 劇場

基本性格 探求心旺盛で上から目線になりやすい理屈屋

中学生のような純粋さと知的好奇心をもち、情報を集めることが好きな人。周囲から「いろいろ知ってますね」と言われることも多い人。探求心もあるので、一度好奇心に火がつくと深くじっくり続けることができます。見た目が若くても心が60歳なので、冷静で落ち着きがありますが、理屈が多くなったり評論したりと上から目線の言葉も多くなってしまいそう。友人は少なくてもよく、表面的な付き合いはうまいですが、めったに心を開かない人でしょう。

2024年はこんな年

「金のインディアン座」のなかではもっとも冷静で落ち着いているタイプ。無邪気なときと大人っぽいときとで差がありますが、物事を突き詰める才能をもち、知的好奇心が旺盛で伝統や文化にも理解があります。今年は、これまでに得た知識や技術をうまく活かすことができたり、若手の育成や教育係としての能力に目覚めそう。苦労や困難を乗り越えた経験はすべて、話のネタやあなたの価値に変わっていくでしょう。健康運は、食事のバランスを整えるよう意識しましょう。

開運アクション

- 尊敬している人に会いに行く
- 仕事は細部までこだわってみる
- 経験や学んできたことを若い人に伝える

銀のインディアン座 命数 11 マイペースな子ども大人

もっている星
- ★超マイペースな星
- ★反発心がある星
- ★指のケガの星
- ★身近な人を好きになる星
- ★胃腸が弱い星

ラッキーカラー	ラッキーフード	ラッキースポット
イエロー ブルー	たら鍋 柿	キャンプ場 スポーツ観戦

基本性格　サバサバしていて反発心がある頑張り屋

超マイペースな頑張り屋。負けず嫌いなところがありますが、他人に関心は薄く、深入りすることやベッタリされることを避けてしまう人。心は中学3年生からまったく成長しないままで、サバサバした性格と反発心があるので、「でも、だって」が多くなってしまうでしょう。妄想が好きでつねにいろいろなことを考えすぎてしまいますが、土台が楽観的なので「まあいいや」とコロッと別のことに興味が移って、そこでまた一生懸命になるでしょう。

2024年はこんな年

「銀のインディアン座」のなかでもっとも勝ち負けにこだわる頑張り屋ですが、今年は負けたり差をつけられても気にせず、勝ちを素直に譲るようにしましょう。スポーツや趣味の時間を楽しむなどして、心と体をしっかり充電させておくと、2025年からの運気の流れにうまく乗れそうです。今年は「本気で遊ぶ」を目標にするといいでしょう。ただし、お金の使いすぎには要注意。健康運は、食べすぎで胃腸が疲れてしまうことがあるかも。

開運アクション
- 無駄な反発はしない
- スポーツや趣味を楽しむ
- 勝ちを譲る

銀のインディアン座 命数 12 やんちゃな中学生

もっている星
- ★斬新なアイデアを出す星
- ★都合の悪い話は聞かない星
- ★旅行が好きな星
- ★刺激的な恋をする星
- ★ゴールを見ないで走る星

ラッキーカラー	ラッキーフード	ラッキースポット
ブラック オレンジ	穴子寿司 さくらんぼ	リゾート地 イベント会場

基本性格　内と外の顔が異なる単独行動派

淡々とマイペースに生きていますが、刺激と変化が大好きで、一定の場所でおとなしくしていられるタイプではないでしょう。表面的な部分と内面的な部分とが大きく違う人なので、家族の前と外では別人のようなところもある人。他人の話を最後まで聞かずに先走ってしまうほど無謀な行動が多いですが、無駄な行動は嫌いです。団体行動が嫌いで、たくさんの人が集まると面倒に感じてしまい、単独行動に走ってしまうタイプでしょう。

2024年はこんな年

旅行やライブに出かける機会が増え、楽しい刺激をたくさん受けられる年。仕事を最小限の力でうまく回せるようにもなるでしょう。ただし、周囲からサボっていると思われないよう、頑張っている姿を見せることが大切です。連休の予定を早めに立てて、予約なども先に済ませておくと、やる気がわいてくるでしょう。ダラダラ過ごすくらいなら思い切って遠方のイベントに行ってみるなど、持ち前の行動力を発揮してみて。健康運は、睡眠時間を削らないよう心がけること。

開運アクション
- 相手をよく観察する
- 頑張っている姿を見せる
- 旅行やライブに行く予定を組む

銀のインディアン座

命数

13 愛嬌があるアホな人

もっている星

- ★超楽観的な星
- ★よく笑う星
- ★空腹で不機嫌になる星
- ★楽しく遊べる人を好きになる星
- ★体型が丸くなる星

ラッキーカラー　パープル　ライトブルー

ラッキーフード　かれいの煮付け　いちご

ラッキースポット　コンサート　遊園地

基本性格　運に救われるサービス精神旺盛な楽天家

明るく陽気な超楽観主義者。何事も前向きにとらえることができますが、自分で言ったことをすぐに忘れてしまったり、気分で言うことがコロコロ変わったりするシーンも多いでしょう。空腹が耐えられずに、すぐに機嫌が悪くなってしまい、ワガママを言うことも多いでしょう。心は中学2、3年生からまったく成長していませんが、サービス精神が豊富で周囲を楽しませることに長けています。運に救われる場面も多い人でしょう。

2024年はこんな年

遊び心とサービス精神の塊のような人で、いつも明るく元気なタイプですが、今年はさらにパワーアップできる運気です。楽しいことやおもしろいことが増え、最高の年になるでしょう。一方で、忘れ物やうっかりミスをしたり、ワガママな発言が増えてしまうことも。食べすぎで急に体重が増えてしまうこともあるので、快楽に流されないよう気をつけておきましょう。健康運は、遊びすぎに要注意。疲れをためると、のどの不調につながりそうです。

開運アクション

- いつも明るく元気よく、サービス精神を忘れない
- 品よくていねいな言葉遣いを意識する
- 勢いで買い物をしない

銀のインディアン座

命数

14 語りすぎる人情家

もっている星

- ★頭の回転が速い星
- ★一言多い星
- ★直感で行動する星
- ★スリムな人を好きになる星
- ★体力がない星

ラッキーカラー　ホワイト　イエロー

ラッキーフード　ヒラメの刺身　ピーナッツ

ラッキースポット　劇場　旅館

基本性格　人のために行動するが、極端にマイペース

頭の回転が速いですが、おしゃべりでつねに一言多く、語ることが好きです。何度も同じ話を繰り返してしまうことも多いでしょう。極端にマイペースで心は中学3年生からまったく成長していない人です。短気で恩着せがましいところもあります。また、人情家で他人のために考えて行動することが好きなところがある一方で、深入りされるのを面倒に感じるタイプ。空腹と睡眠不足になると不機嫌な態度になってしまう癖もあるでしょう。

2024年はこんな年

何事も直感で決めるタイプですが、今年は気分で判断すると大きなミスにつながる場合があるので注意しましょう。とくに、寝不足や疲れた状態が続くと、勘が外れやすくなってしまいます。また、発言がキツくなることもあるため、言いすぎたり短気を起こさないよう気をつけること。相手のことを考えて言葉を選び、品のある伝え方を学んでみるといいでしょう。健康運は、楽しみながらスタミナをつけられる運動や趣味をはじめるとよさそうです。

開運アクション

- たくさん遊んでストレスを発散する
- 大事なことはメモをとる
- 口が滑ったらすぐに謝る

銀のインディアン座

命数

15

多趣味・多才で不器用な中学生

もっている星

★予定を詰め込む星
★視野が広い星
★知り合いが多い星
★趣味のものが多い星
★ペラい人にハマる星

ラッキーカラー　スカイブルー　ホワイト
ラッキーフード　あんこう鍋　ピスタチオ
ラッキースポット　水族館　アミューズメントパーク

基本性格　先見の明があり、妄想話を繰り返す情報通

多趣味・多才で情報収集能力が高く、いろいろなことを知っているタイプ。段取りと計算が得意ですが、根がいい加減なので詰めが甘いところがあるでしょう。基本的に超マイペースですが、先見の明があり、流行のさらに一歩先を行っているところもあります。家に無駄なものやガラクタが集まりやすいので、いらないものはマメに処分しましょう。妄想話が好きなうえに、何度も同じような話をすることが多く、心は中学3年生のままでしょう。

2024年はこんな年

もともと情報収集が好きですが、今年は間違った情報に振り回されてしまいそうです。遊ぶ時間や衝動買いが増え、出費もかさんでしまうかも。楽しむのはいいですが、詰めの甘さが出たり、欲張ると逆に損をすることもあるので注意しておきましょう。多趣味な一面もありますが、今年は趣味にお金をかけすぎないよう工夫し、自分だけでなく周囲も楽しめるアイデアを考えてみましょう。健康運は、お酒の飲みすぎや予定の詰め込みすぎで、疲労をためないように。

開運アクション

- 情報をよく確認する
- 自分の得だけを考えない
- 新しい趣味をつくる

銀のインディアン座

命数

16

やさしい中学生

もっている星

★なんとなく続ける星
★真面目で誠実な星
★謙虚な星
★片思いが長い星
★冷えに弱い星

ラッキーカラー　レッド　ホワイト
ラッキーフード　雑炊　鶏肉のカシューナッツ炒め
ラッキースポット　映画館　スパ

基本性格　社会に出てから才能が光る超マイペース

真面目で地味なことが好き。基本的に人は人、自分は自分と超マイペースですが、気遣いはできます。ただし遠慮して一歩引いてしまうところがあるでしょう。自分に自信がなく、中学まではパッとしない人生を送りますが、社会に出てからジワジワと能力を発揮するようになります。やさしすぎて便利屋にされることもありますが、友人の縁を思い切って切り、知り合い止まりの人間関係ができると才能を開花させられるでしょう。

2024年はこんな年

ケチケチせずに、しっかり遊んで楽しむことが大切な年。人生でもっとも遊んだと言えるくらい思い切ってみると、のちの運気もよくなるでしょう。旅行に出かけたり、気になるイベントやライブに足を運ぶのもオススメです。ただ、今年出会った人とは一歩引いて付き合うほうがいいでしょう。とくに、調子のいいことを言う人には気をつけておくこと。お得に思える情報にも振り回されないように。健康運は、手のケガをしやすくなるので注意が必要です。

開運アクション

- 明るい感じにイメチェンする
- 自ら遊びに誘ってみる
- 遊ぶときはケチケチしない

銀のインディアン座 命数 17 パワフルな中学生

もっている星

- ★ 面倒見がいい星
- ★ 根は図々しい星
- ★ 無計画なお金遣いの星
- ★ ギックリ腰の星
- ★ ほめてくれる人を好きになる星

ラッキーカラー	ラッキーフード	ラッキースポット
ホワイト ネイビー	そうめん さばの塩焼き	遊園地 食フェス

基本性格 不思議な友人がいるマイペースなリーダー

実行力と行動力とパワーがあるタイプ。おだてに極端に弱く、ほめられたらなんでもやってしまう人です。面倒見のいいリーダー的な人ですが、かなりのマイペースなので、突然他人任せの甘えん坊になってしまうことも多いでしょう。行動が雑なので、うっかりミスや打撲などにも注意。何事も勢いで済ませてしまう傾向がありますが、その図々しい性格が不思議な知り合いの輪をつくり、驚くような人と仲よくなることもあるでしょう。

2024年はこんな年

雑な行動が目立ってしまいそうな年。勢いがあるのはいいですが、調子に乗りすぎると恥ずかしい失敗をしたり、失言やドジな出来事が増えやすいので気をつけましょう。ほめられると弱いタイプだけに、悪意のある人にもち上げられる場合も。相手が信頼できる人なのか、しっかり見極めるようにしましょう。後輩や部下と遊んでみると、いい関係をつくれそうです。健康運は、段差でジャンプして捻挫したり、腰痛になるかも。とくに足のケガには注意すること。

開運アクション

- おだてられても調子に乗らない
- 職場の人間関係を楽しむ
- 雑な言動をしないよう気をつける

銀のインディアン座 命数 18 マイペースな常識人

もっている星

- ★ 性善説の星
- ★ 相手の出方を待つ星
- ★ 本当はドジな星
- ★ 肌が弱い星
- ★ 清潔感あるものを買う星

ラッキーカラー	ラッキーフード	ラッキースポット
レッド ライトブルー	うなぎの白焼き 甘酒	音楽フェス お祭り

基本性格 上品でキッチリしつつ楽観的で忘れっぽい

礼儀とマナーをしっかりと守り上品で気遣いができる人。マイペースで警戒心が強く、他人との距離を上手にとるタイプです。キッチリしているようで楽観的なので、時間にルーズなところや自分の言ったことをすぐに忘れてしまうところがあるでしょう。心が中学2、3年生から変わっていないので、見た目は若く感じるところがあります。妄想や空想の話が多く、心配性に思われることもあるでしょう。

2024年はこんな年

小さなミスが増えてしまいそうです。もともと几帳面なタイプですが、めったにしない寝坊や遅刻、忘れ物をして、周囲を驚かせてしまうことがあるかも。一方で今年は、遊ぶといい運気でもあります。とくにこれまで経験したことのない遊びに挑戦してみると、いい思い出になるでしょう。イベントやライブ、フェスでいい経験ができたり、遊び方やノリを教えてくれる人にも出会えるでしょう。健康運は、日焼け対策を念入りにしておかないと、後悔することになりそうです。

開運アクション

- イベントやライブなどに行く
- モテを意識した服を着る
- 遊ぶときは本気で楽しむ

銀のインディアン座

命数

19 小学生芸術家

もっている星

- ★ 時代を変えるアイデアを出す星
- ★ 言い訳の星
- ★ 屁理屈の星
- ★ あまのじゃくな恋の星
- ★ お金が貯まらない星

ラッキーカラー ホワイト ブルー

ラッキーフード 煮込みうどん シナモンロール

ラッキースポット 劇場 イベント会場

基本性格 好きなことと妄想に才能を見せるあまのじゃく

超マイペースな変わり者。不思議な才能と個性をもち、子どものような純粋な心を備えていますが、あまのじゃくなひねくれ者。臆病で警戒心はありますが、変わったことや変化が大好きで、理屈と屁理屈、言い訳が多くなります。好きなことになると驚くようなパワーと才能、集中力を出すでしょう。飽きっぽく継続力がなさそうですが、なんとなく続けていることでいい結果を残せるでしょう。妄想が才能となる人でもあります。

2024年はこんな年

視野が広がり、おもしろい出来事が増える年。何もかも手放して自由になりたくなることがあるかもしれませんが、現状の幸せは簡単に手放さないように。海外旅行などをして、これまで行ったことのない場所を訪れたり未経験のことに挑戦すると、いい刺激になり人生がおもしろくなってくるでしょう。いままで出会ったことのないタイプの人と仲よくなって、楽しい時間を過ごすこともできそうです。健康運は、結膜炎になる可能性があるので注意しておくこと。

開運アクション

- 見知らぬ土地を旅行する
- おもしろそうな人を探す
- 美術館や劇場に行く

銀のインディアン座

命数

20 マイペースな芸術家

もっている星

- ★ 深い話が好きな星
- ★ 理屈っぽい星
- ★ 冷たい言い方をする星
- ★ 芸術にお金を使う星
- ★ 互いに成長できる恋が好きな星

ラッキーカラー ホワイト 藍色

ラッキーフード ふぐ 梅干し

ラッキースポット 美術館 老舗旅館

基本性格 不思議なことにハマる空想家

理論と理屈が好きで、探求心と追求心のある人。つねにいろいろなことを考えるのが大好きで、妄想と空想ばかりをする癖があります。表面的には人間関係がつくれますが、本音は他人に興味がなく、芸術や美術、不思議な物事にハマることが多いでしょう。非常に冷静で大人な対応ができますが、テンションは中学3年生くらいからまったく変わっていないでしょう。尊敬できる人を見つけると心を開いてなんでも言うことを聞くタイプです。

2024年はこんな年

完璧主義な性格ですが、今年は80点の出来でも「よくできた」と自分をほめるように。物事に集中しづらくもなりそうですが、遊びや趣味を楽しんでみると、やる気を復活させられるでしょう。ふだんならしっかり準備することも、今年は「このくらいでいいかな」と雑な感じになりそうです。ただ、それでもうまくいくことがわかって、少し余裕ができるかも。失言もしやすくなるので、エラそうな言い方はしないこと。健康運は、趣味にハマりすぎて睡眠時間を削らないよう注意して。

開運アクション

- やさしい言葉を使う
- 失敗をおもしろく話す
- 趣味の勉強をする

金の鳳凰座

命数

21 頑固な高校1年生

もっている星
★忍耐力のある星
★昔の仲間に執着する星
★計算が苦手な星
★好きなタイプが変わらない星
★夜が強い星

ラッキーカラー イエロー ブルー
ラッキーフード こんにゃくの煮物 スイートポテト
ラッキースポット スポーツ観戦 キャンプ場

基本性格 仲間意識を強くもつが、ひとりでいるのが好きな人

サッパリと気さくな性格ですが、頑固で意地っ張りな人。負けず嫌いな努力家で、物事をじっくり考えすぎてしまうことが多いでしょう。仲間意識を強くもちますが、ひとりでいることが好きで、単独行動が自然と多くなったり、ひとりで没頭できる趣味に走ったりすることも多いでしょう。しゃべりが苦手で反発心を言葉に出してしまいますが、一言足りないことでケンカになってしまうなど、損をすることが多い人でしょう。

2024年はこんな年 負けず嫌いを押し通して問題ない年。12月まで絶対に諦めない気持ちで頑張り続けるといいでしょう。すでに結果が出ている場合は、謙虚な姿勢を忘れないことが大切。上半期は、よきライバルやともに頑張る仲間ができるため、協力し合うことを素直に楽しんでみて。一緒にスポーツをすると、ストレス発散にもなってよさそうです。健康運は、下半期に胃腸の調子を崩しやすいので、バランスのとれた食事を意識しましょう。

開運アクション
- 協力を楽しんでみる
- 異性の友人を大切にする
- 年末まで諦めない

金の鳳凰座

命数

22 単独行動が好きな忍耐強い人

もっている星
★陰で努力する星
★孤独が好きな星
★豪快にお金を使う星
★刺激的な恋にハマる星
★夜無駄に起きている星

ラッキーカラー ブラック ダークブルー
ラッキーフード 麻婆豆腐 みかん
ラッキースポット ライブハウス スポーツジム

基本性格 内なるパワーが強く、やり抜く力の持ち主

向上心や野心があり、内に秘めるパワーが強く、頑固で自分の決めたことを貫き通す人。刺激が好きで、ライブや旅行に行くと気持ちが楽になりますが、団体行動が苦手でひとりで行動することが好きなタイプ。決めつけがかなり激しく、他人の話の最初しか聞いていないことも多いでしょう。心は高校3年生のようなところがあり、自我はかなり強いですが、頑張る姿や必死になっているところを他人には見せないようにする人です。

2024年はこんな年 長年の夢や希望が叶う年。がむしゃらに頑張る姿を見せないぶん、周囲からなかなか評価されないタイプですが、今年はあなたの実力や陰の努力を認めてくれる人にやっと出会えるでしょう。秘めていた力を発揮する機会も訪れそう。趣味や遊びで続けていたことが、無駄ではなかったと思えるような出来事が起きる場合もあるため、遠慮せず自分をアピールしてみるといいでしょう。健康運は、年末に独自の健康法がアダになってしまうことがあるので、気をつけるように。

開運アクション
- 秘めていた能力を出してみる
- フットワークを軽くする
- 仲間をつくって大切にする

金の鳳凰座 命数 23

陽気なひとり好き

もっている星

- ★おおらかな星
- ★楽しくないと愚痴る星
- ★とりあえず付き合う星
- ★間食の星
- ★趣味にお金をたくさん使う星

ラッキーカラー　レッド　ライトブルー

ラッキーフード　ハヤシライス　グレープフルーツ

ラッキースポット　レストラン　コンサート

基本性格　運に救われる明るい一匹オオカミ

ひとつのことをじっくり考えることが好きですが、楽観主義の人。頑固で決めたことを貫き通しますが、「まあなんとかなるかな」と考えるため、周囲からもどっちのタイプかわからないと思われがち。サービス精神はありますが、本音はひとりが好きなため、明るい一匹オオカミのような性格。空腹が苦手で、お腹が空くと何も考えられなくなり、気分が顔に出やすくなるでしょう。不思議と運に救われますが、余計な一言に注意は必要。

2024年はこんな年

運のよさを実感でき楽しく過ごせる年。自分だけでなく周囲も楽しませるつもりで、持ち前のサービス精神をドンドン発揮してみましょう。いい人脈ができ、おもしろい仲間も集まってきそうです。ただし、調子に乗りすぎて余計な発言や愚痴、不満を口にしていると、信用を失ってしまいます。冗談のつもりでも、笑えなければただの悪口で、自ら評判を落とすだけだと思っておきましょう。健康運は、下半期からはとくに運動するよう心がけ、食事は腹八分目を意識しましょう。

開運アクション

- おいしいお店を見つけて周囲に教える
- 調子に乗っても「口は災いのもと」を忘れない
- カラオケやダンスをする

金の鳳凰座 命数 24

冷静で勘のいい人

もっている星

- ★決めつけが強い星
- ★過去にこだわる星
- ★思い出にすがる星
- ★第一印象で決める星
- ★寝不足でイライラする星

ラッキーカラー　オレンジ　ターコイズブルー

ラッキーフード　じゃがバター　きなこ餅

ラッキースポット　神社仏閣　ショッピングモール

基本性格　機嫌が言葉に出やすい感性豊かな頑固者

じっくり物事を考えながらも最終的には「勘で決める人」。根はかなりの頑固者で自分の決めたルールを守り通したり、簡単に曲げたりしないタイプ。土台は短気で、機嫌が顔に出て、言葉にも強く出がちですが、余計な一言は出るのに、肝心な言葉が足りないことが多いでしょう。想像力が豊かで感性もあるため、アイデアや芸術系の才能を活かせれば力を発揮する人でもあるでしょう。過去に執着する癖はほどほどに。

2024年はこんな年

上半期は直感を信じて動き、下半期は嫌な予感がしたら立ち止まって冷静に判断するといいでしょう。頭の回転が速くなり、いい判断ができたりアイデアも冴えて、自分でも驚くような才能を開花させられる年になりそうです。とくに長く続けてきたことで大きな結果が出るので、評価をしっかりよろこんでおきましょう。ただし、順調に進むとワガママな発言が増えてくるため、言葉はきちんと選ぶように。健康運は、年末に向けてスタミナをつける運動をしておきましょう。

開運アクション

- 「過去は過去」「いまはいま」と切り替える
- いい言葉を口にする
- 資格取得のための勉強をはじめる

金の鳳凰座

命数

25 ひとりの趣味に走る情報屋

もっている星

★計画が好きな星
★ひとりの趣味に走る星
★趣味で出費する星
★おしゃれな人を好きになる星
★深酒をする星

ラッキーカラー オレンジ ネイビー

ラッキーフード ラタトゥイユ グレープフルーツ

ラッキースポット 温泉旅館 百貨店

基本性格 偏った情報や無駄なものまで集まってくる

段取りと情報収集が好きで、つねにじっくりゆっくりいろいろなことを考える人。幅広く情報を集めているようで、土台が頑固なため、情報が偏っていることも。計算通りに物事を進めますが、計算自体が違っていたり勘違いで突き進むことも多いでしょう。部屋に無駄なものや昔の趣味のもの、着ない服などが集まりやすいのでマメに片付けましょう。気持ちを伝えることが下手で、つねに一言足りないでしょう。

2024年はこんな年

計画していた以上の結果に、自分でも驚くことがありそうです。仕事もプライベートも忙しくなり、あっという間に1年が過ぎてしまうでしょう。ひとりの趣味を楽しむのもいいですが、今年は交友関係が広がるような趣味をはじめるのもオススメの運気です。また、美意識をもっと高めてみてもいいでしょう。健康運は、お酒の席が増えたり夜更かしが続くと、下半期に疲れが出るので気をつけましょう。予定を詰め込みすぎず、ゆっくり休む日をあらかじめつくっておくとよさそうです。

開運アクション

- フットワークを軽くする
- 趣味を増やす
- 価値観の違う人と話す

金の鳳凰座

命数

26 我慢強い真面目な人

もっている星

★我慢強い星
★引き癖の星
★貯金の星
★温泉の星
★つくしすぎてしまう星

ラッキーカラー オレンジ イエロー

ラッキーフード おからの煮物 豚のしょうが焼き

ラッキースポット 温泉 音楽ライブ

基本性格 ひとりで慎重に考えてゆっくり進む

頑固で真面目で地味な人。言葉を操るのが苦手です。受け身で待つことが多く、反論することや自分の意見を言葉に出すことが苦手で、一言二言足りないことがあるでしょう。寂しがり屋ですが、ひとりが一番好きで音楽を聴いたり本を読んだりしてのんびりする時間がもっとも落ち着くでしょう。何事も慎重に考えるため、すべてに時間がかかり、石橋を叩きすぎてしまうところがあります。過去に執着しすぎてしまうことも多いでしょう。

2024年はこんな年

結果が出るまでに、もっとも時間のかかるタイプ。注目されるのを避けすぎると、せっかくのいい流れに乗れなくなってしまうこともあるので、今年は目立つポジションも遠慮せずに受け入れてみましょう。何事もできると信じ、不慣れなことでも時間をかけて取り組むように。周囲の信頼に応えられるよう頑張ってみましょう。健康運は、下半期は冷えが原因で体調を崩しやすくなりそうです。基礎代謝を上げるためにも定期的な運動をしておきましょう。

開運アクション

- 勇気を出して行動する
- 自分をもっと好きになってみる
- 言いたいことはハッキリ言う

金の鳳凰座

命数

27 猪突猛進なひとり好き

もっている星

★パワフルな星
★行動が雑な星
★どんぶり勘定の星
★押しに弱い星
★足をケガする星

ラッキーカラー　オレンジ　ネイビー
ラッキーフード　トマトソースパスタ　メロン
ラッキースポット　映画館　空港

基本性格　ほめられると面倒見がよくなる行動派

自分が正しいと思ったことを頑固に貫き通す正義の味方。曲がったことが嫌いで、自分の決めたことを簡単には変えられない人ですが、面倒見がよく、パワフルで行動的です。ただし、言葉遣いが雑で、一言足りないケースが多いでしょう。おだてに極端に弱く、ほめられるとなんでもやってしまいがちで、後輩や部下がいるとパワーを発揮しますが、本音はひとりが一番好きなタイプ。自分だけの趣味に走ることも多いでしょう。

2024年はこんな年

実力でポジションを勝ちとれる年。一度決めたことを貫き通す力がもっともあるタイプなので、これまでうまくいかなかったことでも流れを変えられたり、強力な味方をつけることができそうです。おだてに乗れるときはドンドン乗り、自分だけでなく周囲の人にもよろこんでもらえるよう努めると、さらにいい縁がつながっていくでしょう。健康運は、パワフルに行動するのはいいですが、下半期は足のケガや腰痛に気をつけましょう。

開運アクション

- ほめられたら素直によろこぶ
- まとめ役やリーダーになる
- せっかちにならないよう気をつける

金の鳳凰座

命数

28 冷静で常識を守る人

もっている星

★安心できるものを購入する星
★親しき仲にも礼儀ありの星
★勘違いの星
★しゃべりが下手な星
★寂しがり屋のひとり好きな星

ラッキーカラー　ブルー　ホワイト
ラッキーフード　ゆば　あじフライ
ラッキースポット　ホテル　美術館

基本性格　気にしすぎてしまう繊細な口ベタ

礼儀正しく上品で、常識をしっかり守れる人ですが、根が頑固で融通がきかなくなってしまうタイプ。繊細な心の持ち主ですが、些細なことを気にしすぎてしまったり、考えすぎてしまったりすることも。しゃべりは自分が思っているほど上手ではなく、手紙やメールのほうが思いが伝わることが多いでしょう。過去の出来事をいつまでも考えすぎてしまうところがあり、新しいことになかなか挑戦できない人です。

2024年はこんな年

順序や手順をしっかり守るのはいいですが、臆病なままではチャンスをつかめません。今年はワガママを通してみるくらいの気持ちで自分に素直になってみましょう。失敗を恐れて動けなくなってしまうところがありますが、今年は何事も思った以上にうまくいく運気なので、積極的に行動を。周りの人を信じれば、いい味方になってくれるでしょう。健康運は、ストレスが肌に出やすいので、スキンケアを念入りに。運動で汗を流すのもよさそうです。

開運アクション

- ビビらずに行動する
- 笑顔と愛嬌を意識する
- 他人の雑なところを許す

金の鳳凰座

命数

29 頑固な変わり者

もっている星

★自由に生きる星
★おもしろい発想ができる星
★束縛されると逃げる星
★お金に縁がない星
★寝不足の星

ラッキーカラー オレンジ ブルー
ラッキーフード カリフォルニアロール えだまめ
ラッキースポット 美術館 劇場

基本性格 理屈っぽくて言い訳の多いあまのじゃく

自由とひとりが大好きな変わり者。根は頑固で自分の決めたルールや生き方を貫き通しますが、素直ではない部分があり、わざと他人とは違う生き方や考え方をすることが多いでしょう。芸術や美術など不思議な才能をもち、じっくりと考えて理屈っぽくなってしまうことも。しゃべりは下手で一言足りないことも多く、団体行動が苦手で、つねに他人とは違う行動を取りたがります。言い訳ばかりになりやすいので気をつけましょう。

2024年はこんな年

上半期は、あなたの自由な発想や才能、個性が評価される運気。遠慮せずドンドン自分の魅力をアピールするといいでしょう。独立したりフリーで活動したくなりますが、お金の管理ができないならやめておいたほうがいいでしょう。現状を維持しながら趣味を広げるのがよさそうです。時間を見つけて海外など見知らぬ土地へ行ってみると、大きな発見があるでしょう。健康運は、下半期に目の病気や視力の低下が見つかりやすいので注意して。

開運アクション

- アイデアをドンドン出す
- 異性の前では素直になる
- 現状に飽きたときほど学ぶことを探す

金の鳳凰座

命数

30 理屈が好きな職人

もっている星

★年配の人と仲よくなれる星
★考えすぎる星
★同じものを買う星
★心を簡単に開かない星
★睡眠欲が強い星

ラッキーカラー 朱色 パープル
ラッキーフード 大豆の煮物 バナナ
ラッキースポット 神社仏閣 劇場

基本性格 好きな世界にどっぷりハマる頑固な完璧主義者

理論と理屈が好きで、探求心と追求心があり、自分の決めたことを貫き通す完璧主義者で超頑固な人。交友関係が狭くひとりが一番好きなので、自分の趣味にどっぷりハマってしまうことも多いでしょう。芸術や美術、神社仏閣などの古いものに関心があり、好きなことを深く調べるので知識は豊富ですが、視野が狭くなってしまう場合も。他人を小馬鹿にしたり評論する癖はありますが、人をほめることで認められる人になるでしょう。

2024年はこんな年

長い時間をかけて取り組んでいたことや研究していたことが役に立ったり、評価される運気。かなり年上の人とも仲よくなれ、味方になってもらえるでしょう。尊敬できる人にも出会えそうです。長らく評価されなかった人や誤解されていた人も、この1年で状況が大きく変わることがあるので、最後まで諦めず、粘り続けてみましょう。健康運は、年末にかけて肩こりや目の疲れが出やすいため、こまめに運動しておくこと。

開運アクション

- 尊敬している人と仲よくなる
- 言い訳をしない
- 頑張っている人をほめる

銀の鳳凰座

命数

21

覚悟のある意地っ張りな人

もっている星

- ★ 根性のある星
- ★ しゃべりが下手な星
- ★ ギャンブルに注意な星
- ★ 過去の恋を引きずる星
- ★ 冬に強い星

ラッキーカラー　オレンジ　ブルー

ラッキーフード　山芋ステーキ　くるみ

ラッキースポット　スポーツジム　スタジアム

基本性格　一度思うと考えを変えない自我のかたまり

超負けず嫌いな頑固者。何事もじっくりゆっくり突き進む根性がある人。体力と忍耐力はありますが、そのぶん色気がなくなってしまい、融通がきかない生き方をすることが多いでしょう。何事も最初に決めつけてしまうため、交友関係に問題があってもなかなか縁が切れなくなったり、我慢強い性格が裏目に出てしまうことも。時代に合わないことをし続けがちなので、最新の情報を集めたり、視野を広げる努力が大事でしょう。

2024年はこんな年

目標をしっかり定めることで、パワーや才能を発揮できるタイプ。今年はライバルに勝つことができたり、目標や目的を達成できる運気です。何があっても諦めず、出せる力をすべて出し切るくらいの気持ちで取り組むといいでしょう。ただ、頑固な性格で、人に相談せずなんでもひとりで頑張りすぎてしまうところがあるので、周囲の話に耳を傾け、アドバイスをもらうことも大切に。いい情報を聞けたり、自分の魅力をもっとうまく出せるようになるはずです。

開運アクション

- 全力を出し切ってみる
- 目標をしっかり定める
- 協力することを楽しむ

銀の鳳凰座

命数

22

決めつけが激しい高校3年生

もっている星

- ★ 秘めたパワーがある星
- ★ 過信している星
- ★ ものの価値がわかる星
- ★ 寒さに強い星
- ★ やんちゃな恋にハマる星

ラッキーカラー　オレンジ　ダークブルー

ラッキーフード　ねぎま　ヨーグルト

ラッキースポット　ライブハウス　リゾート地

基本性格　人の話を聞かない野心家

かなりじっくりゆっくり考えて進む、超頑固な人ですが、刺激や変化を好み、合理的に生きようとします。団体行動が苦手でひとりの時間が好き。旅行やライブに行く機会も自然に増えるタイプでしょう。向上心や野心はかなりありますが、ふだんはそんなそぶりを見せないように生きています。他人の話の前半しか聞かずに飛び込んでしまったり、周囲からのアドバイスはほぼ聞き入れないで、自分の信じた道を突き進むでしょう。

2024年はこんな年

密かに頑張ってきたことで力を発揮できる年。今年は、一生懸命になることをダサいと思わず、本気で取り組んでいる姿や周囲とうまく協力する姿勢を見せるようにしましょう。周りに無謀だと思われるくらい思い切って行動すると、大成功や大逆転につながる可能性も。これまでの努力や自分の実力を信じてみるといいでしょう。多少の困難があったほうが、逆に燃えそうです。健康運は、ひとりで没頭できる運動をするといいでしょう。

開運アクション

- 得意なことをアピールする
- 手に入れたものへの感謝を忘れない
- 自分の理論を信じて行動する

銀の鳳凰座

命数

23 頑固な気分屋

もっている星

★楽天家の星
★空腹になると不機嫌になる星
★欲望に流される星
★ノリで恋する星
★油断すると太る星

ラッキーカラー オレンジ レッド

ラッキーフード 揚げ出し豆腐 みかん

ラッキースポット コンサート レストラン

基本性格 陽気で仲間思いだけど、いい加減な頑固者

明るく陽気ですが、ひとりの時間が大好きな人。サービス精神が豊富で楽しいことやおもしろいことが大好き。昔からの友人を大切にするタイプ。いい加減で適当なところがありますが、根は超頑固で、周囲からのアドバイスには簡単に耳を傾けず、自分の生き方を貫き通すことが多いでしょう。空腹になると機嫌が悪くなり態度に出やすいのと、余計な一言が多いのに肝心なことを伝えきれないところがあるでしょう。

2024年はこんな年

「銀の鳳凰座」のなかでもっとも喜怒哀楽が出やすいタイプですが、とくに今年は、うれしいときにしっかりよろこんでおくと、さらによろこべることが舞い込んできそう。遠慮せず、楽しさやうれしさを表現しましょう。関わるすべての人を笑わせるつもりで、みんなを笑顔にできるよう努めると、運を味方にできそうです。あなたに協力してくれる人が集まって、今後の人生が大きく変わるきっかけになることも。健康運は、ダンスやヨガをはじめると、健康的な体づくりができるでしょう。

開運アクション

- お礼と感謝をしっかり伝える
- 明るい色の服を着る
- 笑顔を意識する

銀の鳳凰座

命数

24 忍耐力と表現力がある人

もっている星

★直感力が優れている星
★過去を引きずる星
★情にもろい星
★一目惚れする星
★手術する星

ラッキーカラー オレンジ シルバー

ラッキーフード オニオンリング レモン

ラッキースポット 劇場 百貨店

基本性格 意志を貫く感性豊かなアイデアマン

じっくり物事を考えているわりには直感を信じて決断するタイプ。超頑固で一度決めたことを貫き通す力が強く、周囲からのアドバイスを簡単には受け入れないでしょう。短気で毒舌なところもあり、おっとりとした感じに見えてもじつは攻撃的な人。過去の出来事に執着しやすく、恩着せがましい部分もあるでしょう。感性は豊かで、新たなアイデアを生み出したり、芸術的な才能を発揮したりすることもあるでしょう。

2024年はこんな年

しっかり考えたうえで最後は直感で動くタイプ。今年は勘が鋭くなって的確な判断ができ、いいアイデアも浮かぶでしょう。運気の流れはいいですが、調子に乗りすぎると短気を起こし、余計な発言をしてしまう場合があるので十分注意すること。本や舞台などで使われている表現を参考にしてみると、伝え上手になり、さらにいい人脈ができそうです。トーク力のある人に注目するのもオススメ。健康運は、こまめにストレスを発散すれば、体調を崩すことはなさそうです。

開運アクション

- 直感を信じて行動する
- やさしい言葉や表現を学ぶ
- ひとつのことを極める努力をする

銀の鳳凰座

命数

25 忍耐力がある商売人

もっている星
- ★情報収集が得意な星
- ★夜はお調子者の星
- ★お得な恋が好きな星
- ★疲れをためやすい星
- ★お金の出入りが激しい星

ラッキーカラー　オレンジ　ネイビー
ラッキーフード　きんぴらごぼう　マスカット
ラッキースポット　旅館　ショッピングモール

基本性格　お調子者に見えて根は頑固

フットワークが軽く、情報収集も得意で段取りも上手にできる人ですが、頑固で何事もゆっくり時間をかけて進めるタイプ。表面的には軽い感じに見えても、芯がしっかりしています。頑固なため、視野が狭く情報が偏っている場合も多いでしょう。お調子者ですが、本音はひとりの時間が好き。多趣味で買い物好きになりやすいので、部屋には使わないものや昔の趣味の道具が集まってしまうことがあるでしょう。

2024年はこんな年

物事が予定通りに進み、忙しくも充実する年。計算通りに目標を達成して満足できるでしょう。ただしそこで油断せず、次の計画もしっかり立てておくことが大切です。自分の得ばかりではなく、周囲の人や全体が得する方法を考えてみると、いい仲間ができるでしょう。小さな約束でも必ず守ることで、いい人間関係も築けそうです。できない約束は、最初からしないように。健康運は、睡眠不足で疲れをためないよう、就寝時間を決めて生活リズムを整えましょう。

開運アクション

- 自分も周囲も得することを考えて行動に移す
- どんな約束も守る
- 新たな趣味を見つける

銀の鳳凰座

命数

26 忍耐力がある現実的な人

もっている星
- ★粘り強い星
- ★言いたいことを我慢する星
- ★ポイントをためる星
- ★初恋を引きずる星
- ★音楽を聴かないとダメな星

ラッキーカラー　オレンジ　スカイブルー
ラッキーフード　ホルモン炒め　蜂蜜
ラッキースポット　アウトレット　水族館

基本性格　じっと耐える口ベタなカタブツ

超がつくほど真面目で頑固。他人のために生きられるやさしい性格で、周囲からのお願いを断れずに受け身で生きる人ですが、「自分はこう」と決めた生き方を簡単に変えられないところがあり、昔のやり方や考えを変えることがとても苦手でしょう。臆病で寂しがり屋ですが、ひとりが大好きで音楽を聴いて家でのんびりする時間が欲しい人。気持ちを伝えることが非常に下手で、つねに一言足りないので会話も聞き役になることが多いでしょう。

2024年はこんな年

地味で目立たないタイプですが、今年は信頼を得られ、大きなチャンスがめぐってくるでしょう。ここで遠慮したり引いてしまうと、いい運気の流れに乗れないどころか、マイナスな方向に進んでしまいます。これまで頑張ってきたご褒美だと思って、流れを受け入れるようにしましょう。「人生でもっとも欲張った年」と言えるくらい幸せをつかみにいき、ときにはワガママになってみてもいいでしょう。健康運は、不調を我慢していた人は体調を崩しやすい時期。温泉に行くのがオススメです。

開運アクション

- 貪欲に生きる
- 言いたいことはハッキリ伝える
- 勇気と度胸を忘れない

銀の鳳凰座

命数

27 落ち着きがある正義の味方

もっている星

- ★行動すると止まらない星
- ★甘えん坊な星
- ★押しに弱い星
- ★打撲が多い星
- ★ほめられたら買ってしまう星

ラッキーカラー　オレンジ　ネイビー

ラッキーフード　担々麺　キウイ

ラッキースポット　動物園　デパート

基本性格　ほめられると弱い正義感のかたまり

頑固でまっすぐな心の持ち主で、こうと決めたら猪突猛進するタイプ。正義感があり、正しいと思い込んだら簡単に曲げられませんが、強い偏見をもってしまうこともあり、世界が狭くなることが多いでしょう。つねに視野を広げるようにして、いろいろな考え方を学んでおくといいでしょう。また、おだてに極端に弱く、ほめられたらなんでもやってしまうところがあり、しゃべりも行動も雑なところがあるでしょう。

2024年はこんな年

駆け引きや臨機応変な対応が苦手で、人生すべてが直球勝負のまっすぐな人。今年は持ち前の正義感や意志の強さを活かせて、目標や夢を達成できるでしょう。不器用ながらも、自分の考えを通し切ってよかったと思えることもありそうです。人とのつながりが大切な年なので、好き嫌いをハッキリさせすぎないように。相手のいい部分に注目したり、多少の失敗は大目に見るといいでしょう。健康運は、パワフルに動きすぎて疲れをためないよう、こまめに休むことが大切です。

開運アクション

- 自分の意志を通す
- 人をたくさんほめて認める
- 後輩や部下の面倒を見る

銀の鳳凰座

命数

28 ゆっくりじっくりで品のある人

もっている星

- ★ゆっくりじっくりの星
- ★人前が苦手な星
- ★割り勘が好きな星
- ★恋に不器用な星
- ★口臭を気にする星

ラッキーカラー　オレンジ　シルバー

ラッキーフード　卵焼き　桃

ラッキースポット　音楽フェス　ホテル

基本性格　気持ちが曲げられない小心者

上品で常識やルールをしっかり守る人ですが、根が超頑固で曲がったことができない人です。ひとりが好きで単独行動が多くなりますが、寂しがり屋で人のなかに入りたがるところがあるでしょう。自分の決めたことを曲げない気持ちが強いのに、臆病で考えすぎてしまったり、後悔したりすることも多いタイプ。思ったことを伝えるのが苦手で、一言足りないことが多いでしょう。ただし、誠実さがあるので時間をかけて信頼を得るでしょう。

2024年はこんな年

品と順序を守り、時間をかけて信頼を得るタイプ。今年はあなたに注目が集まる運気です。ただし、恥ずかしがったり失敗を恐れて挑戦できずにいると、チャンスを逃してしまいます。今年は失敗してもすべていい経験になるので、何事も勇気を出してチャレンジしてみるといいでしょう。周囲から頼られたり期待を寄せられたら、最善をつくしてみると、実力以上の結果を残せて、いい人脈もできそうです。健康運は、汗をかく程度の運動を定期的にしておきましょう。

開運アクション

- 心配や不安を手放す
- 年上の人に会う
- チャンスに臆病にならない

銀の鳳凰座

命数

29 覚悟のある自由人

もっている星

★人と違う生き方をする星
★独特なファッションの星
★お金に執着しない星
★不思議な人を好きになる星
★睡眠欲が強いが夜更かしする星

ラッキーカラー　オレンジ　レッド

ラッキーフード　カレーライス　みょうが

ラッキースポット　劇場　海外旅行

基本性格　発想力豊かで不思議な才能をもつ変人

独特な世界観をもち他人とは違った生き方をする頑固者。自由とひとりが好きで他人を寄せつけない生き方をし、独自路線に突っ走る人。不思議な才能や特殊な知識をもち、言葉数は少ないですが、理論と理屈を語るでしょう。周囲から「変わってる」と言われることも多く、発想力が豊かで、理解されると非常におもしろい人だと思われますが、基本的に他人に興味がなく、尊敬できないと本音で話さないのでそのチャンスも少ないでしょう。

2024年はこんな年

変わり者ですが独特の感性をもっているタイプ。今年はあなたの発想力や個性、才能や魅力が認められる年です。とくにアイデアや芸術系の才能が注目されるため、自分の意見を素直に伝えてみるといいでしょう。プライドの高さとあまのじゃくなところが邪魔をして、わざとチャンスを逃してしまう場合がありますが、今年はしっかり自分を出すことが大切です。厳しい意見も、自分のためになると思って受け止めましょう。健康運は、睡眠時間を削らないように。

開運アクション

- 屁理屈と言い訳を言わない
- 恋も仕事も素直に楽しむ
- 学んだことを教える

銀の鳳凰座

命数

30 頑固な先生

もっている星

★心が60歳の星
★冷静で落ち着いている星
★他人を受け入れない星
★賢い人が好きな星
★目の病気の星

ラッキーカラー　オレンジ　藍色

ラッキーフード　すき焼き　アスパラ串

ラッキースポット　書店　劇場

基本性格　自分の好きな世界に閉じ込もる完璧主義者

理論と理屈が好きな完璧主義者。おとなしそうですが、秘めたパワーがあり、自分の好きなことだけに没頭するタイプ。何事にもゆっくりで冷静ですが、心が60歳なため、神社仏閣など古いものや趣深い芸術にハマることが多いでしょう。尊敬する人以外のアドバイスは簡単に聞き入れることがなく、交友関係も狭く、めったに心を開きません。「自分のことを誰も理解してくれない」と思うこともあるほどひとりの時間を大事にするでしょう。

2024年はこんな年

長年積み重ねてきたことや、続けていた研究・勉強に注目が集まる年。密かに集めていたデータ、独自の分析などが役に立つでしょう。身につけたスキルを教える立場になったり、先生や指導者としての能力に目覚めることも。プライドが高く自信家なのはいいですが、周囲に助けを求められないところや、協力してもらいたくてもなかなか頭を下げられない一面があります。今年は素直に助けてもらうようにしましょう。健康運は、栄養バランスの整った食事を意識しておくこと。

開運アクション

- 他人のいいところを見つけてほめる
- 資格取得に向けて勉強する
- やさしい表現や言葉を学ぶ

金の時計座 命数 31

誰にでも平等な高校1年生

もっている星
- ★誰とでも対等の星
- ★メンタルが弱い星
- ★友情から恋に発展する星
- ★肌荒れの星
- ★お金より人を追いかける星

ラッキーカラー　ピンク　イエロー
ラッキーフード　かに　ミックスナッツ
ラッキースポット　庭園　喫茶店

基本性格　仲間を大切にする少年のような人

心は庶民で、誰とでも対等に付き合う気さくな人です。情熱的で「自分も頑張るからみんなも一緒に頑張ろう！」と部活のテンションのような生き方をするタイプで、仲間意識や交友関係を大事にします。一見気が強そうですが、じつはメンタルが弱く、周囲の意見などに振り回されてしまうことも多いでしょう。サッパリとした性格ですが、少年のような感じになりすぎて、色気がまったくなくなることもあるでしょう。

2024年はこんな年

ライバルに先を越されたり、頑張りが裏目に出てしまいがちな年。意地を張るより、素直に負けを認めて相手に道を譲るくらいのほうがいいでしょう。あなたの誰とでも対等でいようとする姿勢が、生意気だと思われてしまうこともあるため、上下関係はしっかり意識するように。出会った人には年齢に関係なく敬語を使うつもりでいるとよさそうです。健康運は、胃腸の調子を崩したり、不眠を感じることがあるかも。ひとりで没頭できる運動をすると、スッキリするでしょう。

開運アクション

- 得意・不得意を見極める
- 旅行やライブを楽しむ
- 無駄な反発はしない

金の時計座 命数 32

刺激が好きな庶民

もっている星
- ★話の先が読める星
- ★裏表がある星
- ★夢追い人にお金を使う星
- ★好きな人の前で態度が変わる星
- ★胃炎の星

ラッキーカラー　ピンク　ダークブルー
ラッキーフード　焼き鳥　梨
ラッキースポット　避暑地　美術館

基本性格　寂しがり屋だけど、人の話を聞かない

おとなしそうで真面目な印象ですが、根は派手なことや刺激的なことが好きで、大雑把なタイプ。心が庶民なわりには一発逆転を目指して大損したり、大失敗したりすることがある人でしょう。人が好きですが団体行動は苦手で、ひとりか少人数での行動のほうが好きです。頭の回転は速いですが、そのぶん他人の話を最後まで聞かないところがあるでしょう。ヘコんだ姿を見せることは少なく、我慢強い面をもっていますが、じつは寂しがり屋な人です。

2024年はこんな年

物事を合理的に進められなくなったり、空回りが続いてイライラしそうな年。周囲とリズムが合わないからといって、イライラしないようにしましょう。また、今年だけの仲間もできますが、付き合いが浅い人からの誘いで刺激や欲望に流されないよう注意しておくように。今年はスポーツで汗を流してストレス発散することで、健康的でいい1年を過ごすことができそうです。ただし、色気をなくしたり、日焼けしすぎてシミをつくらないよう気をつけましょう。

開運アクション

- 周囲に協力する
- スポーツで定期的に汗を流す
- 本音を語れる友人をつくる

金の時計座 命数 33

サービス精神豊富な明るい人

もっている星
- ★友人が多い星
- ★適当な星
- ★食べすぎる星
- ★おもしろい人が好きな星
- ★デブの星

ラッキーカラー　パープル　ライトブルー
ラッキーフード　餃子　玉子豆腐
ラッキースポット　喫茶店　動物園

基本性格　おしゃべりで世話好きな楽観主義者

明るく陽気で、誰とでも話せて仲よくなれる人です。サービス精神が豊富で、ときにはお節介なほど自分と周囲を楽しませることが好きなタイプ。おしゃべりが好きで余計なことや愚痴や不満を言うこともありますが、多くはよかれと思って発していることが多いでしょう。ただし、空腹になると機嫌が悪くなり、それが顔に出てしまいます。楽観的ですが、周囲の意見に振り回されて心が疲れてしまうこともあるでしょう。

2024年はこんな年

感性が鋭くなる年。頭の回転が速くなったりいいアイデアが浮かぶなど、秘めていた才能が開花しそうです。一方で、人の考えや思いを感じすぎてイライラすることや、口が悪くなってしまうこともあるでしょう。イライラはスタミナ不足によるところが大きいので、しっかり運動をして体力をつけるように。愚痴や不満を言うだけの飲み会が増えてしまうことも体調を崩す原因になるため、前向きな話や楽しい話ができる人の輪に入るようにしましょう。

開運アクション
- 自分も相手もうれしくなる言葉を使う
- 軽い運動をする
- たくさん笑う

金の時計座 命数 34

最後はなんでも勘で決めるおしゃべりな人

もっている星
- ★直感で生きる星
- ★情で失敗する星
- ★デブが嫌いな星
- ★しゃべりすぎる星
- ★センスのいいものを買う星

ラッキーカラー　ホワイト　ターコイズブルー
ラッキーフード　お雑煮　とろろ
ラッキースポット　神社仏閣　レストラン

基本性格　情に厚く人脈も広いが、ハッキリ言いすぎる

頭の回転が速くおしゃべりですが、一言多いタイプ。交友関係が広く不思議な人脈をつなげることも上手な人です。何事も勘で決めようとするところがありますが、周囲の意見や情報に振り回されてしまうことも多く、それがストレスの原因にもなります。空腹や睡眠不足で短気を起こしたり、機嫌の悪さが表面に出たりしやすいでしょう。人情家で人の面倒を見すぎたり、よかれと思ってハッキリと言いすぎてケンカになったりすることも多いでしょう。

2024年はこんな年

気分のアップダウンが激しくなる年。誘惑や快楽に流されてしまわないよう注意が必要です。自分も周囲も楽しめるように動くと、いい方向に進みはじめたり、大きなチャンスをつかめるでしょう。サービス精神を出し切ることが大切です。健康運は、疲れが一気に出たり、体重が急に増えてしまうことがあるので、定期的に運動やダンスをするといいでしょう。うまくいかないことがあっても、ヤケ食いはしないように。

開運アクション
- 前向きな言葉を口にする
- 気分ではなく気持ちで仕事をする
- 暴飲暴食をしない

金の時計座

命数

35 社交的で多趣味な人

もっている星

★おしゃれな星
★トークが薄い星
★ガラクタが増える星
★テクニックのある人に弱い星
★お酒で失敗する星

ラッキーカラー ピンク ホワイト

ラッキーフード 蒸し牡蠣 すいか

ラッキースポット 温泉 映画館

基本性格 興味の範囲が広いぶん、ものがたまり心も揺れる

段取りと情報収集が得意で器用な人。フットワークが軽く人間関係を上手につくることができるタイプです。心が庶民なので差別や区別をしませんが、本音では損得で判断するところがあります。使わないものをいつまでも置いておくので、ものが集まりすぎてしまうところも。マメに断捨離をしたほうがいいでしょう。視野が広いのは長所ですが、そのぶん気になることが多くなりすぎて、心がブレてしまうことが多いでしょう。

2024年はこんな年

地道な努力と遠回りが必要になる年。非効率で無駄だと思っても、今年頑張れば精神的に成長する経験ができるでしょう。ただ、強引な人に利用されたり、うっかりだまされてしまうこともあるので警戒心はなくさないように。自分が得することばかりを考えず、損な役回りを引き受けることで、危険な場面を上手に避けられそうです。健康運は、お酒がトラブルや体調不良の原因になりやすいので、ほどほどにしておきましょう。

開運アクション

- 損な役割を買って出る
- 好きな音楽を聴く時間をつくる
- 節約生活を楽しむ

金の時計座

命数

36 誠実で真面目な人

もっている星

★お人よしの星
★好きな人の前で緊張する星
★安い買い物が好きな星
★手をつなぐのが好きな星
★寂しがり屋の星

ラッキーカラー ピンク ホワイト

ラッキーフード グラタン 目玉焼き

ラッキースポット スパ 図書館

基本性格 やさしくて真面目だけど、強い意見に流されやすい

とても真面目でやさしく誠実な人です。現実的に物事を考えて着実に人生を進めるタイプですが、何事も時間がかかってしまうところと、自分に自信がもてなくてビクビク生きてしまうところがあるでしょう。他人の強い意見に弱く、自分が決めても流されてしまうことも多いでしょう。さまざまなタイプの人を受け入れることができますが、そのぶんだまされやすかったり、利用されやすかったりもするので気をつけましょう。

2024年はこんな年

華やかにイメチェンしたり、キャラが大きく変わって人生が変化する年。言いたいことはハッキリ伝え、ときには「嫌われてもいい」くらいの気持ちで言葉にしてみましょう。あなたを利用してくる人や悪意のある人とは、バッサリ縁を切ることも大切です。ズルズルした交友関係を終わらせることができ、スッキリするでしょう。健康運は、体が冷えやすくなったり、肌が弱くなりそう。こまめな水分補給を心がけ、膀胱炎や尿路結石にも気をつけておきましょう。

開運アクション

- 言いたいことはハッキリ言う
- 別れは自分から切り出す
- 甘い言葉や誘惑に注意する

金の時計座 命数 37 面倒見がいい甘えん坊

もっている星
- ★責任感の強い星
- ★お節介な星
- ★ご馳走が好きな星
- ★恋に空回りする星
- ★麺類の星

ラッキーカラー　ホワイト　ネイビー
ラッキーフード　野菜タンメン　かつおのたたき
ラッキースポット　展望台　映画館

基本性格　正義感あふれるリーダーだが、根は甘えん坊

行動力とパワーがあり、差別や区別が嫌いで面倒見のいいタイプ。自然と人の役に立つポジションにいることが多く、人情家で正義感もあり、リーダー的存在になっている人もいるでしょう。自分が正しいと思ったことにまっすぐ突き進みますが、周囲の意見に振り回されやすく、心がブレてしまうことも。根の甘えん坊が見え隠れするケースもあるでしょう。おだてに極端に弱く、おっちょこちょいなところもあり、行動が雑で先走ってしまいがちです。

2024年はこんな年

積極的な行動が空回りし、落ち込みやすい年。面倒見のよさが裏目に出たり、リーダーシップをとって頑張っているつもりが、うまく伝わらないこともありそうです。ヤケを起こして無謀な行動に走るのではなく、スポーツでしっかり汗を流したり、座禅を組んで心を落ち着かせるといいでしょう。今年は、心と体を鍛える時期だと思っておくのがよさそうです。厳しい指摘をしてきた人を見返すくらいのパワーを出してみましょう。

開運アクション

- 行動する前に計画を立てる
- 瞑想する時間をつくる
- 年下の友人をつくる

金の時計座 命数 38 臆病な庶民

もっている星
- ★温和で平和主義の星
- ★精神が不安定な星
- ★清潔にこだわる星
- ★純愛の星
- ★肌に悩む星

ラッキーカラー　オレンジ　ライトブルー
ラッキーフード　チーズオムレツ　パイナップル
ラッキースポット　庭園　花火大会

基本性格　上品な見栄っ張りだが、人に振り回されやすい

常識やルールをしっかり守り、礼儀正しく上品ですが、庶民感覚をしっかりもっている人。純粋に世の中を見ていて、差別や区別が嫌いで幅広く人と仲よくできますが、不衛生な人と権力者とエラそうな人だけは避けるようにしています。気が弱く、周囲の意見に振り回されてしまうことや、目的を定めてもグラついてしまうことが多いでしょう。見栄っ張りなところや、恥ずかしがって自分を上手に出せないところもあるでしょう。

2024年はこんな年

精神的に落ち込みやすい年。気分が晴れないときは、話を聞いてくれる人に連絡し本音を語ってみるとよさそうです。愚痴や不満よりも、前向きな話やおもしろい話で笑う時間をつくってみましょう。人との縁が切れてもヘコみすぎず、これまでに感謝するように。健康運は、肌の調子を崩しやすいので、白湯や常温の水をふだんより多めに飲むといいでしょう。運動して汗を流すのもオススメです。

開運アクション

- たくさん笑う
- 落ち着く音楽を聴く
- 白湯を飲む習慣を身につける

金の時計座 命数 39

常識にとらわれない自由人

もっている星
- ★芸術家の星
- ★変態の星
- ★独自の価値観の星
- ★才能に惚れる星
- ★食事のバランスが悪い星

ラッキーカラー　ピンク　ホワイト
ラッキーフード　あじの開き　オリーブ
ラッキースポット　美術館　劇場

基本性格　束縛嫌いで理屈好きな変わり者

自分ではふつうに生きていると思っていても、周囲から「変わっているね」と言われることが多い人です。心は庶民ですが常識にとらわれない発想や言動が多く、理屈や屁理屈が好きなタイプ。自由を好み、他人に興味はあるけれど束縛や支配はされないように生きる人でもあります。心は中学1年生のような純粋なところがありますが、素直になれなくて損をしたり、熱しやすく飽きっぽかったりして、心がブレてしまうことも多いでしょう。

2024年はこんな年

興味をもつものが変わり、これまで学んでいなかったことを勉強するようになる年。少し難しいと思う本を読んでみたり、お金に関わる勉強をしてみるといいでしょう。マナー教室に行くのもオススメです。また、歴史のある場所や美術館、博物館などに足を運んでみると気持ちが落ち着くでしょう。今年は人との関わりも変化し、これまで縁がなかった年齢の離れた人や、専門的な話ができる人と仲よくなれそうです。健康運は、目の病気に注意しておきましょう。

開運アクション

- 学んでみたいことに素直になる
- 年上の友人をつくってみる
- 歴史のある場所に行く

金の時計座 命数 40

下町の先生

もっている星
- ★教育者の星
- ★言葉が冷たい星
- ★先生に惚れる星
- ★視力低下の星
- ★勉強にお金を使う星

ラッキーカラー　パープル　藍色
ラッキーフード　さばの味噌煮　チーズケーキ
ラッキースポット　書店　美術館

基本性格　好き嫌いがハッキリした上から目線タイプ

自分の学んだことを人に教えたり伝えたりすることが上手な先生のような人。理論や理屈が好きで知的好奇心があり、文学や歴史、芸術、美術に興味や才能をもっています。基本的には人間関係をつくることが上手ですが、知的好奇心のない人や学ぼうとしない人には興味がなく、好き嫌いが激しいところがあります。ただし、それを表には見せないでしょう。「エラそうな人は嫌い」というわりには、自分がやや上から目線の言葉を発してしまうところも。

2024年はこんな年

発想力が増し、興味をもつことも大きく変わる年。新しいことに目が向き、仲よくなる人も様変わりするでしょう。若い人や才能のある人、頑張っている人といい縁がつながりそうです。あなたもこれまで学んできたことを少しでも教えるようにすると、感謝されたり相手のよさをうまく引き出すことができるでしょう。今年は、ひとり旅やこれまでとは違った趣味をはじめても楽しめそうです。健康運は、頭痛に悩まされがちなので、ふだんから軽い運動をしておくのがオススメ。

開運アクション

- 若い知り合いや友達をつくる
- 「新しい」ことに注目してみる
- 失敗から学ぶ

銀の時計座

命数

31 心がブレる高校1年生

もっている星
★平等心の星
★負けを認められない星
★同級生が好きな星
★胃に注意が必要な星
★友人と同じものを欲しがる星

ラッキーカラー　イエロー　ブルー

ラッキーフード　豆腐ステーキ　しらす干し

ラッキースポット　公園　図書館

基本性格　仲間に囲まれていたいが、振り回されやすい

負けず嫌いの頑張り屋で、気さくでサッパリとした性格です。色気があまりなく、交友関係は広いでしょう。反発心や意地っ張りなところはありますが、本当は寂しがり屋でつねに人のなかにいて友人や仲間が欲しい人。頑張るパワーはありますが、周囲の人に振り回されてしまったり、自ら振り回されにいったりするような行動に走ってしまうことも。心は高校1年生くらいからほぼ変わらない感じで、学生時代の縁がいつまでも続くでしょう。

2024年はこんな年

期待していたほど結果が出ないことや評価されないことに、不満がたまってしまうかも。同期やライバルなど、自分と同じくらい努力してきた人に負けたり、差をつけられてしまう場合もありそうです。意地っ張りな一方でメンタルが弱く、一度落ち込むとなかなか立ち直れないタイプですが、気分転換にスポーツをして汗を流したり、じっくり読書する時間をつくると、気持ちが回復してくるでしょう。偉人の伝記を読んでみると、苦労しても「落ち込んでいる場合ではない」と思えそうです。

開運アクション

- 自分らしさにこだわらない
- 読書する時間をつくる
- 素直に謝る

銀の時計座

命数

32 雑用が嫌いなじつは野心家

もっている星
★野心家の星
★頑張りを見せない星
★ライブ好きの星
★ヤケ酒の星
★好きになると止まらない星

ラッキーカラー　ピンク　ダークブルー

ラッキーフード　ごぼうの甘辛炒め　よもぎ饅頭

ラッキースポット　スポーツジム　博物館

基本性格　一発逆転の情熱をもって破天荒に生きる

庶民的で人間関係をつくることが上手な人ですが、野心や向上心を強くもっています。どこかで一発逆転したい、このままでは終わらないという情熱をもっていて、刺激や変化を好むところがあるでしょう。人は好きですが団体行動が苦手で、結果を出している人に執着する面があり、ともに成長できないと感じた人とは距離をあけてしまうことも。意外な人生や破天荒な人生を自ら歩むようになったり、心が大きくブレたりすることもある人です。

2024年はこんな年

合理的で頭の回転が速いタイプですが、今年は詰めの甘さを突っ込まれたり、締めくくりの悪さが表に出てしまいそうです。「終わりよければすべてよし」を心に留めて、何事も最後まで気を抜かず、キッチリ終わらせるようにしましょう。最初の挨拶以上に、別れの挨拶を大切にすること。お礼をするときは「4回するのがふつう」と思って、その場だけでなく何度でも感謝を伝えるといいでしょう。健康運は、太りやすくなるので、軽い運動をしておきましょう。

開運アクション

- 締めくくりをしっかりする
- ヤケを起こさない
- 運動して汗を流す

銀の時計座

命数

33 明るい気分屋

もっている星
★ 愛嬌のある星
★ 愚痴の星
★ 遊びすぎる星
★ スケベな星
★ 気管が弱い星

ラッキーカラー　レッド　ライトブルー
ラッキーフード　イクラ　ちりめん山椒
ラッキースポット　レストラン　コンサート

基本性格　天真爛漫に人をよろこばせると幸せになれる

誰よりも人を楽しませることが好きなサービス精神豊富な人。空腹が苦手で気分が顔に出やすいところはありますが、楽しいことおもしろいことが大好きです。不思議な人脈をつくることができ、つねに天真爛漫ですが、心がブレやすいので目的を見失ってしまい、流されてしまうことも多いでしょう。人気者になり注目を浴びたい、人にかまってほしいと思うことが多いぶん、他人をよろこばせることに力を入れると幸せになれるでしょう。

2024年はこんな年

これまで甘えてきたことのシワ寄せがきて、厳しい1年になりそうです。どんな状況でも楽しんで、物事のプラス面を探すようにすると、進むべき道が見えてくるでしょう。口の悪さが原因で、せっかくの仲間が離れてしまうおそれもあるため、余計なことは言わず、よろこんでもらえる言動を意識するといいでしょう。短気を起こして、先のことを考えずに行動しないよう気をつけること。健康運は、スタミナがつく運動をすると、ダイエットにもなってよさそうです。

開運アクション

- 「自分さえよければいい」と思って行動しない
- 周りをよろこばせる
- スタミナのつく運動をする

銀の時計座

命数

34 一言多い人情家

もっている星
★ 表現力豊かな星
★ 短気な星
★ ストレス発散が下手な星
★ デブが嫌いな星
★ 疲れやすい星

ラッキーカラー　イエロー　ターコイズブルー
ラッキーフード　桜えび　豆腐の味噌汁
ラッキースポット　神社仏閣　劇場

基本性格　隠しもった向上心で驚くアイデアを出す

何事も直感で判断して突き進む人です。人情家で面倒見がいいのですが、情が原因で苦労や困難を招いてしまうことが多く、余計な一言や、しゃべりすぎてしまうところ、恩着せがましいところが表面に出やすい人でしょう。ストレス発散が苦手で些細なことでイライラしたり、機嫌が簡単に表情に出てしまったりすることも多いでしょう。向上心を隠しもち、周囲が驚くようなアイデアを生み出すことができる人です。

2024年はこんな年

直感力があるタイプですが、今年は勘が外れやすくなりそうです。疲れからイライラして、冷静な判断ができなくなることも。運動して基礎体力をしっかりつけ、上手にストレスを発散するようにしましょう。短気を起こして無責任な発言をすると、自分を苦しめる原因になってしまいそうです。余計な言葉を慎み、できるだけ相手の話を聞くようにしましょう。健康運は、体調に異変を感じたらそのままにせず、早めに病院で診てもらうように。

開運アクション

- 情に流されない
- 何事も長い目で見る
- 自分で自分の頑張りをほめる

銀の時計座

命数

35 人のために生きられる商売人

もっている星

- ★フットワークが軽い星
- ★ウソが上手な星
- ★買い物好きな星
- ★貧乏くさい人が嫌いな星
- ★膀胱炎の星

ラッキーカラー　ピンク　スカイブルー

ラッキーフード　ライ麦パン　豚しゃぶ

ラッキースポット　スパ　科学館

基本性格　多趣味で視野が広く、計算して振る舞える

フットワークが軽く情報収集が得意な人で、ひとつ好きなことを見つけると驚くような集中力を見せます。視野が広いため、ほかに気になることを見つけると突っ走ってしまうことが多いでしょう。何事も損得勘定でしっかり判断でき、計算をすることが上手で、自分の立場をわきまえた臨機応変な対応もできます。多趣味・多才なため人脈も自然に広がり、知り合いや友人も多いでしょう。予定の詰め込みすぎには注意が必要です。

2024年はこんな年

これまでならおもしろがってもらえていたような軽い発言が、今年は「信頼できない人」と思われる原因になってしまいそうです。適当なことを言わないよう注意しましょう。また、あなたのフットワークの軽さや多才なところが裏目に出たり、ソリが合わない人と一緒に過ごす時間が増えてしまうことも。地味で不得意な役割を任される場面もありそうですが、いまは地道に努力して学ぶ時期だと思っておきましょう。健康運は、お酒の飲みすぎに気をつけること。

開運アクション

- 自分の発言に責任をもつ
- 計算や計画の間違いに気をつける
- 損な役割を楽しんでみる

銀の時計座

命数

36 世話が好きな真面目な人

もっている星

- ★思いやりの星
- ★自信のない星
- ★ケチな星
- ★つくしすぎる星
- ★水分バランスが悪い星

ラッキーカラー　ホワイト　ラベンダー

ラッキーフード　里芋の煮物　わかめのサラダ

ラッキースポット　温泉　プラネタリウム

基本性格　理想と現実の間で心が揺れやすい

何事も真面目に地道にコツコツと努力ができ、自分のことよりも他人のために生きられるやさしい人です。ただし、自己主張が苦手で一歩引いてしまうところがあるので、チャンスを逃しやすく、人と仲よくなるのにも時間がかかるでしょう。現実的に物事を考える面と理想との間で心が揺れてしまい、つねに周囲の意見に揺さぶられてしまうタイプ。真面目がコンプレックスになり、無謀な行動に走ってしまうときもあるでしょう。

2024年はこんな年

真面目に取り組むのがバカらしく感じてしまうことがありそうですが、今年は真面目にじっくり努力することを、もっと楽しんでみるといいでしょう。あえて遠回りをするのもよさそうです。自分磨きも楽しむことを忘れなければ、思った以上に輝くことができるでしょう。ときには開き直って言いたいことを伝えてみると、周囲が動いてくれることもありそうです。健康運は、ストレスが肌の不調につながりやすいため、こまめに気分転換をしましょう。

開運アクション

- 気分転換をしっかりする
- 地味で真面目なところをコンプレックスに思わない
- 後輩や部下の面倒を見る

銀の時計座

命数

37 世話好きな正義の味方

もっている星
- ★社長の星
- ★人に巻きつきたがる星
- ★勢いで買い物する星
- ★ほめられたら好きになる星
- ★膝のケガの星

ラッキーカラー　ピンク　ホワイト
ラッキーフード　クリームパスタ　バンバンジー
ラッキースポット　動物園　タワー

基本性格　ほめられるとパワーが出る行動力のある人

自分が正しいと思ったら止まることを知らずに突き進む力が強い人です。とくに正義感があり、面倒見がよく、自然と周囲に人を集めることができるでしょう。ただし、せっかちで勇み足になることが多く、行動に雑なところがあるので、動く前に計画を立ててみることや慎重になることも重要です。おだてに極端に弱く、ほめられたらなんでもやってしまうことも多いでしょう。向上心があり、つねに次に挑戦したくなる、行動力のある人でしょう。

2024年はこんな年

パワフルで行動力のあるタイプですが、今年は行動することで苦労や困難を引き寄せてしまいそうです。もともと面倒見がいいので自然と人が集まってくるものの、トラブルにもつながりやすいため用心しておきましょう。じつは甘えん坊で人任せな面や、行動が雑なところを突っ込まれてしまうこともありそうです。素直に非を認めたほうが、味方を集められるでしょう。健康運は、骨折や足のケガ、ギックリ腰などに十分注意しておきましょう。

開運アクション

- 仕切るなら最後まで仕切る
- 情で好きにならない
- 「憧れの存在」を目指す

銀の時計座

命数

38 見栄っ張りな常識人

もっている星
- ★誠実な星
- ★失敗ができない星
- ★百貨店の星
- ★恋に執着する星
- ★美肌にこだわる星

ラッキーカラー　ピンク　ライトブルー
ラッキーフード　アサリの酒蒸し　ごま団子
ラッキースポット　庭園　コンサート

基本性格　庶民的で親しみやすいが、心の支えが必要

礼儀正しくていねいで、規則やルールなどをしっかり守り、上品に生きていますが、どこか庶民的な部分をもっている親しみやすい人。面倒見がよく、差別や区別なく交友関係を広げることができますが、下品な人や、権力者やエラそうな人だけは避けるでしょう。常識派でありながら非常識な人脈をもつ生き方をします。メンタルが弱く寂しがり屋で、些細なことでヘコみすぎてしまうこともあり、心の支えになるような友人や知人を必要とするでしょう。

2024年はこんな年

キッチリした性格が、かえって自分を苦しめてしまう年。几帳面で真面目なタイプですが、今年は失敗やケアレスミスが増えてしまいそうです。どんな人にもミスはあるものなので、気にしないようにしましょう。また、急に行動的になることもありそうです。ふだんしないようなことにチャレンジするのはいいですが、危険な目に遭う可能性もあるため、ほどほどにしておきましょう。健康運は、肌の調子が乱れやすいので、スキンケアをしっかりするように。

開運アクション

- 失敗を笑い話にする
- 話を聞いてくれる人を大切にする
- 偉くなっている人を観察する

銀の時計座

命数

39 目的が定まらない芸術家

もっている星

- ★アイデアが豊富な星
- ★飽きっぽい星
- ★幼稚な星
- ★才能に惚れる星
- ★匂いフェチの星

ラッキーカラー　パープル　レッド

ラッキーフード　からしレンコン　もつ鍋

ラッキースポット　劇場　喫茶店

基本性格　理屈っぽくて飽きっぽいスペシャリスト

自由な生き方と発想力がある生き方をする不思議な人。探求心と追求心があり集中力もあるのでひとつのことを深く突き詰めますが、飽きっぽく諦めが早いところがあり、突然まったく違うことをはじめたり、違う趣味を広げる人でしょう。変わった人脈をつくりますが、本音は他人に興味がなく、理屈と屁理屈が多く、何事も理由がないとやらないときが多いでしょう。その一方で、スペシャリストになったり、マニアックな生き方をしたりすることがあるでしょう。

2024年はこんな年

いまの環境に飽きを感じると同時に、変化や刺激を楽しめる年。人間関係も変わってきて、これまでに出会ったことのないような人や年の離れた人と仲よくなれるでしょう。意外性を前向きにとらえることができる一方で、思った方向とは違う流れになったり、プライドを傷つけられることもありそうです。健康運は、体調を崩しやすくなるので、栄養バランスの整った食事を心がけましょう。とくに、目の病気には気をつけること。

開運アクション

- 現状に飽きたら探求できるものを見つける
- 年の離れた人と話してみる
- 学びにお金を使う

銀の時計座

命数

40 心がブレやすい博士

もっている星

- ★探究心の星
- ★プライドが高い星
- ★知識にお金を使う星
- ★目の疲れの星
- ★知性のある人が好きな星

ラッキーカラー　ピンク　ホワイト

ラッキーフード　たこ焼き　アボカドサラダ

ラッキースポット　神社仏閣　城

基本性格　他人のために知恵を役立てると人生が好転する人

好きなことを深く突き詰めることができる理論と理屈が好きな人。冷静に物事を考えられ、伝統や文化が好きで、大人なタイプです。自分が学んできたことや知識を他人のために役立てることができると人生が好転するでしょう。人間関係をつくることが上手ですが、本当はめったに心を開かない人。心は庶民ですが、プライドが高く、自分の世界観やこだわりが強くなってしまい、他人の評論や評価ばかりをすることが多いでしょう。

2024年はこんな年

プライドが傷つくようなことがあったり、積み重ねてきたことを投げ出したくなりそうな年。興味のあることを追求し研究する才能がありますが、今年は頑張ってきたことを否定されたりバカにされて感情的になり、自ら人との縁を切ってしまうことがあるかも。世の中、すべての人に認められるのは不可能です。「いろいろな人がいる」と思って、聞き流すようにしましょう。健康運は、目の疲れと片頭痛が出やすくなりそう。食事のバランスを整え、軽い運動をするようにしましょう。

開運アクション

- いらないプライドは捨てる
- 冷たい言い方をしない
- 学べることを探す

金のカメレオン座

命数

41 古風な頑張り屋

もっている星

★友情を大切にする星
★突っ込まれると弱い星
★みんなと同じものを購入する星
★同級生を好きになる星
★タフな星

ラッキーカラー　イエロー　ブルー

ラッキーフード　ピーマンの肉詰め　アーモンド

ラッキースポット　スポーツジム　キャンプ場

基本性格　真似することで能力が開花する

大人っぽく冷静な感じに見えますが、サッパリとした性格で根性があります。ただし、突っ込まれると弱く、心配性なところを隠しもっています。女性は美人なのに色気がない人が多いでしょう。知的で、他人を真似することでその能力を開花させられるタイプですが、意地を張りすぎて真似を避けてしまうと、才能を発揮できない場合があります。友情や仲間をとても大事にするため、長い付き合いの友人がいるでしょう。

2024年はこんな年

新たな仲間ができ、よきライバルや見習うべき人も見つけられる年。周囲や同期と差がついてしまっていることに驚く場面もありますが、興味のあることにはドンドン挑戦しましょう。趣味でスポーツや新たな習い事をはじめてみると、長い付き合いになる友人もできそうです。同世代で頑張っている人を見ることがあなたのパワーにもなるため、プロスポーツ観戦や観劇、ライブ観賞などに足を運んでみるのもいいでしょう。健康運は、定期的な運動がオススメです。

開運アクション

- プロスポーツを観に行く
- 習い事をはじめる
- 興味のあることに挑戦する

金のカメレオン座

命数

42 要領がいい高校3年生

もっている星

★学習能力が高い星
★優柔不断な星
★高級なものを持つといい星
★健康マニアな星
★向上心ある人を好きになる星

ラッキーカラー　オレンジ　レッド

ラッキーフード　いわしのマリネ　ぶどう

ラッキースポット　避暑地　リゾート地

基本性格　頭の回転が速いが、じつは心配性

古風な考えをしっかりと理解でき、無駄が嫌いな合理的タイプ。派手に見えて古風か、知的に見えて根はやんちゃか、この2パターンに分かれるでしょう。どちらにせよ表面的に見せている部分と内面は大きく違います。自我が強く、自分に都合の悪い話はほぼ聞きません。他人の話の要点だけ聞くのがうまく、頭の回転はかなり速いのですが、じつは心配性。真似と要領のよさを活かすことで人生を渡り歩けますが、先走りすぎる癖には要注意。

2024年はこんな年

「金のカメレオン座」のなかで、もっとも一歩一歩進むことが苦手なタイプ。頭のよさを活かした合理的な生き方を好み、無駄を避けがちですが、今年はあえて雑用や面倒事に取り組んでみましょう。いい人脈ができたり、苦労を経験することでパワーを得られそうです。自分の才能を発見するためにも、不慣れなことや苦手なこと、避けていた世界に飛び込んでみて。音楽ライブやフェス、知人のパーティーなどに足を運ぶのもオススメです。健康運は、定期的な旅行が吉。

開運アクション

- ホームパーティーに行く
- 不慣れなことや苦手なことに挑戦する
- 相手のおもしろいところを探す

金のカメレオン座

命数

43 明るい大人

もっている星
★楽しませることがうまい星
★地道な努力が苦手な星
★グルメな星
★愛嬌のある人を好きになる星
★ダンスをすると痩せる星

ラッキーカラー　ピンク　ライトブルー
ラッキーフード　いか焼き　いちご
ラッキースポット　レストラン　コンサート

基本性格　知的でしっかり者なのに、バカなフリをする

明るく元気で陽気な性格でありながら、知的で古風な考えをしっかりもっているタイプ。愛嬌があり美意識も高いので、自然と人気を集め、交友関係も広くなります。ふだんはかなり冷静ですが、空腹になると機嫌が悪くなり、思考停止することがあるはず。サービス精神が豊富なところは長所ですが、そのぶん口が悪くなったり、余計な話をしてしまったりすることも。人間関係においてはバカなフリをしていることが多いでしょう。

2024年はこんな年

「金のカメレオン座」のなかでもっとも明るく、何事もポジティブに考えられるタイプ。変化が多いこの1年も楽しく過ごせ、人との交流も上手に広げられるでしょう。自分と周囲を笑顔にするために何をするといいのか、よく考えて行動すれば運を味方につけられそうです。積み重ねが必要な年でもあるため、地道な努力や、のちに役立ちそうな勉強は少しでもはじめておくように。好きな趣味を極める覚悟をすると、道が見えてくるでしょう。健康運は、食事のバランスが大事です。

開運アクション
- 仕事に役立つ勉強をする
- 異性の友人をつくる
- 自分と周囲を笑顔にする

金のカメレオン座

命数

44 勘がいい頭脳派

もっている星
★表現が豊かな星
★毒舌家な星
★勘で買い物をする星
★サプライズに弱い星
★スタミナ不足になる星

ラッキーカラー　ホワイト　イエロー
ラッキーフード　牡蠣フライ　バナナ
ラッキースポット　劇場　美術館

基本性格　おしゃべりで勘が鋭いけど、突っ込まれると弱い

頭の回転が速くおしゃべりで、つねに一言多いタイプ。真似がうまく、コツをつかむことが上手で、何事にも冷静に対応できますが、空腹や睡眠不足になると短気になる癖があるので注意が必要です。物事をいろいろな角度で考えますが、最後は勘でなんでも決めてしまうでしょう。おしゃべりなので攻めが強い感じに見られますが、突っ込まれると弱いところがあり、守りが手薄なところがあるでしょう。

2024年はこんな年

「金のカメレオン座」のなかで、もっとも直感で動くタイプ。今年は変化が多くなりますが、己の勘を信じて進むといいでしょう。自分が言葉を使うことに人一倍長けていると気づいていると思いますが、今年はもっと語彙を増やしたり、人がよろこぶ言葉や前向きになれる話を学ぶことが大切です。どんなときでも素敵な言葉を発せる人になれるよう成長していきましょう。話を上手に聞く訓練もしておくように。健康運は、スタミナをつけるための運動をはじめるとよさそう。

開運アクション
- 語彙を増やす
- 習い事をはじめる
- 基礎体力づくりをする

金のカメレオン座

命数

45 真似が上手な商売人

もっている星

★計画的に物事を進める星
★損得勘定で判断する星
★買い物が大好きな星
★過労になりやすい星
★おしゃれな人が好きな星

ラッキーカラー ライトブラウン スカイブルー

ラッキーフード チンジャオロース セロリの浅漬け

ラッキースポット ショッピングモール 海水浴

基本性格 好奇心が強く、損得勘定ができるしっかり者

知的で都会的なおしゃれを心がける、情報収集と段取りがしっかりできる人。古風な考えをしっかりもち、知的好奇心がありながら根はお調子者で、損得勘定で物事を判断するタイプ。じっくり情報を集めすぎて時間がかかってしまったり、突っ込まれるととても弱くなってしまったりする優柔不断な性格でもあります。真似が上手で、「これは得」と思ったらじっくりと観察して自分のものにする能力が高いでしょう。

2024年はこんな年

計画を立てて行動することがもっとも得意なタイプ。今年は情報収集を楽しみながら人脈づくりもできる運気なので、おもしろそうなことがあればドンドン足を運んでみるといいでしょう。「多趣味ですね」と言われるくらい今年から趣味の幅を広げることが、のちの運命をいい方向に導く秘訣です。多少気乗りしなくても、誘われたことには積極的に挑戦してみるといいでしょう。健康運は、忙しくてもメリハリのある生活をするように。

開運アクション

- 趣味を増やす
- つねにフットワークを軽くする
- 「忙しい」を楽しむ

金のカメレオン座

命数

46 真面目で現実的な人

もっている星

★几帳面な星
★心配性の星
★価値にこだわる星
★結婚をすぐに考える星
★瞬発力のない星

ラッキーカラー ホワイト スカイブルー

ラッキーフード いわしの蒲焼き 納豆

ラッキースポット 水族館 劇場

基本性格 慎重派だけど、ときどき無謀な行動に走る

落ち着いてじっくりと物事を進める静かで真面目な人。几帳面で地道にコツコツ積み重ね、石橋を叩いて渡るような性格です。親切でやさしく、他人に上手に合わせることができ、守りの要となる人でもありますが、自信や勇気がなく、なかなか行動できずに待ちすぎてしまうことも。計画を立てて行動することが好きですが、冒険やチャレンジ精神は低めです。真面目がコンプレックスになり、ときどき無謀な行動に走ることもあるでしょう。

2024年はこんな年

着実に努力や挑戦の積み重ねができる年。地道な努力が続くリズムをうまくつくれ、心地よく過ごせそうです。人との交流も大事な時期なので、内気になったり遠慮したりせず、自ら食事や飲みに誘ってみましょう。「あえて少し恥ずかしい思いをする」くらいの度胸を身につけておくと、のちのち役立つでしょう。言いたいことをのみ込みすぎず、ときにはストレートに発言してみて。健康運は、代謝を上げる運動がオススメです。

開運アクション

- 発言や失敗を恥ずかしがらない
- 聴く音楽のジャンルを増やす
- 役立ちそうな資格の取得を目指す

金のカメレオン座 命数 47
正義感のあるリーダー

もっている星
- ★上下関係を大切にする星
- ★人と衝突しやすい星
- ★乗せられて買ってしまう星
- ★ほめられると好きになる星
- ★腰痛の星

ラッキーカラー	ラッキーフード	ラッキースポット
ライトブラウン グリーン	にしんそば きのこのマリネ	動物園 博物館

基本性格 おだてに弱く、上下関係を大事にするリーダー

正義感があり、パワフルなリーダータイプ。自分が正しいと思ったことにはまっすぐ突き進みますが、ややおっちょこちょいなところがあるため、先走ってしまうことが多いでしょう。知性があり、情報をしっかり集められる冷静さがありますが、おだてにとても弱い人です。古風な考え方をもち、上下関係をとても大事にするため、ほかの人にも自分と同じような振る舞いを求めるところがあります。また、後輩には厳しいことも多いでしょう。

2024年はこんな年

実行力があり、面倒見がいいタイプ。今年は関わる人が増え、行動範囲も広がるでしょう。後輩や部下ができ、頼れる先輩や上司にも恵まれるいい年になりそうです。一方で、あなたのパワフルな行動のなかで、雑な部分を突っ込まれることも。素直に受け止めて成長することで、人としての厚みが出てくるでしょう。上下関係は大切ですが、年下や後輩に厳しくしすぎず、「恩送り」の対象だと思うように。健康運は、膝や足首を動かして柔らかくしておくとよさそう。

開運アクション
- 年下には「恩送り」をする
- 何事も簡単に諦めない
- 「正しい」を押しつけない

金のカメレオン座 命数 48
清潔感のある大人

もっている星
- ★常識をしっかり守る星
- ★臆病になりすぎる星
- ★割り勘が好きな星
- ★安心できる人が好きな星
- ★緊張しやすい星

ラッキーカラー	ラッキーフード	ラッキースポット
オレンジ ライトブルー	鯛めし ナッツ	花火大会 ホテル

基本性格 学習能力と吸収力はあるが、臆病なのがアダ

上品で知的な雰囲気をもった大人です。繊細で臆病なところはありますが、常識をちゃんと守り、礼儀やマナーもしっかりしている人です。学習能力が高く、不慣れなことや苦手なことはほかから学んで吸収する能力に長けています。ただし、臆病すぎるところがあり、慎重になりすぎてチャンスを逃すことや、順番を待ちすぎてしまうこともあるでしょう。手堅く守りが強そうですが、優柔不断で突っ込まれると途端に弱くなってしまいます。

2024年はこんな年

慎重に物事を進められる1年。変化が多くなりますが、礼儀や品を忘れなければ人との関係をしっかりつくることができるでしょう。今年は初対面の人と会う機会が多いほど運気の流れに乗れ、よい方向に進めると信じ、出会いの場に積極的に出向くとよさそうです。多少臆病だったり、失敗を恥ずかしがって行動を避けるところがありますが、小さなことは気にせず、経験を増やすよう心がけましょう。健康運は、定期的に温泉に行くのがオススメです。

開運アクション
- 初対面の人を増やす
- 失敗談を笑いのネタにする
- 挨拶とお礼はキッチリする

金のカメレオン座

命数

49 屈理屈が好きな大人子ども

もっている星

★変化や新しいことが好きな星
★芸術や美術にお金を使う星
★屁理屈が多い星
★個性的な人を好きになる星
★目の病気の星

ラッキーカラー　ホワイト　ブルー

ラッキーフード　ブロッコリーサラダ　ほうれん草カレー

ラッキースポット　映画館　書店

基本性格　マニアックなことを知るあまのじゃくな自由人

知的で冷静で理屈が好きですが、どこか子どもっぽく、自由人のスタイルを通すタイプ。周囲が知らないことに詳しく、マニアックなことも知っていて、芸術や美術、都市伝説などにも詳しいでしょう。指先が器用で学習能力が高く真似が得意ですが、あまのじゃくな性格が邪魔をして、素直に教えてもらわないことが苦労の原因になりそう。言い訳が多く、何事も理由がないとやらないところと、なんでも評論する癖があるところはほどほどに。

2024年はこんな年

変化をもっとも楽しめるタイプなので、体験や経験を増やせる年になるでしょう。おもしろい人にもたくさん会えそうです。ただ、飽きるのが早すぎる面があるため、少しマメになって人とのつながりを大切に。海外や見知らぬ土地など、ちょっとでも興味がわいた場所にもドンドン足を運んでみるといいでしょう。思い切った引っ越しや転職など、周囲を驚かせるような行動に走ってもいいですが、計画はしっかり立てておくように。健康運は、こまめに目を休ませるよう意識して。

開運アクション

- 新しい出会いを楽しむ
- 自分でも意外に思うような習い事をする
- 頑張っている人を認める

金のカメレオン座

命数

50 生まれたときから心は60歳

もっている星

★古風と伝統が好きな星
★冷たい言い方をする星
★古くて価値のあるものを買う星
★頭のいい人を好きになる星
★目の病気の星

ラッキーカラー　ライトブラウン　藍色

ラッキーフード　焼きブロッコリー　ブルーベリー

ラッキースポット　書店　劇場

基本性格　学習能力は高いが、上から目線でプライド高め

冷静で落ち着きがあり、年齢以上の貫禄と情報量があるタイプ。何事も論理的に考えられ、知的好奇心が旺盛で勉強熱心。学習能力がとても高く、手先が器用で、教えてもらったことを自分のものにするのが得意。ただし、プライドが邪魔をする場合があるので、つまらないプライドを捨てて、すべての他人を尊重・尊敬すると能力を開花させられるでしょう。上から目線の言葉や冷たい表現が多くなるので、言葉を選ぶようにしてください。

2024年はこんな年

大人の魅力を出せるようになる年。興味のあることを見つけられ、探究心にも火がつきそうです。気になったことはドンドン調べ、情報をたくさん集めてみるといいでしょう。尊敬できる人やこれまでにないタイプの人にも出会えるので、フットワークを軽くして、新たな交流をもっと楽しんでみましょう。知ったかぶりをしたり、エラそうな口調にならないよう、言葉遣いには十分注意しておくこと。健康運は、肩を動かす運動をこまめにするといいでしょう。

開運アクション

- 大人の魅力を磨く
- 他人を尊敬し尊重する
- 頑張っている人を認める

銀のカメレオン座

命数

41 一言多い高校生

もっている星
- ★頑張り屋の星
- ★本音を話さない星
- ★お金の貸し借りがダメな星
- ★友達のような交際が好きな星
- ★運動がストレス発散になる星

ラッキーカラー オレンジ イエロー
ラッキーフード ポークソテー 大根の味噌汁
ラッキースポット 映画館 書店

基本性格 デキる人の近くにいるとグングン成長する

周囲に合わせることが得意な頑張り屋。「でも、だって」と一言多く意地っ張りなところはありますが、真似が得意で、コツをつかむとなんでもできるようになります。ただし、意地を張りすぎて自分の生き方ややり方にこだわりすぎると、能力を発揮できない場合があるでしょう。周囲に同化しやすいのでレベルの高いところに飛び込むと成長しますが、逆に低いところにいるといつまでも成長できないので、友人関係が人生を大きく分ける人でもあります。

2024年はこんな年

上半期は、素直に負けを認めることが大切。無駄なケンカや揉め事は、大事な縁が切れる原因になってしまいます。意地を張りすぎたり不要な反発心を見せず、生意気な発言もしないよう気をつけておきましょう。下半期は、軽い負荷をかけて自分を鍛える時期です。新しい「筋トレ」だと思って面倒事や地味なことも前向きにとらえ、未来の自分がよろこぶような努力を積み重ねていきましょう。

開運アクション

- 憧れの人を探す
- 出会いが増えそうな習い事をはじめる
- 悔しさを前向きなパワーに変える

銀のカメレオン座

命数

42 向上心と度胸がある人

もっている星
- ★要点をつかむのがうまい星
- ★都合の悪いことを聞かない星
- ★一攫千金をねらう星
- ★好きな人には積極的になる星
- ★健康情報が好きな星

ラッキーカラー ブラック ダークブルー
ラッキーフード ジンギスカン 豚汁
ラッキースポット スポーツジム リゾート地

基本性格 効率よく結果を出したい合理主義者

合理主義で無駄なことや団体行動が嫌いな人です。几帳面でていねいな感じに見える人と、派手な感じに見える人が混在する極端なタイプですが、地道な努力や下積みなど、基本を身につける苦労を避けて結果だけを求めるところがあります。真似が上手でなんでも簡単にコツをつかみますが、しっかり観察をしないでいるとその能力は活かせないままです。向上心があり、成長する気持ちが強い人と付き合うといいでしょう。

2024年はこんな年

切り替えが早く、沈む船とわかればすぐに違う船に乗り替える判断力と行動力をもっているタイプ。現状を不満に感じたり、会社や生活リズムに何か悪いところがあると思うなら、行動して変えてみるといいでしょう。ただし、後先を考えずに判断をする一面もあるので、動き出す前に一度「ゴールはどこなのか」を考えるようにすること。今後付き合う必要はないと思う人とは距離をおいたり、縁を切る決断をするのも大切です。健康運は、生活習慣を整えましょう。

開運アクション

- 行動する前にゴールを設定する
- スポーツ観戦に行く
- 別れに執着しない

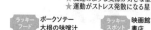

銀のカメレオン座

命数

43 陽気で優柔不断な人

もっている星

★明るく華やかな星
★不機嫌が顔に出る星
★気分でお金を使う星
★異性に甘え上手な星
★顔が丸くなる星

ラッキーカラー　オレンジ　ライトブルー

ラッキーフード　豚肉とキャベツの甘辛炒め　えだまめ

ラッキースポット　レストラン　食フェス

基本性格　ちゃっかりしているけど、なんとなく憎めない人

愛嬌があり明るく甘え上手ですが、根はしっかり者でちゃっかり者。なんとなく憎めない人です。自然と好かれる能力をもちながら、お礼や挨拶などを几帳面にする部分もしっかりもっています。なにより運に恵まれているので、困った状況になっても必ず誰かに手助けしてもらえますが、ワガママが出すぎて余計なことをしゃべりすぎたり、愚痴や不満が出すぎたりして信用を失うことも。空腹になるととくに態度が悪くなるので気をつけましょう。

2024年はこんな年

「裏運気の年」が終わり、いつもの明るく元気な自分にゆっくりと戻ってくる年。ただ上半期のうちは、イライラしたり短気を起こしたりと、感情的な部分が出てしまう場面も。下半期は、「なんとかなる」と楽観的に物事を考えられるようになり、周囲を許すことや認めることができて、楽しく過ごせるでしょう。健康運は、食欲が増して急に太ってしまうことがあるので、食べすぎに注意すること。ダンスを習ったりカラオケに行くと、ストレス発散にもなっていいでしょう。

開運アクション

- 笑顔を忘れない
- ダンスや音楽系の習い事をはじめる
- 買い物は計画的にする

銀のカメレオン座

命数

44 余計な一言が目立つ勘のいい人

もっている星

★勘が鋭い星
★恩着せがましい星
★老舗ブランドの星
★手術する星
★運命を感じる恋が好きな星

ラッキーカラー　イエロー　シルバー

ラッキーフード　ヒレステーキ　焼き芋

ラッキースポット　市場　映画館

基本性格　深い付き合いを求めるのに親友が少ない

頭の回転が速く勘がいいため、要領よく生きることが上手なタイプ。頭がよく感性も豊かですが、おしゃべりをしすぎて余計な一言が多くなってしまったり、空腹になると短気を起こしてしまったりするので注意しましょう。情が深く、ときには依存するくらい人と深い付き合いをする場合もありますが、なかなか親友と呼べる人が見つからないことも。人生で困ったときは生き方に長けている人を真似してみると、自然といい流れになるでしょう。

2024年はこんな年

「口は災いのもと」だと心に留めておきましょう。とくに上半期は、感情的になることや、余計な発言が原因で人間関係が崩れてしまうことがあるかも。大事な人との縁が切れる場合もありそうです。下品な言葉は使わないようにして、たとえ本当のことであっても、なんでも口にしていいわけではないと覚えておきましょう。下半期になると直感が冴えて、気になることややりたいことを見つけられそうです。しっかり情報を集めてから、動き出すようにするといいでしょう。

開運アクション

- 余計な発言をしない
- 基礎体力づくりをする
- 美術館に行く

銀のカメレオン座

命数

45 器用な情報屋

もっている星

★多趣味・多才な星
★心配性の星
★ものがたまる星
★損得で相手を見る星
★婦人科系の病気の星

ラッキーカラー　オレンジ　スカイブルー

ラッキーフード　まぐろの刺身　豚ヒレとパプリカの炒め物

ラッキースポット　水族館　アウトレット

基本性格　無駄を省く判断と対応が早く、損得勘定ができる人

情報収集が好きで段取りや計算が得意。努力家ですが、無駄なことは避けて何事も損得勘定で判断するタイプです。いい流れに乗っていても、途中で得がないと判断すると、すぐに流れを変えられるほど臨機応変に行動できる人です。他人の真似が上手なため、他人と同じ失敗をしないので要領よく生きられる人ですが、ずる賢いと思われてしまうことも。お調子者で、お酒の席で余計なことをしゃべって大失敗をしやすいので注意が必要です。

2024年はこんな年

上半期は物事が計画通りに進みにくい時期ですが、あえて損な役割を引き受けてみると、学べることが増え、味方も集まってきそうです。「損して得とれ」を体感できるタイミングだと思ってみましょう。下半期になると流れが変わり、出会いや人と関わる機会が増えてきそうです。この時期に新たに出会った人には、できるだけ注目しておくといいでしょう。流行りのファッションや髪型を試すと、あなたらしく輝けるようにもなりそうです。話題のお店に行ってみるのもオススメ。

開運アクション

- 「損して得とれ」を忘れない
- 人気のお店に行く
- 流行に合わないものは処分する

銀のカメレオン座

命数

46 地道な大器晩成型

もっている星

★親切な星
★相手に合わせる星
★不動産の星
★片思いが長い星
★冷え性の星

ラッキーカラー　ラベンダー　スカイブルー

ラッキーフード　豆乳鍋　大根サラダ

ラッキースポット　渓谷　水族館

基本性格　ゆっくり実力がついていく、自信のない現実派

真面目で根気強く、コツコツと努力できる人。何事にも時間がかかってしまい瞬発力に欠けますが、慎重に進めながらも現実的に考えられます。謙虚ですが、自分に自信がもてなくて一歩引いてしまったり、遠慮しやすく多くのことを受け身で待ってしまったりも。真似がうまく、コツを教えてもらうことで、ゆっくりとですが自分のものにできます。手先が器用なので、若いころに基本的なことを学んでおくと人生の中盤以降に評価されるでしょう。

2024年はこんな年

別れ下手なあなたですが、今年は嫌いな人や悪意がある人、自分を利用してくる人とは縁を切り、新たな人脈を広げる準備をしましょう。自分の気持ちに素直になって生きる勇気を出すことが大事です。あなたのやさしさに気づかない鈍感な人と一緒にいる必要はありません。また、ケチケチしていると、かえって不要なものが増えてしまうので、思い出があるものでも思い切って処分すること。気持ちがスッキリし、前に進めるようになるでしょう。

開運アクション

- ケチケチせず不要なものは捨てる
- 人との別れを覚悟する
- 自分が本当に好きなことを探す

銀のカメレオン座

命数

47 せっかちなリーダー

もっている星

★正義感が強い星
★甘えん坊で人任せな星
★お金遣いが荒い星
★押しに極端に弱い星
★下半身が太りやすい星

ラッキーカラー　オレンジ　ネイビー
ラッキーフード　おろしそば　鮭と野菜のクリームシチュー
ラッキースポット　水族館　スポーツ施設

基本性格　いい仲間に囲まれる行動力のある甘えん坊

仕切りたがりの超甘えん坊で、人任せにするのが得意な人。正義感があり、上下関係はしっかりしていますが、地道な努力は苦手で、何事もパワーと勢いで突き進みます。「細かいことはあとで」と行動が先になるので、周囲の人が巻き込まれて大変なこともありますが、真面目で几帳面なところがあるので自然とリーダー的な立場になって、仲間のなかでは欠かせない存在でしょう。突っ込まれると弱いのですが、いい仲間をつくれる人です。

2024年はこんな年

上半期は、行動を制限されたり身動きがとれなくなってしまいそうですが、下半期からは徐々に動き出せるようになるでしょう。ただ、正義感を出しすぎると、揉め事の原因になってしまうため、言葉やタイミングを選んで発言するようにしましょう。正しいからといってなんでも言っていいわけではありません。行動力が高まりそうですが、動く前にしっかり情報を集めておくことが大切です。思い違いや勘違いで、無駄な苦労をするハメにならないよう気をつけましょう。

開運アクション

- 仕切るなら最後まで仕切る
- 行動する前に情報を集める
- 勢いで買ったものは処分する

銀のカメレオン座

命数

48 古風で上品

もっている星

★ルールを守る星
★神経質になる星
★見栄で出費する星
★チェックが厳しい星
★きれい好きな星

ラッキーカラー　オレンジ　ブルー
ラッキーフード　イクラ　レバーパテ
ラッキースポット　コンサート　お祭り

基本性格　あと一歩が踏み出せない、ていねいな努力家

礼儀正しく誠実で努力家なタイプ。自分の弱点や欠点をしっかり分析でき、足りないことは長けている人から学んで自分のものにすることができます。一方で臆病なところがあり、目標まであと少しのところで逃げてしまったり、幸せを受け止められずに避けてしまったりするところも。何事もていねいなことはよいのですが、失敗を恐れすぎて、チャレンジを避けすぎてしまうところがあるので、思い切った行動や勇気が必要でしょう。

2024年はこんな年

現状の不満や不安をそのままにせず、少しでも解決する勇気を出すことが大切な年。間違っていると思うことがあるなら、ハッキリ伝えましょう。たとえそれで問題になったとしても、気持ちの整理がつくでしょう。とくに上半期は、自分本位な人と縁を切ったり、距離をおく判断が必要になります。下半期は、次にやるべきことや興味がわくことを見つけられそうです。勇気を出して、好奇心に素直に従ってみましょう。人に会うことを楽しんでみると、縁がつながってきそうです。

開運アクション

- 下品な人と縁を切る
- 信頼できる年上の友達をつくる
- 不要なブランド品を売る

銀のカメレオン座

命数

49 器用な変わり者

もっている星

★ 独特な美的センスがある星
★ 突然投げ出す星
★ 不要な出費が多い星
★ 不思議な人に惹かれる星
★ 食事が偏る星

ラッキーカラー　オレンジ　ホワイト

ラッキーフード　ガーリックシュリンプ　いちご

ラッキースポット　映画館　美術館

基本性格　屁理屈が多く飽きるのが早い変人

常識をしっかり守りながらも「人と同じことはしたくない」と変わった生き方をする人。芸術や美術の才能があり、周囲が興味のもてないようなことに詳しいでしょう。屁理屈と言い訳が多く、好きなこと以外は地道な努力をまったくしない面も。人間関係も、深く付き合っていると思ったら突然違う趣味の人と仲よくなったりするため、不思議な人脈をもっています。何事もコツを学んでつかむのがうまいぶん、飽きるのも早いでしょう。

2024年はこんな年

人との縁が切れやすい年ですが、執着心が弱いタイプなので、かえって気持ちが楽になりそうです。ただし、何もかも手放しすぎてしまわないこと。本当に必要な縁や、せっかく手に入れたものまで失わないよう気をつけましょう。上半期は、面倒な人間関係に短気を起こしてしまいそうですが、余計な発言はしないように。下半期は、視野が広がって興味をもてることがドンドン見つかりそうです。見るだけで満足せず実際に体験や経験をしてみると、楽しく過ごせるでしょう。

開運アクション

- 手放しすぎない
- 視野を広げる
- 好奇心を忘れない

銀のカメレオン座

命数

50 理論と理屈が好きな老人

もっている星

★ 理論と理屈の星
★ 閉鎖的な星
★ 伝統に価値を感じる星
★ 年上が好きな星
★ 目に疲れがたまる星

ラッキーカラー　ピンク　藍色

ラッキーフード　うなぎの蒲焼き　ヨーグルト

ラッキースポット　書店　古都

基本性格　知的で冷静だけど、やや上から目線

分析能力に長けた、冷静で理屈が好きな人。年齢の割には年上に見えたり、落ち着いた雰囲気をもちながらも、年上に上手に甘えたりすることができます。他人とは表面的には仲よくできますが、知的好奇心がない人や探求心がない人には興味がもてず、めったに心を開きません。神社や仏閣に行くことが好きで、ときどき足を運んでお祈りし、伝統や文化を大事にすることも。上から目線の言葉が強いので、言葉選びは慎重にしましょう。

2024年はこんな年

完璧主義で妥協ができないタイプですが、今年はいらないプライドを捨てるいい機会です。他人を認めることで、進む道や視野が変わってくるでしょう。意地になることや傷つくような出来事があっても、「まあいいや」と流したり手放すようにすると、気持ちが楽になるでしょう。「なんで意地を張り続けていたのか」と不思議に思えてくるはずです。尊敬する人と離れたり縁が切れることもありそうですが、新たな目標ができて、突き詰めたいことが変わるでしょう。

開運アクション

- 頑張っている人を認める
- 不要なプライドは捨てる
- 自分から挨拶する

金のイルカ座 命数 51

頑張り屋で心は高校1年生

もっている星
- ★部活のテンションで生きる星
- ★負けず嫌いの頑張り屋な星
- ★周りにつられて浪費する星
- ★身近な人を好きになる星
- ★運動しないとイライラする星

ラッキーカラー ダークブルー オレンジ
ラッキーフード お好み焼き ごぼうサラダ
ラッキースポット 公園 スタジアム

基本性格 少年の心をもった色気のない人

負けず嫌いの頑張り屋さん。ライバルがいることで力を発揮できる人ですが、心は高校1年生のスポーツ部員。つい意地を張りすぎてしまったり、「でも、だって」が多く、やや反発心のあるタイプ。女性は色気がなくなりやすく、男性はいつまでも少年の心のままでいることが多いでしょう。自分が悪くなくても「すみません」と言えるようにすることと、目標をしっかり定めることがもっとも大事。

2024年はこんな年

ハッキリとしたゴールを決めることでパワーや能力を発揮できるタイプなので、目標となる人を探してみるといいでしょう。何年後に追いつき、いつごろに追い越せそうか、具体的に考えることが大切です。とくに思い浮かばないなら、同期や同級生、同世代の有名人や成功者をライバルだと思って、少しでも追いつけるよう努力してみて。健康運は、スポーツをはじめるのに最高のタイミングです。ただ、頑張りすぎると年末に調子を崩してしまうため、疲れはため込まないように。

開運アクション
- 目標とする人を決める
- 運動をはじめる
- 異性の友人をつくる

金のイルカ座 命数 52

頑張りを見せないやんちゃな高校生

もっている星
- ★頭の回転が速い星
- ★団体行動が苦手な星
- ★ライブ好きな星
- ★刺激的な恋にハマる星
- ★健康情報が好きな星

ラッキーカラー ブラック オレンジ
ラッキーフード さばの塩焼き きんぴらごぼう
ラッキースポット スポーツジム 劇場

基本性格 団体行動が苦手な目立ちたがり

頭の回転が速く、合理的に物事を進めることに長けている人。負けず嫌いの頑張り屋さんで、目立つことが好きですが団体行動は苦手。ところが、ふだんはそんなそぶりを見せないように生きることが上手です。人の話を最後まで聞かなくても、要点をうまく汲み取って瞬時に判断できるタイプ。ときに大胆な行動に出ることや、刺激的な事柄に飛び込むこともあるでしょう。ライブや旅行に行くとストレスの発散ができます。

2024年はこんな年

頑張る姿や一生懸命さを表には出さないあなた。わざわざアピールする必要はありませんが、夢や希望は周囲に話してみるといいでしょう。黙っていては周りからの協力やいい情報は得られないので、自分がどこを目指しているのかなどを話す機会をつくるとよさそうです。雑用を避けるところもありますが、あえて面倒なことを引き受けるくらいの気持ちでいるほうが成長につながるでしょう。健康運は、ヤケ食いをして胃腸の調子を崩しやすいので注意すること。

開運アクション
- 自分の目標や夢を語ってみる
- 体験教室に行く
- 向上心のある友人をつくる

金のイルカ座

命数

53 陽気な高校1年生

もっている星

- ★笑顔の星
- ★ワガママな星
- ★勢いで恋をする星
- ★簡単に太る星
- ★食べ物に浪費する星

ラッキーカラー　ピンク　ライトブルー

ラッキーフード　ねぎ焼き　ポテトサラダ

ラッキースポット　レストラン　動物園

基本性格　不思議と助けられる運のいい人

「楽しいこと」「おもしろいこと」が大好きな楽観主義者。つねに「なんとかなる」と明るく前向きにとらえることができますが、空腹になると機嫌が悪くなります。サービス精神が豊富で自然と人気者になる場合が多く、友人も多いでしょう。油断をするとすぐに太ってしまい、愚痴や不満が出て、ワガママが表に出すぎることがあるので気をつけましょう。基本的に運がよく、不思議と助けられることも多く、つねに味方がいる人でしょう。

2024年はこんな年

人生を楽しもうとするあまり、目の前の快楽に流されないよう注意しましょう。計画や目標を立てるより、「いまが楽しければいい」と思ってしまうタイプなので、努力や地道な積み重ねがおろそかになってしまいがちです。人生を楽しみたいなら、「自分も周囲も楽しませて笑顔にする」を目標にしてみるといいでしょう。もっと夢を大きくして、「自分と関わる人すべてを楽しませる」くらいまで目指すといいかも。健康運は、年末に鼻炎になったり気管が弱くなりやすいので気をつけて。

開運アクション

- 自分も周囲も楽しませる
- 異性をしっかり観察する
- 定額預金をする

金のイルカ座

命数

54 頭の回転が速い頑張り屋

もっている星

- ★おしゃべりな星
- ★勘がいい星
- ★短気な星
- ★一目惚れする星
- ★スタミナがない星

ラッキーカラー　イエロー　ターコイズブルー

ラッキーフード　焼き肉　ゆで卵

ラッキースポット　神社仏閣　劇場

基本性格　感性豊かでおしゃべり。一言多くて失敗も

直感が冴えていて頭の回転が速く、アイデアを生み出す能力も高く、表現力があって感性豊かな人。おしゃべりで、目立ってしまうことも多いのですが、一言多い発言をしてしまい、反省することも多いでしょう。負けず嫌いの意地っ張り。競争することでパワーを出せる面がありますが、短気で攻撃的になりやすく、ワガママな言動をしてしまうことも。根は人情家で非常にやさしい人ですが、恩着せがましいところがあるでしょう。

2024年はこんな年

頭の回転は速くても計画を立てるのは苦手なタイプ。自分の直感を信じて行動するのはいいですが、まずは2年後、5年後に自分がどうなっていたいかを考えてみましょう。現実的で具体的な目標を立てることが大切です。6月に突然夢ができて突っ走りたくなることがありますが、2か月間情報を集めてから本当に行動していいかを見極め、8月に動き出すといいでしょう。健康運は、スタミナが足りていないので、今年から定期的にランニングや水泳などの運動をするのがオススメ。

開運アクション

- ポジティブな発言をし周囲に感謝を伝える
- 勉強して語彙を増やす
- 直感で動く前に計画を立てる

金のイルカ座 命数 55

社交性がある頑張り屋

もっている星
- ★情報収集が得意な星
- ★トークが軽い星
- ★買い物が好きな星
- ★貧乏くさい人が嫌いな星
- ★お酒に飲まれる星

ラッキーカラー ダークブルー ブラウン
ラッキーフード 豚のしょうが焼き しじみの味噌汁
ラッキースポット 温泉 水族館

基本性格 興味の範囲が広くて目立ちたがり屋

段取りと情報収集が好きで、フットワークが軽く、交友関係も広くて華のある人。多趣味で多才、器用に物事を進められ、注目されることが好きなので自然と目立つポジションをねらうでしょう。何事も損得勘定で判断し、突然交友関係や環境が変わることも。興味の範囲が幅広いぶん、部屋に無駄なものが増え、着ない服や履かない靴などがたまってしまいがちです。表面的なトークが多いので、周囲から軽い人だと思われてしまうところもあります。

2024年はこんな年

多趣味・多才で情報好き、計画も立てられるタイプのあなた。今年は「行動」をもっと意識してみましょう。興味をもったことを調べて知識としては知っているものの、実際に体験や経験はしていないということも多いもの。行動してから考えてもいいくらいなので、周囲を誘ったり、意識してリーダー的な役割にも挑戦してみましょう。健康運は、過労や予定の詰め込みすぎ、お酒の飲みすぎに要注意。

開運アクション

- 情報収集より行動を優先する
- 感謝と恩返しを忘れない
- 夜遊びはできるだけ避ける

金のイルカ座 命数 56

現実的な努力家

もっている星
- ★真面目でやさしい星
- ★自分に自信がない星
- ★小銭が好きな星
- ★片思いが長い星
- ★冷えに弱い星

ラッキーカラー ホワイト スカイブルー
ラッキーフード さんまの塩焼き レバーの甘辛煮
ラッキースポット 温泉 コンサート

基本性格 几帳面に物事を進められる陰の努力家

現実的に物事を考えられ、真面目で几帳面で地道に物事を進めることが好きな人。負けず嫌いで意地っ張りな面もあり、陰で努力をします。些細なことでもじっくりゆっくりと進めるでしょう。そのため何事も時間がかかってしまいますが、最終的にはあらゆることを体得することになります。本心では出たがりなところもありますが、チャンスの場面で緊張しやすく、引き癖があり、遠慮して生きることの多い断りベタな人でしょう。

2024年はこんな年

未来に向けて地道な努力をはじめる年。多少遠回りでゆっくりでも、自分のゴールや夢に近づく方法を思いついたら実践するようにしましょう。周囲に小馬鹿にされても、「うさぎと亀」の亀のように最後に笑うことができると信じ、自分のペースで頑張ってみて。1日10分でもいいので、目標を達成するための勉強や運動をしてみると、早ければ2年後にはいまの周囲との関係をひっくり返すことができそうです。健康運は、基礎代謝を上げる運動をスタートするといいでしょう。

開運アクション

- 1日10分、勉強と筋トレをする
- 「嫌われてもいい」と覚悟する
- 仕事の予習・復習を行う

金のイルカ座 命数

57 おだてに弱い高校生

もっている星
- ★リーダーになる星
- ★おだてに弱い星
- ★後輩にご馳走する星
- ★恋に空回りする星
- ★よく転ぶ星

ラッキーカラー ダークブルー ブラウン
ラッキーフード 冷麺 トマトサラダ
ラッキースポット 商店街 空港

基本性格 物事を前に進める力があるけど、おっちょこちょい

実行力と行動力があるパワフルな人。おだてに極端に弱く、ほめられるとなんでもやってしまうタイプ。やや負けず嫌いで意地っ張りなところがあり、正義感があるので自分が正しいと思うと押し通すことが多いでしょう。行動は雑でおっちょこちょいなので、忘れ物やうっかりミスも多くなりがち。後輩や部下の面倒を見ることが好きで、リーダー的存在になりますが、本音は甘えん坊で人任せにしているほうが好きでしょう。

2024年はこんな年

多少せっかちなところがありますが、パワフルで行動力があるタイプ。今年は、計画をしっかり立てることが重要です。自分にとって最高に幸せなポジションや状況を想像し、そのためには何が必要でどんな人脈が大事なのかを考えてみましょう。周囲に相談してもよさそうです。尊敬できる先輩や上司がいるのであれば一緒にいるといいですが、あなたはリーダーとしての素質があるので、まとめ役になってみても能力を発揮できるでしょう。健康運は、足腰のケガに気をつけて。

開運アクション

- 計画を立ててから行動に移す
- 勝手に諦めない
- 後輩や部下の面倒を見る

金のイルカ座 命数

58 上品な情熱家

もっている星
- ★礼儀正しい星
- ★恥ずかしがり屋の星
- ★見栄で出費する星
- ★相手を調べすぎる星
- ★肌が弱い星

ラッキーカラー ピンク ライトブルー
ラッキーフード チーズ いちご
ラッキースポット 庭園 コンサート

基本性格 意地っ張りで繊細な心の持ち主

礼儀正しい頑張り屋。挨拶やマナーをしっかり守り、上品な雰囲気をもっていますが、根はかなりの意地っ張り。自我が強く出すぎるのに、繊細な心をもっているので、些細なことを気にしすぎてしまうことがあるでしょう。常識やルールを守りますが、自分にも他人にも同じようなことを求めるので、他人にイライラすることが多いでしょう。清潔感が大事で、つねにきれいにしているような几帳面なところがあります。

2024年はこんな年

品格があり礼儀正しいタイプですが、今年は勇気と度胸を身につけることを意識して過ごしてみるといいでしょう。武道や格闘技など、ふだんなら避けていたことにも恥ずかしがらずにチャレンジしてみて。あえて人前に立つことや、自分の発言に自信をもつことも大切です。何事も慣れが肝心なので、目立つ服や露出の多い服を着て、視線を集めてみるのもいい訓練になりそう。健康運は、スキンケアをしっかりしておきましょう。

開運アクション

- 自分の気持ちを素直に伝える
- 幸せになる勇気と度胸を忘れない
- 素直にほめて認める

金のイルカ座

命数

59 熱しやすく冷めやすい努力家

もっている星

★天才的なアイデアを出す星
★飽きっぽい星
★才能に惚れる星
★目の疲れの星
★マニアックなものにお金を使う星

ラッキーカラー ホワイト ブルー
ラッキーフード うなぎの蒲焼き 鮭の塩焼き
ラッキースポット 劇場 工芸品店

基本性格 負けず嫌いのクリエイター

根っからの変わり者で自由人。斬新で新しいことを生み出す才能があり、つねに人と違う発想や生き方をする人。負けず嫌いの意地っ張りで、素直ではないところがありますが、芸術系や美術、クリエイティブな才能を活かすことで認められる人でしょう。理論と理屈が好きですが、言い訳が多くなりすぎたり、理由がないと行動しないところも。心は中学1年生で止まったまま大人になることが多いでしょう。

2024年はこんな年

自分の才能や個性を活かしたいと思っているなら、思い切って環境を変える勇気が必要です。都会や海外など、チャンスがありそうな場所がわかっている人は、引っ越してでも飛び込んでみるといいでしょう。お金が足りないなど、すぐに動けない事情がある場合は、9月の実行を目標に上半期は節約を心がけ、しっかり貯金しておきましょう。今年はあなたの人生観を変えるような体験や出会いもあるので、素直に行動に移すことが大切です。健康運は、目の疲れに要注意。

開運アクション

- 興味のあることを見つけているなら行動に移す
- 好かれることを楽しんでみる
- 他人の才能や個性を素直に認める

金のイルカ座

命数

60 理屈が好きな高校生

もっている星

★冷静な星
★エラそうな口調になる星
★アートにハマる星
★肩こりの星
★尊敬できる人を好きになる星

ラッキーカラー ホワイト 藍色
ラッキーフード エビマヨ しめじの味噌汁
ラッキースポット 書店 美術館

基本性格 芸術の才がある冷静な理論派

理論や理屈が大好きで、冷静に物事を考えられる大人なタイプ。知的好奇心が強く、深く物事を考えていて対応力があり、文化や芸術などにも詳しく、頭のいい人でしょう。人付き合いは上手ですが、本音では人間関係が苦手でめったに心を開かないタイプ。何事にも評論や批評をする癖もあります。意地っ張りで負けず嫌いでプライドが高く、認めない人はなかなか受け入れませんが、何かを極める達人や職人、芸術家の才能があるでしょう。

2024年はこんな年

プライドが高い一方で、ユーモアセンスもある知的なタイプ。つねに冷静な対応ができますが、言葉が冷たく聞こえてしまうことも多いので、今年は柔らかい言い方や、伝わりやすい言葉を選ぶよう心がけましょう。周囲の人の頑張りをねぎらったり、結果が出ていない人の努力を認められるようになると、味方が集まってくるはず。先輩や年上の人の話を聞き、情報をしっかり集めておくとよさそうです。健康運は、食事のバランスを整えるようにしましょう。

開運アクション

- 頑張りを認め、ねぎらう
- 誰に対しても尊敬できる部分を探す
- やさしい表現や伝え方を学ぶ

銀のイルカ座

命数

51 華やかで心は高校生

もっている星

★サッパリとした性格の星
★負けを認められない星
★お金に執着がない星
★異性の友達を好きになる星
★胃腸が弱い星

ラッキーカラー　ピンク　ブルー

ラッキーフード　かれいの煮付け　アサリの味噌汁

ラッキースポット　スポーツ施設　キャンプ場

基本性格　気持ちが若く、仲間から好かれる

負けず嫌いの頑張り屋で、目立つことや華やかな雰囲気が好き。やや受け身ですが、意地を張りすぎずに柔軟な対応ができ、誰とでもフレンドリーで仲よくなれます。心は高校1年生のまま、気さくで楽な感じでしょう。女性は色気があまりなく、男性の場合は少年の心のまま大人になった印象です。仲間や身近な人を楽しませることが好きなので、自然と人気者に。学生時代の友達や仲間をいつまでも大事にするでしょう。

2024年はこんな年

新たな友人や仲間ができる年。職場やプライベートで、これまでとは違ったタイプの人と仲よくなれるでしょう。親友や長い付き合いになる人に出会えることも。今年は、一歩踏み込んだ関係づくりに努めることが大切です。習い事をしたり、共通の目標がある人を探してみるのもいいでしょう。舞台や芝居を観賞すると刺激になり、表現力も学べそうです。努力している人を認めると、自分もパワーがわいてくるでしょう。健康運は、運動のスタートに最適なタイミングです。

開運アクション

- 新しい趣味をはじめる
- 舞台や芝居を観に行く
- 仕事関係者とプライベートで遊ぶ

銀のイルカ座

命数

52 刺激が好きな高校生

もっている星

★合理的な星
★刺激的な遊びに飛び込む星
★旅行で浪費する星
★野心のある人を好きになる星
★ヤケ食いで体調を崩す星

ラッキーカラー　ブラック　ダークブルー

ラッキーフード　いか飯　くるみ

ラッキースポット　リゾート地　ライブハウス

基本性格　頭の回転が速く、話題も豊富な人気者

家族の前と、外や人前とではキャラを切り替えることが上手な役者タイプ。目立つことが好きですが、全面的にそれを出すか、または秘めているか、両極端な人でしょう。何事も合理的に物事を進めるため、無駄と地味なことが嫌いで団体行動も苦手。一方で刺激や変化は好きなので、話題が豊富で人気を集めます。頭の回転が速くトークも上手ですが、「人の話の前半しか聞かない星」をもっているため、先走りすぎることも多いでしょう。

2024年はこんな年

興味のある場所にドンドン足を運ぶことで、いい刺激と学びを得られる年。多少出費がかさんでも気にせず、旅行やライブに行くなどして新たな経験を増やすと、素敵な出会いにもつながるでしょう。これまでとは違った目標ができることもありそうです。団体行動を避けていると大切な縁がつながらなくなってしまうため、苦手に感じても、人の輪に入るよう心がけましょう。雑用や面倒なことほど、率先して行うことも大切です。健康運は、ヤケ食いに注意すること。

開運アクション

- 団体行動を楽しんでみる
- 相手の内面を見るよう努力する
- 音楽フェスや食フェスに行く

銀のイルカ座

命数

53 陽気な遊び人

もっている星

- ★遊びが大好きな星
- ★文句が多い星
- ★かわいいものを買いすぎる星
- ★体の相性を大事にする星
- ★体が丸くなる星

ラッキーカラー　オレンジ　ライトブルー

ラッキーフード　麻婆豆腐　ロールキャベツ

ラッキースポット　音楽フェス　喫茶店

基本性格　欲望に素直な楽しい人気者

楽しいことやおもしろいことが大好きな陽気な人気者。人付き合いやおしゃべりが上手で、周囲を楽しませることが好きなタイプ。目立つことが好きで、音楽やダンスの才能があります。「空腹になると機嫌が悪くなる星」をもっているので、お腹が空くとイライラや不機嫌が周囲に伝わってしまいます。欲望に素直に行動し、つい余計なことをしゃべりすぎてしまうところがありますが、人間関係のトラブルは少ないほうでしょう。

2024年はこんな年

持ち前のサービス精神と人懐っこさが活かせる年。人気者のように注目が集まり、人とのつながりが増えて、慌ただしくなってくるでしょう。楽しく過ごすのはいいですが、もともと詰めが甘かったり誘惑に流されやすいところがあるので要注意。何かに取り組むときはメリハリをしっかりつけ、「やるときは最後までキッチリやる」ことを忘れないようにしましょう。また楽しむときは、自分も周りも、もっと楽しめるよう意識すること。健康運は、ダンスやヨガがオススメです。

開運アクション

- 締めくくりをしっかりする
- 周囲を楽しませる
- 本を読んで語彙を増やす

銀のイルカ座

命数

54 遊び好きの人情家

もっている星

- ★感性が豊かな星
- ★一言多い星
- ★気がついたら浪費している星
- ★デブが嫌いな星
- ★ストレスをためやすい星

ラッキーカラー　オレンジ　イエロー

ラッキーフード　ジンギスカン　大学芋

ラッキースポット　神社仏閣　お祭り

基本性格　根は人情家だけど、トークがうまい毒舌家

頭の回転が速く、何事も直感で決めるタイプ。遊び心がつねにあり、目立つことが大好き。トークが上手で、周囲を楽しませることが得意でしょう。しゃべりすぎて余計な一言が出てしまい、「毒舌家」と言われることもありますが、根は人情家で純粋な心をもっています。困っている人を見ると放っておけず、手助けをすることも多いでしょう。ストレートな意見を言えるので周囲からの相談も多く、自然と人脈が広がっていくでしょう。

2024年はこんな年

何事も人任せにしていると、愚痴や文句が増えて口が悪くなってしまいます。不満があるなら自ら動き、あえて愚痴の言えない状況をつくってみましょう。他人の努力や頑張りを認めると、あなたの才能や能力を認めてくれる人も現れるでしょう。年上の人からのアドバイスをしっかり受け止めることも大切です。直感を信じるのはいいですが、もともと短気を起こしやすい性格なので、早急に判断しないよう気をつけましょう。健康運は、基礎体力づくりが大切です。

開運アクション

- 他人の才能をほめる
- 上品さを意識する
- 周囲の見本となる人を目指す

銀のイルカ座

命数

55 華やかな情報屋

もっている星

★おしゃれで華のある星
★トークが薄っぺらい星
★ものが増える星
★流行に弱い星
★膀胱炎になりやすい星

ラッキーカラー　オレンジ　ネイビー

ラッキーフード　まぐろ丼　レンコンのきんぴら

ラッキースポット　水族館　海水浴

基本性格　情報収集が得意でトークの達者な人気者

人当たりがよく、情報収集が好きで、流行に敏感なタイプ。おしゃれでフットワークが軽く、楽しそうな場所にはドンドン顔を出す人です。華やかで目立つことが好きなので、遊びや趣味の幅もとても広いでしょう。損得勘定で判断することが多いのですが、周囲の人間関係とのバランスを図るのもうまく、ウソやおだても得意。トークも達者で周囲を自然と楽しませる話ができるため、いつの間にか人気者になっているでしょう。

2024年はこんな年

あなたの社交性を活かせる年。フットワークがより軽くなり人脈が広がって、これまでにない新たな縁がつながるでしょう。損得勘定で人を判断すると相手に見抜かれてしまう場合があるので、「どんな人にもいいところがある」と思って接すること。また、気になる人ができたら、受け身にならず自分から遊びに誘ってみましょう。ゴルフをする、ジャズを聴く、BARに入るなどして「大人の時間」を楽しんでみると、いい経験と人脈ができそうです。健康運は、休肝日をつくること。

開運アクション

- 損得勘定で人付き合いしない
- 大人っぽい趣味をはじめる
- フットワークを軽くする

銀のイルカ座

命数

56 真面目な目立ちたがり屋

もっている星

★やさしい星
★チャンスに弱い星
★少しでも安物に目がいく星
★キスが好きな星
★むくみやすい星

ラッキーカラー　オレンジ　ラベンダー

ラッキーフード　納豆　杏仁豆腐

ラッキースポット　海　書店

基本性格　人に好かれるのに遠慮する癖がある

陽気で明るい性格ですが、とても真面目で受け身です。本音では目立ちたいと思っていますが、遠慮する癖があって自分を押し殺しているタイプでもあります。親切で、誰かのために役立つことで生きたいと思っていますが、根は遊びが大好きで、お酒を飲むとキャラが変わってしまうことも。几帳面で気がきくので、人に好かれ、交友関係も広げられますが、臆病になっているとチャンスを逃す場合もあります。

2024年はこんな年

華やかな「銀のイルカ座」のなかで、もっとも控え目でいつも受け身になりがちですが、今年は楽しそうだと思ったら素直に行動に移すといいでしょう。真面目な性格をコンプレックスに思う必要はありません。楽しみながら地道にコツコツできることに挑戦してみましょう。楽器の演奏や筋トレ、資格の勉強などをするのがオススメです。ケチケチせず、気になることに思い切ってチャレンジしましょう。健康運は、白湯を飲むとよさそう。

開運アクション

- 図々しくなってみる
- 自分磨きと自己投資をケチらない
- 新たなジャンルの音楽を聴く

銀のイルカ座

命数

57 華やかなリーダー

もっている星

- ★仕切りたがりの甘えん坊な星
- ★ドジな星
- ★どんぶり勘定な星
- ★押しに弱い星
- ★転びやすい星

ラッキーカラー　グリーン　ネイビー

ラッキーフード　五目焼きそば　抹茶アイス

ラッキースポット　動物園　球場

基本性格　人から注目されたい甘えん坊

面倒見がよくパワフルで、人から注目されることが大好きな人です。おだてに極端に弱く、ほめられるとなんでもやってしまうタイプ。行動力があり、リーダー気質ですが、本音は甘えん坊で人任せで雑なところがあります。それでもサービス精神があるので、自然と人気を集めるでしょう。注目されたくてドンドン前に出てしまうことも。正義感が強いので、正しいことは「正しい」と強く主張するところがあるでしょう。

2024年はこんな年

行動範囲が広がり、いい人脈ができる運気。ただし他人任せにしたり周囲に甘えすぎると、せっかくの運気を無駄にしてしまいます。誘いを待たず自ら周囲に声をかけ、積極的に行動しましょう。後輩や年下と遊んだり、「面倒見のいい人」を目指すのもよさそうです。いつも通りにしていると雑なところを見抜かれてしまうので、何事も「必要以上にていねいに」を心がけましょう。上下関係を気にしすぎないことも大切です。健康運は、足腰を鍛える運動をしましょう。

開運アクション

- 後輩や部下と遊ぶ
- 何事も勝手に諦めないで粘る
- ていねいな言動を心がける

銀のイルカ座

命数

58 常識を守る遊び人

もっている星

- ★清潔感ある星
- ★打たれ弱い星
- ★品のあるものを欲しがる星
- ★上品な人を好きになる星
- ★肌荒れで悩む星

ラッキーカラー　ピンク　ライトブルー

ラッキーフード　ニラ玉　そらまめ

ラッキースポット　映画館　公園

基本性格　上品で社交性がある負けず嫌いの頑張り屋

上品で華があり、ルールやマナーをしっかり守るタイプです。遊び心や他人を楽しませる気持ちがあり、少し臆病な面はありますが、社交性があり年上やお金持ちから好かれることが多いでしょう。そして下品な人は自然と避けます。やわらかい印象がありますが、根は負けず嫌いの頑張り屋で意地っ張り。自己分析能力が高く、自分の至らないところを把握している人です。しかし、見栄を張りすぎてしまうことも多いでしょう。

2024年はこんな年

視野を広げ、勇気を出して行動するといい運気。順序を守っててていねいに動くのもいいですが、慎重になりすぎたり失敗を避けてばかりいると、肝心の経験や体験をする機会が減ってしまいます。失敗や恥ずかしい思いをしたほうが、強く厚みのある人間になれると思って、勇気を出して行動してみましょう。気になる人がいるなら、自分から話しかけて友人になれるよう頑張ってみて。健康運は、好きな音楽を聴いてリラックスする時間をつくるとよさそう。

開運アクション

- 失敗から学ぶ気持ちをもって行動する
- 人生には努力と勇気が必要だと忘れない
- 他人のいいところを見る

銀のイルカ座

命数

59 屁理屈が好きな遊び人

もっている星
- ★独自の美意識がある星
- ★言い訳が多い星
- ★浪費癖の星
- ★不思議な人を好きになる星
- ★食事のバランスが悪い星

ラッキーカラー　パープル　ブルー
ラッキーフード　ひじきご飯　ほうれん草のごま和え
ラッキースポット　美術館　音楽フェス

基本性格　斬新なことを生み出す、自由が好きな変わり者

人と違う生き方や発想をする変わり者です。芸術や美術などが好きで、ほかの人とは違った感性をもち、新しいことに敏感で斬新なものを見つけたり生み出したりできるタイプ。屁理屈や理屈が多いのですが、人当たりがよく、ノリやおもしろいことが好きなので自然と周囲に人が集まります。ただ他人には興味が薄いでしょう。熱しやすく冷めやすく、自由と遊びを好み、芸能や海外など、周囲とは違った生き方を自然と選ぶでしょう。

2024年はこんな年

好奇心旺盛な性格を活かして、少しでも気になることは即行動に移し、いろいろ試してみましょう。周囲に「落ち着きがない」「飽きっぽい」などと言われても気にせず、視野や人脈、世界を広げるときだと思うこと。初対面の人にはしっかり挨拶し、礼儀や品を意識して「常識ある態度」をとるようにすると、才能や魅力を引き出してもらえ、チャンスをつかめそうです。発想力があるのはいいですが、自由と非常識を履き違えないように。健康運は、食事が偏らないよう注意して。

開運アクション
- 礼儀と挨拶をしっかりする
- 言い訳できないくらい自分を追い込む
- 他人の才能や個性を認める

銀のイルカ座

命数

60 プライドの高い遊び人

もっている星
- ★知的好奇心豊かな星
- ★上から目線の言葉を使う星
- ★渋いものにお金を使う星
- ★尊敬できる人を好きになる星
- ★肩こりや目の疲れに悩む星

ラッキーカラー　パープル　ホワイト
ラッキーフード　中華丼　サーモンのカルパッチョ
ラッキースポット　劇場　美術館

基本性格　好きなことは追求するが、他人には興味ナシ

やわらかな印象をもたれる人ですが、根は完璧主義の理屈人間です。好きなことをとことん突き詰める力があり、すぐに「なんで?　なんで?」と言うのが口癖。人間関係をつくることが上手ですが、本音は他人に興味がなく、尊敬できない人には深入りしないでしょう。最初は仲がいい感じにしていても、次第に距離をとってしまうことも。冗談のつもりもありますが、上から目線の言葉が出やすいので、やさしい言葉を選ぶ心がけが必要でしょう。

2024年はこんな年

学ぶべきことを見つけられたり、尊敬できる人に出会える年。興味がわいたら待っていないで、すぐ行動に移しましょう。プライドは捨て、失敗から学ぶ姿勢を大切に。恥ずかしい思いをしても、それを上回る度胸をつけるつもりで挑戦し続けましょう。気になる人がいるなら、考えるより先に行動するくらいがちょうどいいと思って話しかけてみて。笑顔と愛嬌を意識してリアクションをよくすると、いい関係になれそうです。健康運は、歩く距離を増やすといいでしょう。

開運アクション
- 興味のあることを即行動に移す
- 失敗を恥ずかしがらない
- どんな人にも自分より優れている部分があると思う

ゲッターズ飯田（げったーず いいだ）

これまで7万人を超える人を無償で占い続け、20年以上占ってきた実績をもとに「五星三心占い」を編み出し、芸能界最強の占い師としてテレビなど各メディアに数多く登場する。『ゲッターズ飯田の五星三心占い』は、シリーズ累計1000万部を超えている（2023年9月現在）。6年連続100万部を出版し、2021、22年は年間BOOKランキング作家別1位（オリコン調べ）と、2年連続、日本で一番売れている作家。

▶オフィシャルブログ　https://ameblo.jp/koi-kentei/

［チームゲッターズ］

デザイン班	**装丁 星座イラスト**　秋山具義＋山口百合香（デイリーフレッシュ）
	本文デザイン　坂川朱音＋小木曽杏子（朱猫堂）
DTP班	髙本和希（天龍社）
イラスト班	INEMOUSE
校正班	株式会社ぷれす、溝川歩、藤本眞智子、会田次子
編集班	伊藤美咲（KWC）、吉田真緒
	大谷奈央＋小坂日菜＋鈴木久子＋白石圭＋富田遙夏＋稲田遼祐（朝日新聞出版）
企画編集班	高橋和記（朝日新聞出版）
後方支援班	海田文＋築田まり絵（朝日新聞出版）
資材調達班	井関英明（朝日新聞出版）
印刷班	小沢隆志（大日本印刷）
販売班	穴井美帆＋梅田敬＋村上"BIG"貴峰＋小林草太（朝日新聞出版）
宣伝班	長谷川拓美＋和田史朋＋神作英香（朝日新聞出版）
web制作班	川崎淳＋松田有以＋浅野由美＋北川信二＋西村依泰（アム）
企画協力	中込圭介＋川端彩華（Gオフィス）
特別協力	おくまん、ポリプラス、カルメラ、市川康久、生駒毅
超絶感謝	読者のみなさま

※この本は、ゲッターズ飯田氏の20年以上におよぶ経験とデータに基づいて作成しましたが、必ずしも科学的な裏づけがされているものではありません。当然、ラッキーフードばかり食べればいいというわけではありませんし、アレルギーのある方は注意も必要です。健康に関連する記述についても、本書に書かれていなくても不調がある場合はしかるべき処置をとってください。投資などで損害を被っても、弊社は責任を負いかねますので、ご了承ください。また、戦争、暴動、災害、疫病等が起こった場合、必ずしも占い通りに行動することがいいとは言えません。常識の範囲内で行動してください。

ゲッターズ飯田《いいだ》の五星三心《ごせいさんしん》占《うらな》い2024　銀《ぎん》の羅針盤座《らしんばんざ》

2023年９月４日 第1刷発行
2023年12月10日 第5刷発行

著　者　ゲッターズ飯田
発行者　宇都宮健太朗
発行所　朝日新聞出版
〒104-8011 東京都中央区築地5-3-2
電話　03-5541-8832（編集）
03-5540-7793（販売）

こちらでは、個別の鑑定等には対応できません。あらかじめご了承ください。

印刷製本　大日本印刷株式会社

ISBN 978-4-02-251914-6
定価はカバーに表示してあります。落丁・乱丁の場合は弊社業務部（電話 03-5540-7800）へご連絡ください。
送料弊社負担にてお取り替えいたします。